Les visiteurs du soir

Du même auteur

Télé publique, le grand gâchis, Jean-Claude Lattès, 1998.

People. Le grand déballage, avec Laurence Debril, Michel Lafon, 2006.

L'Égérie. L'énigme Claude Chirac, Jean-Claude Lattès, 2007.

Johnny. Les cent jours où tout a basculé, avec Catherine Rambert, First, 2010.

Dans la tourmente, avec Éric Woerth, Plon, 2011.

Madame DSK. Un destin brisé, avec Catherine Rambert, First, 2011.

Les Amazones de la République, First, 2013.

Les Cardinaux de la République, First, 2016.

Renaud Revel

Les visiteurs du soir

Ce qu'ils disent à l'oreille du Président

PLON
www.plon.fr

92, avenue de France
75013 Paris
Tél. : 01 44 16 09 00
Fax : 01 44 16 09 01
www.plon.fr
www.lisez.com

Dépôt légal : novembre 2020
ISBN : 978-2-259-26511-9
Mise en pages : Graphic Hainaut

Prologue

Coronapocalypse

« Mais où va-t-on… ? » Brigitte Macron a prononcé cette phrase, comme sidérée, sur le seuil du bureau de son mari, où il se tient aux côtés du secrétaire général de l'Élysée, Alexis Kohler. Costume bleu marine et cravate sombre, le Président a mis la dernière main au discours qu'il s'apprête à prononcer en direct à la télévision, ce 16 mars 2020. « Nous sommes en guerre. Nous sommes en guerre sanitaire », a-t-il surligné sur le projet d'allocution que lui a soumis son cabinet, un texte qu'il rature et corrige.

C'est maintenant d'un pas martial qu'il se dirige vers un studio improvisé, installé dans un salon. Regards alentour : pour un palais, c'est un palais. Tentures, chandeliers, statuettes… la majesté d'un passé que l'on sent glorieux. Un faste insolent alors qu'à l'extérieur des murs, d'un bout à l'autre de l'Hexagone, une épidémie fait des ravages.

Pour cette allocution si particulière, Emmanuel Macron a choisi la gravité. Comment pourrait-il en être autrement après ces semaines rythmées par les mauvaises nouvelles venues de Chine, où la pandémie du coronavirus galope, avec ces *clusters* qui poussent comme des champignons de l'Oise à la Haute-Savoie, de Mulhouse aux Hauts-de-France, et ces blouses blanches qui racontent en boucle l'effroi sur les chaînes d'info ?

Debout derrière un pupitre, solennel – plutôt que derrière une table, assis –, le président de la République a égrené les faits alarmants, avant d'annoncer aux Français une période de confinement jamais décrétée dans le pays. Emmanuel Macron n'est pas Bonaparte, mais ce qu'il met en œuvre jour après jour depuis que la planète est entrée en convulsion et que l'économie hoquette relève bel et bien d'un bonapartisme de crise. L'urgence de la situation se traduit au sommet de l'État par une concentration et une personnalisation du pouvoir sans précédent dans l'histoire des républiques françaises.

Emmanuel Macron préside, gouverne, inspire, reçoit et annonce. Il est tout, il est partout. C'est lui qui convoque les directeurs de l'Agence régionale de santé, les mobilise, les met sous pression, pas Olivier Véran, le ministre de la Santé. C'est lui qui rencontre les dirigeants d'Air France, de la SCNF ou encore de la RATP, les écoute et leur enjoint de mettre en place des dispositifs de protection pour les usagers, pas leur ministre de tutelle, Élisabeth Borne. C'est lui encore qui arbitre les décisions en faveur de l'économie et de l'emploi, pas Bruno Le Maire. C'est lui enfin qui admoneste la porte-parole du gouvernement, Sibeth Ndiaye, après ses déclarations malheureuses sur l'utilisation des masques, pas le Premier ministre, Édouard Philippe. Face aux épreuves et aux périls, le Président bonapartiste se métamorphose en Vishnou, le dieu aux quatre bras.

Un président de la République confronté à la solitude du pouvoir, qui se confie et s'en remet à ses seuls intimes : c'est un scénario rebattu sous la Vᵉ République, qui n'a épargné aucun des Présidents monarques, mais la crise de la Codiv-19 est un séisme qu'aucun des prédécesseurs d'Emmanuel Macron n'a eu à affronter et qui décuple ce sentiment d'isolement à l'heure des choix.

Cette solitude, le général de Gaulle disait l'aimer. Elle «était ma tentation. Maintenant, elle est mon amie», écrit-il dans ses *Mémoires.* «Je suis vieux, vous êtes jeune, c'est vous qui êtes l'avenir. Au revoir, je vous embrasse», dit-il à son Premier ministre, Georges Pompidou, avant de s'envoler secrètement pour Baden-Baden en mai 1968. Déplorant son propre enfermement à l'Élysée, Georges Pompidou confiait son «vertige à ne capter aucun bruit de la ville si proche». Quand Raymond Poincaré – Président de 1913 à 1920 – parlait à propos de ce palais de «la maison des morts». Valéry Giscard d'Estaing est seul à l'été 1976 lorsqu'il prend la lourde décision d'envoyer à l'échafaud Christian Ranucci : un Président livide devant son cabinet après qu'il aura annoncé la funeste nouvelle.

François Mitterrand connaît également ce sentiment d'enfermement, chaque mercredi durant la cohabitation de 1986, quand il affronte en Conseil des ministres les membres d'un gouvernement qu'il n'a pas nommé et un Premier ministre, Jacques Chirac, devenu son geôlier. Le 21 août 2008, Nicolas Sarkozy rend aux Invalides un hommage national aux dix soldats français tués en Afghanistan. «Jamais je n'ai mesuré à tel point la solitude d'un chef de l'État devant les responsabilités qu'il faut assumer», dira-t-il après s'être incliné devant l'alignement des cercueils.

Plus tard, quand, le 11 janvier 2013, François Hollande décide dans l'isolement de son bureau d'engager l'armée française au Mali, il se prend à frissonner. L'annonce du premier mort français le voit se reclure dans son antre. «Un homme visiblement très affecté», témoignera plus tard le ministre de la Défense, Jean-Yves Le Drian.

L'Élysée est un lieu clos et la fonction présidentielle un exercice monacal. Au sein du gouvernement, beaucoup constatent, en pleine crise des Gilets jaunes, la solitude d'Emmanuel Macron : «Nous ne sommes pas nombreux à pouvoir encore lui parler», confie au quotidien *La Dépêche du Midi* le ministre de l'Intérieur, Gérard Collomb, qui parle d'un Président «seul face à ses choix». Un Président sur le fil à l'hiver 2019, au bord du vide un an plus tard, que la Codiv-19 plonge dans l'abîme.

Au pays des visiteurs

Depuis l'aube de la Ve République, le fonctionnement de notre monarchie républicaine ne s'est guère transformé : dans l'imaginaire collectif, l'Élysée est un mythe; pour qui le fréquente, une PME aussi puissante que brinquebalante. Et ses «visiteurs»? Pour le monarque, un moyen de casser l'enfermement. Des hommes, pour la plupart, qui ont la particularité d'être souvent des électrons libres au cœur du pouvoir. Parce qu'il est parvenu à un stade de la vie où l'on n'attend ni honneur ni carrière, le visiteur du soir trouve une forme de jouissance dans ces luttes et jeux d'influence. Un petit nombre y a excellé.

De Georges Pompidou à Emmanuel Macron, tous les locataires de l'Élysée ont sacrifié à ce rite, nouant des contacts officieux en marge de l'agenda et du protocole, dans le secret de leur bureau. Beaucoup se sont pris à ce rite, s'amusant parfois d'un tel théâtre d'ombres. Quelles que soient les époques, les impétrants sont priés de rester discrets, de ne pas faire étalage de ce privilège, sous peine de disparaître des petits papiers du Président. Quant au secrétariat du monarque, il est sommé d'oublier le nom et le visage de certains d'entre eux.

Le Palais fascine. En franchir le seuil transforme instantanément en lévite un courtisan, pressé de séduire le souverain. Prompt à multiplier les compliments astiqués à la chamoiserie. À mêler brillamment la conversation la plus légère aux considérations les plus profondes, passant de l'humour à la gravité. Prêt à tout pour capter l'attention du monarque.

L'Élysée, cœur de la République, est un lieu de solitude. Pour remédier à cet enfermement, ses locataires successifs ont toujours tenu à s'entourer des conseils de personnalités extérieures, invitées à passer au Château en dehors de l'emploi du temps officiel. Rien n'a changé depuis Versailles. On est en monarchie. Si être convié au petit lever du roi ou dans ses gentilhommières était une faveur sous le règne de Louis XIV, avoir le privilège de franchir le seuil du bureau du chef de l'État, à l'Élysée, ou plus encore les honneurs de ses appartements à La Lanterne, à l'heure où il tombe la veste, n'a pas de prix.

« À l'Élysée, la distance s'installe avec les autres, a écrit Georges Pompidou, le regrettant. La fonction ne supporte pas la nervosité, l'agitation. C'est effrayant : à croire qu'on entre en religion. On prend un habit et on fait des gestes qui vous sont dictés. On ne peut plus ouvrir une porte ni presser un bouton d'ascenseur, c'est comme si on était devenu infirme. » La fonction étouffe et isole. Nommé, il appartient au Président, et à lui seul, du jour au lendemain, de décider. Les décisions impriment en profondeur le sentiment de solitude. La réclusion, le ressassement, une forme évolutive de la paranoïa… Pompidou l'a toujours dit : « Habiter l'Élysée, c'est devenir quelqu'un d'autre. »

Pourtant, nombre des visiteurs qui hantent le palais sont tout le contraire d'opportunistes ou d'égoïstes mondains. Beaucoup ont joué un rôle de premier plan dans l'histoire de la Ve. Et certains ont influé sur le cours de la politique : en détricotant des orientations majeures, en amendant des projets de loi prêts à être déposés à l'Assemblée, en corrigeant une trajectoire, en arrachant des arbitrages, en initiant des réformes qui n'auraient jamais vu le jour sans leur obstination, avec ce pied glissé comme une cale dans la porte du bureau du chef de l'État. Des ombres bien plus téméraires et enhardies que les cols blancs du Président, qui n'osent corriger le monarque et dérégler la mécanique élyséenne.

Enjamber le protocole, dynamiter les usages, bousculer la liturgie élyséenne... c'est leur «kif». Ces as du conseil ont fait du billard à multiples bandes et de l'entrisme un art consommé. Le chef de l'État, en général, a une familiarité respectueuse avec ces hommes et ces femmes qui ne se comportent ni en technocrates ni en flatteurs. Lampe d'Aladin du souverain, le visiteur du soir n'attend de sa relation avec le Président ni carrière ni honneurs : il n'a rien à prouver. Il a pour habitude de s'exprimer le plus souvent sans filtre, de parler sans tabou. Son plaisir? Défaire une décision prise quelques heures plus tôt dans le huis clos d'une réunion interministérielle. Quoi de plus jouissif? Cash et sans détour, il est le contraire du prêt-à-penser. Aux usages élyséens, où chaque mot est pesé au trébuchet, le visiteur du soir oppose un franc-parler rafraîchissant. Mais quelle servitude... Car, pour préserver ce lien privilégié, il faut y penser tout le temps. Être sur le qui-vive vingt-quatre heures sur vingt-quatre. Avoir sur soi ce trousseau de clés qui permet, d'une mandature à l'autre, de septennat en quinquennat, d'ouvrir toutes les serrures : la giscardienne, la chiraquienne, la hollandaise, hier, la macronienne aujourd'hui...

L'angoisse du visiteur démarre à l'approche de l'élection présidentielle. Pour ce mercenaire de la politique, chaque changement de locataire à l'Élysée est une remise en question : un saut dans le vide et un exercice funambulesque. Changer de monture n'est pas sans risque. Quelques-uns sont passés maîtres à ce jeu.

À chaque Président ses visiteurs. Le général de Gaulle et – surtout – Georges Pompidou inaugurèrent ce rituel,

Valéry Giscard d'Estaing le reprit et François Mitterrand, sous le règne duquel le terme apparut, en fit un mode de gouvernance. Avant que l'ensemble de ses successeurs ne le perpétuent à des degrés divers. Jacques Chirac s'y prêta avec modération, Nicolas Sarkozy et François Hollande en abusèrent, Emmanuel Macron en fait un faible usage.

55, rue du Faubourg-Saint-Honoré

Quiconque a eu l'occasion d'approcher le Palais est étreint devant la majesté du lieu et le cérémonial qui l'entoure. À l'Élysée, tout est symbole. Au journaliste Jean Cau, qui demande à Georges Pompidou ce qu'il ressent alors qu'il s'y installe, ce dernier répond : «Je ne suis plus le même.»

Quand vous pénétrez au 55, rue du Faubourg-Saint-Honoré par la loge d'honneur – un long vestibule équipé de portiques de sécurité – et qu'une escouade de gendarmes vérifie votre identité, quelque chose surprend : le silence règne. Monacal. L'Élysée est une ruche où s'agitent cent et un cols blancs, uniformes et tailleurs, que vous croisez dans les salons et couloirs, mais nappée d'une ambiance sépulcrale.

Une fois votre nom décliné dans un chuchotis et vérifié au registre des visiteurs, c'est le décollage sans bruit. Un gendarme vous emmène vers le perron principal, où un garde républicain prend le relais. Attentions et politesses de chaque instant : vous avez le sentiment d'être un colis fragile et enrubanné que l'on se passe de main en main.

Il vous faut traverser la cour d'honneur : un tapis de gravier qui semble avoir été ratissé au pinceau. Pas question d'y poser le pied : votre guide en uniforme vous fait emprunter le ruban en bitume qui la ceinture de part et d'autre. Seuls quelques pigeons en foulent le sol et y déposent crânement leurs chiures.

Les gardes républicains en poste à l'Élysée, seuls autorisés à porter une arme à l'intérieur du Palais, sont triés sur le volet. Profils moyens au moment de leur recrutement : environ 1,75 mètre, pas plus de 80 kilos. Cette garde prétorienne a fière allure. Ne manque en sautoir, au revers de leurs uniformes, qu'un pin's à l'effigie du Président.

Une fois dans la place, le pandore vous conduit à l'étage du bureau présidentiel et de ses antichambres : un sanctuaire auquel vous accédez par l'escalier d'honneur. Cette imposante succession de marches, tapissées de velours rouge et cernées de deux rampes soutenues par des palmes dorées, fut imaginée et construite par le maréchal d'Empire Joachim Murat. En haut de l'escalier monumental, que vous gravissez la gorge légèrement nouée, un huissier. L'ultime rempart avant le bureau du Président. Là encore, un physique qui ne laisse pas indifférent derrière l'habit protocolaire fait d'un frac, d'une chemise de soirée et d'un nœud papillon blanc. Sans oublier la lourde chaîne ornée d'un médaillon qui entrave les deux lettres, R et F, pour République Française, gravées en majuscules. À l'Élysée, l'huissier est notamment chargé d'introduire les visiteurs dans le bureau présidentiel. Le chef de l'État dispose d'une sonnette. Dès qu'elle tintinnabule, le préposé sait que le Président est disponible. Vous y voilà. Vous avez franchi des perrons, monté des escaliers, traversé des sas, si bien que, au moment de passer la dernière porte, vous êtes déboussolé.

On vous introduit dans le Salon doré, une pièce chargée d'histoire, autrefois bureau du général de Gaulle, qu'ont occupée depuis François Mitterrand, Jacques Chirac, François Hollande et, aujourd'hui, Emmanuel Macron. Aménagé sous Vincent Auriol, ce bureau présidentiel a longtemps servi de salon de réception sous la IIIe République. Une tapisserie des Gobelins, un tapis de la célèbre manufacture de la Savonnerie, un lustre imposant serti d'une cinquantaine d'ampoules et le célèbre bureau Louis XV ornent cette pièce intimidante à bien des égards. Les Présidents qui l'ont habitée ont peu touché à son décorum. Seul François Mitterrand en modifia l'agencement : il y fit notamment installer un mobilier plus contemporain, créé par le designer Pierre Paulin.

J'ai eu le privilège d'en franchir une seule fois le seuil, en ma qualité de journaliste, un jour de novembre 1991. François Mitterrand avait accepté de me recevoir pour parler audiovisuel et société de l'information. L'huissier m'ayant annoncé, je pénètre dans le saint des saints. Et il se passe ce que j'avais lu, à maintes reprises, sur la manière dont François Mitterrand envisageait ses visiteurs dès lors que l'huissier avait refermé la porte.

Le Président dans son écrin. Assis à son bureau, il griffonne quelques mots sur un document logé dans un parapheur. Quelques bibelots, deux téléphones, peu de papiers et un ordre ciré. Il redresse la tête, se lève, tend la main, va se poser sur un canapé d'angle et m'invite à m'asseoir face à lui. « Que puis-je pour vous ? » dit-il.

La nuit est tombée. Il règne un silence de sacristie dans cette pièce écrasante, que rompt une petite horloge qui égrène les secondes. Notre entretien dure une vingtaine de minutes, puis on frappe à la porte. L'huissier réapparaît, une enveloppe à la main, que décachette François Mitterrand. « Vous avez assez de choses ? s'enquiert-il. Je dois vous laisser », ajoute-t-il, comme empressé, tout en me raccompagnant sur le palier de son bureau. La poignée de main est furtive, le regard oblique. Je n'existe plus. Et je le conçois : sans doute une urgence.

Non, un visiteur, en fait. Ou une visiteuse, plutôt, dont j'aperçois la silhouette et le profil dans un petit salon : Catherine Deneuve.

Première partie

À la préhistoire, on vient peu le soir

Quand on a la stature et le parcours du général de Gaulle, ceux à qui l'on se confie – et encore ! – ou que l'on écoute sont triés sur le volet et se comptent sur les doigts de la main. Ils ont la légitimité des urnes ou des combats de la France libre et, fréquemment, appartiennent au gouvernement. Pour autant, si le premier président de la Ve République recevait parfois en son palais (quelques livres de souvenirs ou petites phrases truculentes l'attestent), l'Élysée était avant tout, pour lui, un lieu privé. Et personnel. Et le mélange des genres n'était en rien son mode de fonctionnement.

Son successeur Georges Pompidou, lui, a plus volontiers ouvert sa porte à des conseillers nocturnes. De manière modérée toutefois. À la préhistoire de notre Ve République, on vient peu le soir.

1

Un Général qui le silence garde

« L'intendance suit. » En s'installant à l'Élysée, le général de Gaulle, à qui l'on attribue ce mot, impose un style tout militaire. Il ne peut y avoir de grandes stratégies sans une parfaite organisation à son service : la plus petite résidence présidentielle d'Europe – trois cent soixante-cinq pièces tout de même – se transforme en une place forte qu'investit un cabinet aux réflexes d'état-major. Quand il en franchit le seuil, un peuple d'ombres l'accueille : un personnel confit dans l'expectative de son sort et des usages du règne qui s'ouvre.

Les règles bientôt imposées par le maître de cérémonie donnent le ton de la présidence. Ainsi du Conseil des ministres qui voit chaque membre du gouvernement présenter son rapport de manière lisse et formelle. Quant aux visiteurs du soir, leur existence n'a jamais été mentionnée par les historiens ou anciens compagnons de route et de combat du Général. Philippe de Gaulle, son fils, rapporte dans l'un de ses ouvrages (*De Gaulle mon père*[1]) un mot qui résume bien la pensée de l'ancienne figure de la Ve République sur ce sujet : « À trop vouloir dîner en ville dans le Tout-Paris, comme aiment le faire les Pompidou, et

1. Deux tomes, avec Michel Tauriac, Plon, 2003 et 2004.

à fréquenter trop de monde et de demi-monde, il ne faut pas s'étonner d'y rencontrer tout et n'importe qui ! »

Alors que l'Élysée de l'ère Pompidou sera une maison plus ouverte, le Général en fit, lui, un bunker. « J'en connais quelques-uns qui, dans la famille, en ont voulu à mes parents de pas avoir pu venir plus souvent les voir dans leur palais républicain. On n'entrait pas à l'Élysée par le seul fait de s'appeler de Gaulle », écrit même le fils du Général. Les rares conviés mesurent et savourent donc, sous les plafonds et les ors, le mélange de leur importance… et de leur insignifiance.

2

Tout commence avec Georges Pompidou

Ce n'est pas un château, mais quasiment un hall de gare. Ce n'est plus un sanctuaire, mais un édifice plus qu'ouvert à tous les vents, vers lequel converge une foule. Après l'austérité gaullienne, avec Georges Pompidou, l'Élysée change de physionomie. « *The place to be…* » Chefs d'entreprise, banquiers, intellectuels, comédiens, cinéastes, artistes peintres, journalistes… une armada disparate a, du jour au lendemain, les honneurs des salles à manger et du bureau d'un Président balzacien. Georges Pompidou reçoit non-stop.

Échanger à bâtons rompus jusque tard dans la nuit avec un vieux compagnon de route, partager les emballements d'une tablée d'artistes, parler poésie et expositions, rameuter tel autre ami auquel il veut de toute urgence dire son coup de cœur pour ce meuble de Paulin dégoté la veille chez un antiquaire… Cette agitation motive ce Président à l'empathie légendaire, qui vénère les artistes et exalte les poètes, qui oppose aux convenances de la politique une culture de la conversation impromptue et le goût des autres.

D'un abord simple, Georges Pompidou est comme l'entomologiste Jean-Henri Fabre qui, dès tout petit, observait le monde sans jamais mépriser ce qui l'entourait.

Cet homme ne redoute que le Panthéon et l'ennui, et il va bouleverser les codes d'un Élysée qu'il sort de sa naphtaline et modernise.

Le goût des autres

Quand le Palais se vide, la journée continue pour celui dont les soirées sont une fête de l'esprit permanente. La noria qui entoure le couple Pompidou est un monde entre gotha et bohème : il y a les amis de la première heure, d'abord. Georges Pompidou est un homme de la Méditerranée et un formidable vivant qui s'efforce de maintenir un lien avec ceux aux côtés desquels il a traîné ses guêtres, jeune étudiant. Seule compte la camaraderie pour ce Président qui n'a pas à proprement parler de réseaux dans le monde politique, mais se repose sur une poignée de fidèles avec lesquels il peut parler en toute liberté. Sa matrice intellectuelle, ce n'est pas l'ENA, mais Normale sup : plus qu'une école, un club dont il réunit une fois par mois, à Matignon d'abord et à l'Élysée plus tard, quelques-uns de ses anciens condisciples.

À ce premier cercle vient se greffer un autre groupe de sept à huit personnes. Drôle de kaléidoscope que cette bande de copains qu'il fréquente régulièrement. Il y a là, réunis souvent autour de lui, le célèbre galeriste Raymond Cordier (qui jouera un rôle essentiel en introduisant le couple auprès d'un grand nombre d'artistes contemporains avant l'Élysée), l'artiste Guy Béart, un célèbre armateur, Francis Fabre, ainsi que les frères Jacques et François Gall, deux anciens résistants devenus journalistes et globe-trotters après la guerre. Connus avant. Et notamment à l'époque Matignon.

Mai 1968. Matignon le soir venu est un vaisseau fantôme. Alors que son locataire regarde la télévision seul dans son bureau, ce sont ces deux frères qui le rejoignent. La France bascule dans la «chienlit»; son Premier ministre parle peinture, cinéma, sculpture et littérature. «C'est en cela que nous étions sans doute des visiteurs quelque peu différents. Parce qu'il n'y avait personne et qu'il était absolument seul. Une période incroyable, se souvient François Gall. La France était au bord de l'insurrection, et son Premier ministre dînait dans le silence de son bureau, entouré de très rares amis dont nous étions. Nous avions le sentiment d'une espèce d'abandon et d'un homme qui se raccrochait à ceux qu'il considérait comme son cercle le plus sûr et le plus intime. Je l'entends encore nous dire : "Je tiendrai!" Il attendait simplement de nous un soutien et du réconfort.»

De ces amitiés soigneusement entretenues, lustrées comme un cuir astiqué à la chamoiserie, le futur Président fera son miel. Là où, une fois à l'Élysée, un Nicolas Sarkozy, un François Hollande ou un Emmanuel Macron liquideront leurs cercles rapprochés d'avant, donneront congé à l'amitié absolue et enterreront leurs anciens servants avec leurs espoirs déçus, façon pyramide égyptienne, Georges Pompidou, lui, sera, au Palais, d'une fidélité inoxydable.

La bande des anciens

L'entourage de Georges Pompidou à l'Élysée sait peu de choses de cette caravane, quand elle déboule le soir venu. Une bande qui n'est jamais invitée aux festivités du 14 Juillet. Pas même aux différentes cérémonies qui scandent le quotidien de son locataire. «Il y avait chez Georges Pompidou, à l'égard de ses amis proches, à la fois une mise à distance et une proximité profonde», décrypte son fils, Alain Pompidou, qui évoque la mémoire de son père avec la précision d'un minutier.

Autre axiome de ce club où tout le monde se tutoie, y compris avec le Président : ne jamais envier, ne jamais demander. Ces potes de fac n'ont pas de prétention. Ni vocation à évoquer la politique, à parler boutique avec celui que cela exaspère. Ils n'attendent rien de leur ami Président. Ils ne cherchent à tirer aucun avantage de ce compagnon qui les fascine depuis qu'il dispose du bouton nucléaire. « Quelle est la différence entre Matignon et l'Élysée ? » lui demande un jour François Gall. « La bombe atomique », répond-il. Un autre soir, Georges Pompidou rapporte à ces mêmes deux amis que Richard Nixon, qu'il vient de rencontrer à Washington, l'a questionné à propos de ce bouton qui le hante également. « Moi, je me réveille la nuit car j'ai eu un cauchemar : un cuirassé soviétique a tiré sur un de nos bateaux dans le Pacifique et je me réveille avec l'obligation de prendre la décision », lui a confié le Président américain.

De quoi parle-t-on durant leurs dîners ? Jamais de cuisine politique, le sujet en a été banni. Mais de littérature, de musique ou encore de cinéma et de peinture, oui, et beaucoup. Quand Georges Pompidou reçoit ses vieux amis à l'Élysée, il leur en fait régulièrement la visite. Tout heureux de leur montrer à quel point le lieu change au fil des mois, avec ses aménagements répétés, son mobilier, son art moderne et cette collection de bibelots Art déco qui s'enrichit et qu'il manipule comme des talismans. « Il y avait chez mon père une volonté de désacraliser l'Élysée et de briser l'isolement. Cet enfermement lui était insupportable. Et ces dîners le ravissaient. Il souhaitait aussi qu'on lui ramène les échos de la ville, les rumeurs et les bruits du Tout-Paris. Et, surtout, que la conversation reste décontractée, ouverte et si possible banale », poursuit Alain Pompidou.

Mais il arriva à Georges Pompidou de prendre l'un de ses convives par le bras au moment du café et de l'entraîner à l'écart afin d'évoquer un sujet en particulier. « Des questions de société le plus souvent, d'éducation notamment. Cette école qu'il veut démocratiser et qui doit rester au service de la nation. Qui doit assurer l'égalité des chances, sans laquelle il ne saurait y avoir de véritable liberté l'opinion, disait-il. "Pour que l'on puisse apprendre jusqu'à l'âge de seize ans", martèle-t-il un jour à l'un d'entre eux, après que Mai 68 a fracturé la société française… Des propos qu'il pouvait tenir de manière très libre dans ces moments-là. » Alain Pompidou rappelle, solennel, l'amour de son père pour « le verbe tricolore et les valeurs gaullo-républicaines ».

Saint-Sylvestre

L'un de ces dîners se tenait de manière régulière le soir du 31 décembre. On trouve là le même petit cercle d'intimes, qu'ont rejoint souvent le violoncelliste Mstislav Rostropovitch, le peintre Pierre Soulages, le compositeur Pierre Boulez, ainsi que le danseur et chorégraphe Maurice Béjart. Des artistes régulièrement conviés et que les frères Gall retrouvent à la table d'un Pompidou qui, depuis toujours, a pour habitude de faire les galeries du faubourg Saint-Germain, désormais le matin vers 7 heures, après que l'Élysée eut averti leurs propriétaires de son passage. À l'image d'un Mitterrand qui écumera dès l'aube, dix ans plus tard, les libraires du Quartier latin, avant de regagner ses bureaux présidentiels.

Des amis variés

D'autres artistes et auteurs, amis du couple – du pianiste Sviatoslav Richter à l'écrivaine Françoise Sagan, en passant par le peintre Bernard Buffet et les galeristes Marguerite et Aimé Maeght – ont eu les honneurs du fort de Brégançon, ainsi que de ses appartements, quai de Béthune ou de son pied-à-terre de Cajarc, le lieu de naissance de Françoise Sagan et de villégiature des Pompidou.

Des personnalités plus inattendues apparaissent. Ainsi du père Torèle, curé de l'église de la Madeleine, un vieil ecclésiastique que Georges Pompidou consulte assidûment. Notamment lorsque se pose la question de la peine de mort, au moment où éclate l'affaire Bontems-Buffet. C'est à lui qu'il confesse son désarroi après qu'il a pris sa funeste décision, ravagé à l'idée de ne pas avoir décidé de gracier ces deux hommes envoyés à la guillotine, en raison de leur crime odieux et de l'émoi d'une opinion chauffée à blanc, qui réclame le châtiment suprême au son d'une macabre carmagnole. Georges Pompidou s'en expliquera longuement auprès de l'homme d'Église, à qui il adresse des correspondances nombreuses de longs mois durant.

Tout aussi particulière est la relation que le chef de l'État a instaurée avec Léopold Sédar Senghor : il s'est lié d'amitié avec cet ancien compagnon d'hypokhâgne, auquel il consacra de longs moments à parler littérature et politique dans son bureau à l'Élysée, lorsqu'il travaillait pour le général de Gaulle, avant que ce chantre de la négritude ne devienne, en 1960, le président de la république du Sénégal.

Son fils se souvient

Alain Pompidou se souvient d'un père intarissable à l'évocation de ces rencontres : des souvenirs compilés dans le disque dur d'une mémoire infaillible. « Mon père n'était pas un être surdoué, mais un homme qui avait une soif de découvrir, d'apprendre. Jamais plus heureux que quand il dénichait une œuvre, découvrait un auteur ou faisait une rencontre qui l'avait marqué. Un homme d'une intelligence hors norme aussi, dans la mesure où, dès l'âge de trois ans, il savait lire, écrire et compter. Cinquante ans plus tard, je dirais que ce qui le caractérisait, c'est son sens de l'analyse, sa capacité de synthèse et l'esprit de décision : trois qualités qui avaient indiscutablement séduit le général de Gaulle. Nombre de ses anciens collaborateurs m'ont confié que, dès lors qu'ils rentraient, puis sortaient, de son bureau, ils avaient la réponse, généralement la bonne, à la question qu'ils se posaient sur tel ou tel dossier. »

Mais qui étaient-ils, ceux qui avaient plus précisément son oreille, ceux dont il aimait à s'entourer des conseils ? Alain Pompidou en dresse minutieusement la liste.

Tombe de sa bouche, en premier, l'ancienne figure de la Compagnie financière de Rothschild, Guy de Rothschild, « dont mon père fut successivement le fondé de pouvoir et le directeur général, entre 1953 et 1955 ». Vient ensuite le nom de René Brouillet : rencontré au lycée d'Albi, cet autre personnage semble avoir eu sur Georges Pompidou une influence considérable. Conseiller politique parce que proche du général de Gaulle (dont il avait été le directeur adjoint de cabinet en 1944), et fidèle d'entre les fidèles d'un Georges Pompidou attentif, ce Mazarin des temps modernes a joué un rôle clé. Il deviendra plus tard ambassadeur à Vienne, puis au Vatican, et survécut à Georges Pompidou en tant que membre du Conseil constitutionnel.

Trois autres personnages viennent ensuite : Alain Pompidou cite, par ordre de préséance, le secrétaire général de l'Élysée sous de Gaulle, Étienne Burin des Roziers, Jean Donnedieu de Vabres – le père de Renaud Donnedieu de Vabres, ministre de la Culture de Jacques Chirac – et enfin André Malraux, à qui Georges Pompidou voue un culte. « L'homme, grand visionnaire, a beaucoup compté pour mon père qui, nommé Premier ministre (et par la suite aussi), le recevait toutes les semaines pour parler d'art : des tête-à-tête effervescents. Et des rencontres qui ont indiscutablement orienté et forgé sa politique culturelle. »

Quelques grands patrons

Il y a aussi les milieux d'affaires, avec ces capitaines d'industrie et ces barons de la finance qui règnent sur le capitalisme français : des hommes qui n'ont pas à montrer patte blanche ou à gravir de degrés initiatiques pour franchir le seuil de son bureau.

Lui rendent ainsi visite le président de la Compagnie générale d'électricité, Ambroise Roux : cet homme madré, qui tient bride courte les milieux bancaires et le monde de la finance, est une pièce incontournable sur l'échiquier pompidolien. De même que François Ceyrac, le patron des patrons à la tête du CNPF, Michel de Boissieu, qui lui a succédé chez Rothschild, ou Michel Bolloré, un gaulliste de la première heure, père de Vincent Bolloré.

Un quatuor que Georges Pompidou emmène régulièrement à la chasse, cette autre manière d'échapper à l'enfermement. Ces escapades sont l'occasion d'aborder des questions plus confidentielles.

Des géants de la presse

Viennent enfin ces deux géants de la presse française que sont Jean Prouvost et Pierre Lazareff : à la tête d'une dizaine de journaux aux tirages titanesques, les deux hommes ont une puissance de feu dont aucun patron de presse n'a disposé depuis la naissance de Gutenberg. Quand ils se rendent à l'Élysée, ces deux papivores ont pour habitude de débarquer les poches pleines de dépêches qu'ils dévoilent au Président en avant-première. Deux vigies sur le qui-vive, deux échotiers qui alertent le chef de l'État des dernières rumeurs et des goupillons qui traînent à son propos dans les salles de rédaction.

La commère

Friand de ragots, Georges Pompidou a également pour habitude de consulter une reine en la matière : Carmen Tessier. Celle qu'on surnomme «la commère», en raison de la chronique qu'elle tient quotidiennement dans les colonnes de *France-Soir*, revendique une immodestie plus que crédible en la matière. Dîners et déjeuners au Château, visites à la nuit tombée, week-ends à la campagne... cette échotière chevronnée ramène dans ses filets des brassées de rumeurs qui laissent échapper des jappements moqueurs à un Pompidou capable de philippiques assassines.

Un soir, elle évoque sa rencontre avec le roi du Maroc, Hassan II, qui l'accueille en pyjama dans son palais de Rabat. Un autre jour, des propos galants du pape Jean XXIII qui l'a reçue au Vatican. Une autre fois, c'est un souvenir du général de Gaulle et de sa femme visitant une petite préfecture. L'anecdote n'a rien d'extraordinaire, si ce n'est que la préfète était connue pour son franc-parler. Comme toujours, Yvonne se fait remettre avant le départ un *curriculum vitae* de la famille qu'elle s'apprête à rencontrer. Deux enfants de dix-sept et dix-neuf ans qui vont au lycée, résume la petite note que lui a rédigée le cabinet du Président. « Le samedi, le dimanche, que font donc vos charmants garçons ? » demande poliment Yvonne de Gaulle. « Ça baisouille, ça baisouille ! » Mme de Gaulle ne paraît pas étonnée, mais, reprenant sa voiture le lendemain, elle demande à son chauffeur : « Peut-être saurez-vous éclairer mon ignorance, mais, hier soir, la préfète a dit un mot que je n'ai pas compris. C'était, je crois, "ça baisouille". » Et Georges Pompidou d'éclater de rire.

Piques politiques

En mémoire vive, Alain Pompidou achève l'inventaire sur le mode flingueur. Car viennent les politiques. Et ça décanille ! « On ne peut pas dire que Jacques Chaban-Delmas ait figuré parmi les intimes de Georges Pompidou, bien que son Premier ministre : parce que l'homme était pour le moins… imprévisible aux yeux de mon père, qui découvrait dans la presse ses initiatives en matière politique, sans qu'il lui en ait parlé auparavant. »

Il n'est pas moins féroce avec le duo maudit de la Ve, Pierre Juillet et Marie-France Garaud : un « cabinet noir » crédité par l'Histoire d'un rôle prépondérant, mais que le fils Pompidou évacue dans un soupir. « Ils ont toujours prétendu qu'ils étaient les conseillers du prince, mais, en vérité, quand Georges Pompidou est décédé, Juillet et Garaud n'ont rien fait par eux-mêmes. Ils incarnaient un système à double sens : s'il leur arrivait d'inspirer Georges Pompidou, celui-ci les nourrissait au centuple et les inspirait tout autant. "Mme Garaud veut me voir", disait mon père, qui demandait à sa secrétaire de dégager cinq minutes dans son agenda, "car cinq minutes seront amplement suffisantes!", soupirait-il. Ces gens avaient de l'influence par leur dimension de comploteurs. Mais, animés d'une ambition dévorante, ils cherchaient à se positionner dans un rôle de conseillers du prince qu'ils n'ont jamais vraiment eu. Si Marie-France Garaud se voyait en Catherine de Médicis, le prince ne l'écoutait pas pour autant. Il faut reconnaître néanmoins que Pierre Juillet fut un bon conseiller et que Marie-France Garaud œuvra en coulisses, avec beaucoup de talent et de fermeté, pour éviter à mes parents de finir au tribunal au moment de l'affaire Marković[1]. Encore aujourd'hui, Marie-France Garaud aurait des documents sur cette affaire dont j'ignore le contenu. »

Huissiers et standardistes en savent beaucoup

Georges Pompidou ne cache pas la terreur mortelle que lui inspire l'enfermement à l'Élysée. À la différence de son prédécesseur, qu'un entourage prétorien protégeait de l'extérieur, lui aime à s'entourer. Son agenda ressemble à celui d'un médecin généraliste à l'heure de pointe. Et piétine à sa porte une foule qu'un huissier introduit dans son bureau à un rythme de métronome.

Les journées de ce personnage clé de l'Élysée commencent tôt. Vers 7 h 30, il récupère au secrétariat particulier la liste des rendez-vous et des audiences du jour, et la porte aux gardes républicains qui accueillent les visiteurs à leur arrivée. Une liste non exhaustive sur laquelle ne figurent pas les noms des rares qui parviendront dans la

1. L'affaire Marković a trait à l'assassinat, en octobre 1968, de Stevan Marković, un Yougoslave qui était notamment l'employé d'Alain Delon, une affaire sur laquelle certains milieux parisiens et politique tentèrent de greffer un scandale impliquant les Pompidou.

soirée au bureau du Président par des chemins de traverse et des portes dérobées.

Les huissiers du Palais sont de véritables figures. François Furling est l'un des plus célèbres. Présent à l'Élysée de René Coty à Valéry Giscard d'Estaing, il a traversé une partie de la Ve République bouche cousue. Cette mémoire du Palais, d'une dévotion monacale, fut décorée par VGE huit jours après sa défaite et trois jours avant l'arrivée de François Mitterrand. Huissier à la présidence, l'une de ces fonctions émérites qui contribuent à la perfection de l'organisation du Palais.

Un autre personnage, tout aussi méconnu, est un rouage essentiel : le standardiste de l'Élysée. Il réceptionne les coups de fil de celles et ceux qui ont rendez-vous avec le président de la République à l'heure où le Palais s'est vidé, quand le secrétariat du monarque est rentré dans ses foyers. Tous les soirs, ce collaborateur discret pousse une porte du premier étage portant la mention « Téléphone et Télégraphe » pour s'installer au standard. Là, dans une pièce aux dimensions de cagibi, il répond, trie, transfert. Seul aux commandes dans le Palais désert, il officie jusqu'au petit matin, gérant une centaine d'appels. Dans le lot, une majorité d'importuns et d'hurluberlus qui cherchent à joindre en toute hâte le Président. Mais, parfois, il y a de vraies urgences, comme, bien plus tard qu'en ces années Pompidou, après la mort de Lady Di et la tuerie au conseil municipal de Nanterre, lorsqu'une noria de journalistes et de politiques a assailli le standard du Château jusqu'au bout de la nuit. Ou plus tard encore, lorsqu'il eut une tête couronnée au bout du fil : « Bonjour, c'est Mohamed VI, je souhaite parler au Président », le souverain du Maroc n'ayant pas la ligne directe du chef de l'État français qu'il devait joindre de toute urgence.

Quelques politiques...

Durant son mandat, Georges Pompidou reçoit donc beaucoup. Les huissiers oublient l'identité de la plupart de ceux qui franchissent le seuil de son bureau ou de la salle à manger présidentielle, tant ils sont nombreux. Un dîner qui se prolonge, une conversation qui s'étire jusque tard dans la soirée, ce Président chaleureux et curieux des autres se nourrit de ces échanges.

Parmi cette multitude, trois personnalités politiques ont été particulièrement influentes. Un ancien Premier ministre du général de Gaulle, Michel Debré, l'un des barons du gaullisme, Olivier Guichard, et Roger Frey, autre figure du gaullisme. Trois personnalités indissociables et omniprésentes que Georges Pompidou écoute et consulte.

... mais pas de confesseur

Les amis et les soutiens de la première heure d'un côté, les politiques, les grands patrons et les hommes de média de l'autre. Ainsi font, font, font les personnages d'un théâtre d'ombres et de marionnettes qui se disputent les faveurs du souverain. Mais Georges Pompidou n'était pas dupe. Il savait la volatilité des faux amis. Le piège de l'affaire Marković l'avait marqué et meurtri, lui qui avait vu beaucoup s'écarter. Pour mieux chercher à le fréquenter de nouveau quand le danger s'était éloigné et que l'onde était redevenue plate.

Georges Pompidou avait-il son conseiller attitré, son Jacques Attali ? « Non. En raison de l'époque, qui était très différente. Et de Georges Pompidou lui-même, qui était trop indépendant pour s'encombrer d'un conseiller omnipotent. Les deux cercles concentriques qu'étaient ses amis proches et la sphère politique lui suffisaient amplement», raconte son fils.

Le secret de la maladie

Isolement et solitude du pouvoir… Ce Président ne dira rien du cancer qui le ronge. Il ne répondra pas aux interrogations que posent sa physionomie et les stigmates de la maladie. Aux très rares questions de ses plus intimes, qui n'ont pas interrompu leurs visites à l'Élysée, il glisse sur le sujet, à mots couverts : des mots prudents, vite mis sous scellés. Pas un signe pour ses copains de toujours qui le scannent et l'armée de ses collaborateurs qui l'épie.

«Bien que tous ses amis aient constaté la dégradation de son état physique, ils ne savaient rien, confirme son fils. Ce sujet tabou ne fut jamais évoqué en sa présence, je dis bien : jamais! Seuls ses deux médecins, Jean Bernard et Laurent Vignalou, qui le suivaient, et moi-même, étant également médecin, avions une connaissance parfaite de son état de santé. Lui-même ne sut pas grand-chose, ou si peu, quand les tout premiers maux sont apparus en 1968, et ce jusqu'en 1972. Nous avions décidé de ne rien lui dire. Car si mon père, qui était un homme intelligent, avait appris qu'il était atteint d'une maladie dont on sait le nom, mais dont on ne connaît ni l'origine ni le traitement, et encore moins l'évolution, il va sans dire qu'il se serait séparé de ses médecins pour aller se faire soigner n'importe où et par n'importe qui. Il avait donc été décidé de maintenir le secret médical et de ne rien dévoiler à quiconque. Y compris à ma mère dans le souci de la protéger. Bien qu'elle ait compris. Le secret fut parfaitement gardé, également par les milieux journalistiques, où on respecta la consigne. C'est seulement lors du dernier Conseil des ministres que Georges Pompidou évoqua sa maladie.»

Un mutisme sur la maladie du Président qui durera longtemps, les journalistes et l'entourage de Georges Pompidou refusant d'évoquer le sujet voire le cachant sous des bulletins de santé officiels rassurants. Et ces sujets, même les visiteurs du soir les plus bavards évitaient de les aborder. Aujourd'hui, à l'ère des réseaux sociaux et où tout sort, serait-ce faisable ?

Deuxième partie

Ces journalistes qui les ont tous vus…

C'est une constante depuis l'aube de la Ve République : l'Élysée produit du visiteur à la chaîne. Comme ces graffitis effacés le soir par des équipes de propreté sur les murs de nos façades, il resurgit au petit matin, lui qui se damnerait pour quelques minutes en tête à tête avec l'homme dont il fait inlassablement le siège.

L'éditorialiste politique en fait indubitablement partie. Si le Président (*les* Présidents) entretient de tout temps des relations notoirement tendues avec les journalistes, c'est moins le cas avec cette aristocratie. Certains de ces barons de la presse française ont enjambé la quasi-totalité des scrutins présidentiels depuis le milieu des années 1960. D'autres sont apparus. La liste de ces notables est longue, et on connaît leurs noms : Nicolas Beytout, Jean Cau, Jean-Marie Colombani, Michèle Cotta, Alain Duhamel, Jean-Pierre Elkabbach, Franz-Olivier Giesbert, Claude Imbert, Denis Jeambar, Laurent Joffrin, Serge July, Jean-François Khan, Catherine Nay, Jean d'Ormesson, Louis Pauwels, Patrick Poivre d'Arvor, Philippe Tesson… Attardons-nous sur quelques-uns d'entre eux.

3

Alain Duhamel, l'homme qui sait parler aux chefs d'État

À quatre-vingts ans, l'éditorialiste de BFM TV et de RTL est un symbole : l'archétype de ces cardinaux souvent accusés de promener l'encensoir sur les locataires successifs de l'Élysée. Honneur à cette figure tutélaire : aucun parmi ses pairs n'est parvenu à tisser des liens à ce point privilégiés avec pas moins de cinq présidents de la République.

Fin analyste au service du roi, Alain Duhamel est bien plus qu'un éditorialiste de renom : un visiteur hors concours, un champion du « crossover », qui est parvenu à séduire en même temps Valéry Giscard d'Estaing et François Mitterrand (quand l'un était à l'Élysée et l'autre à la tête du parti socialiste). Avant qu'il ne repère, des années plus tard, Nicolas Sarkozy, à l'époque où celui-ci fait ses classes dans sa pouponnière de Neuilly. Qu'il ne cible également François Hollande, dont il est l'un des rares à entrevoir une vocation élyséenne. Instinct ou sixième sens, Alain Duhamel est enfin de ceux qui ont flairé avant tout le monde, chez Emmanuel Macron, un destin présidentiel.

En l'écoutant, on a l'impression de se promener avec une loupe à la place des yeux. Il faut s'habituer à ce que, dans sa bouche, l'Élysée soit un lieu à part, qui n'a rien à voir avec la France. Pas plus qu'avec les autres symboles de la République, Matignon, le Sénat, l'Assemblée nationale…

des succursales. Avec lui défile un bas-relief où s'entrechoquent quinquennats et septennats, dans une pelote de souvenirs et d'émotions emmêlés, qui trébuchent sur d'autres pelotes, et ainsi de suite. Chaque date, chaque repère se transforme en un cours d'histoire.

À l'âge où on peut raisonnablement promener ses petits-enfants au jardin du Luxembourg, voisin de ses appartements parisiens, Alain Duhamel n'a ni l'envie ni le temps de goûter à une retraite confortable. Pour lui, toute élection présidentielle est une nouvelle jeunesse. Comme si la fin pouvait réécrire le début, l'Élysée est un éternel recommencement. Dévot du journalisme politique, dont Pierre Mendès France fut l'un des confidents, l'homme mériterait une plaque au fronton de l'Élysée : « Ici séjourna Alain Duhamel ».

Début sous Pompidou

Il en a franchi pour la première fois le seuil un jour de 1970 à l'invitation de Georges Pompidou : un tête-à-tête d'une vingtaine de minutes.

« Sans doute voulait-il jauger celui qui coanimait l'émission "À armes égales" et dont il savait peu de choses, raconte-t-il. Solennité du lieu, stature de son résident au regard lourd, à la solidité paysanne et à la langue normalienne : j'en garde un souvenir très impressionnant. »

Alain Duhamel croise le lendemain le secrétaire général de l'Élysée, Michel Jobert, qui le happe : « Vous lui avez fait bonne impression, mais vous n'êtes pas l'un des nôtres… »

« D'abord, c'était vrai, et ensuite, pas très plaisant », commente l'éditorialiste.

La relation privilégiée avec Giscard

S'ensuit l'épopée giscardienne : sept années d'une relation forte entre le journaliste et un Président qui l'adoube et l'introduit au sein de son premier cercle. L'homme ne mérite pas pour autant le procès en giscardisme qu'on lui fait : son adhésion, sa fidélité à VGE tiennent sans doute moins d'un engagement raisonné que d'une subjugation.

Privilège : VGE le rencontre le plus souvent seul à seul, à l'Élysée ou à son domicile, rue de la Bienfaisance – une adresse qui ne s'invente pas. Alain Duhamel assume son rôle de l'époque, celui d'un observateur confit d'admiration face à un Président «largement au-dessus du lot». Suspicieux, l'entourage de VGE s'agace de ce visiteur déguisé en confident qui s'enferme de longs moments avec le Président. Chaque semaine, un rendez-vous, chaque jour, un coup de fil. Le grelot présidentiel sonne parfois à des heures matinales. Les deux hommes évoquent les sujets du moment, l'agenda de la journée, les dossiers sur le feu : «Giscard pensait qu'en me disant les choses à l'avance et en toute franchise, je les comprendrais mieux. Et que si préjugé défavorable il y avait sur tel ou tel sujet, celui-ci disparaîtrait.»

Trois autres signatures – Michèle Cotta, Jean-Marie Cavada et Jean-Pierre Elkabbach – ont aussi droit à ce type d'attentions. Avec chez le Président toujours cette même approche : «Je vous explique en avant-première ce que je vais faire, de telle sorte que vous serez bien plus à même de traduire ma pensée», nous décrypte Alain Duhamel. La méthode a du bon : le trio d'éditorialistes écoute et restitue consciencieusement.

Des visiteurs variés

Alain Duhamel fait l'objet d'une attention particulière : l'Élysée lui est familier et le bureau du Président un lieu qu'il visite quand l'envie lui en prend. Il lui arrive d'y croiser, dans le petit salon attenant, les visiteurs du jour.

Des grands patrons notamment, que Valéry Giscard d'Estaing connaît intimement pour les avoir côtoyés au ministère des Finances : Marcel Dassault, Jean-René Fourtou, Francis Bouygues… Une autre fois, ce sont les dirigeants de quelques grandes institutions bancaires ou financières – à la tête du Fonds monétaire international, de la Banque de France, du Trésor ou de la Caisse des dépôts – qui piétinent dans le vestibule. Des syndicalistes, enfin, dont le puissant dirigeant de la CFDT, Edmond Maire, que Giscard traite avec tous les égards. Les intellos ou apparentés sont rares. Seuls le philosophe Jean-Marie Benoist et le virevoltant Gonzague Saint-Bris ont les honneurs de son bureau, sans que l'on puisse affirmer si l'un ou l'autre a eu une quelconque influence.

« Giscard, au fond, avait des relations plus ciblées que celles d'un Georges Pompidou, plus éclectiques et moins techniques. Avec toujours le souci de nouer des relations les plus personnelles possible. Ne serait-ce que pour rompre son isolement. Le côté prison de l'Élysée lui pesait. »

Le Président décide seul

Loi sur l'avortement et baisse de l'âge du vote à dix-huit ans : ces deux réformes voient VGE sonder un grand nombre de gens, des médecins, des ecclésiastiques, des figures du féminisme…

« Mais, à la fin des fins, Giscard a décidé seul : dans l'intimité de son bureau et contre l'ensemble de son camp, raconte Duhamel. Il savait notamment que l'instauration du vote à dix-huit ans aurait pour conséquence de renforcer la gauche. Malgré cela, il tint à ce que cette réforme, une promesse de campagne, voie le jour. Quant à celle sur l'avortement, il pensait comme tout le monde qu'elle aurait des retombées bien plus modestes qu'elle en eut dans la réalité. Là aussi il l'a imposée à sa majorité, qui l'a combattue jusque dans son bureau. Giscard ne tint pas compte des mœurs bourgeoises et conservatrices de ses origines : tirant intelligemment les leçons de 1968, il ambitionnait de moderniser la société[1]. »

Alain Duhamel fut de ceux qui l'encouragèrent à aller jusqu'au bout de la loi sur l'avortement. « C'est pour vous l'occasion de marquer un septennat qu'il vous faut relancer », lui dit-il.

1. Les débats sur la loi sur l'avortement, Dominique Ambiel les a vécus aux premières loges. Ce producteur de télévision, à l'origine de la création du mouvement des jeunes giscardiens – et à ce titre visiteur de VGE – est un membre du cabinet de Simone Veil au ministère de la Santé, quand la loi sur l'avortement est débattue à l'Assemblée, en janvier 1975. D'un franc-parler rafraîchissant, cet ancien conseiller de Jean-Pierre Raffarin à Matignon porte un regard en totale rupture avec tout ce qui a été dit et écrit depuis plus de quarante ans à ce sujet.

Aux temps fondateurs de ce texte, Dominique Ambiel est de toutes les réunions à l'Élysée et à Matignon. Il dit avoir « tout suivi, tout vu, tout entendu ». Et il concasse l'héritage de Simone Veil, déboulonnée de son piédestal. Le débit est rapide, les souvenirs intacts : « En vérité, pour l'avoir vécu de près, Simone Veil n'en était pas une farouche partisane. Sur les questions de société, elle était même très conservatrice. Ce n'est pas un hasard si on l'a vue manifester contre le mariage pour tous. En revanche, celle qui a joué dans l'ombre un rôle majeur, à l'époque, c'est Monique Pelletier. Secrétaire d'État à la Condition féminine, je l'ai vue batailler dans le bureau de Giscard pour que cette loi aboutisse. Au point que VGE s'est posé la question de savoir si ce ne devait pas être elle, plutôt que Simone Veil, qui la porte à l'Assemblée. Cette grande réforme relève de l'intime chez Giscard. Si Simone Veil fut brillantissime à l'Assemblée, c'est à lui et lui seul qu'elle revient. »

Un Président battu et défait

Déjeuners, dîners, rendez-vous : l'éditorialiste est fréquemment invité à l'Élysée ou au domicile de Giscard, qui en profite pour prendre le pouls de l'opinion. Le journaliste s'enquiert du moral d'un Président ballotté par les sondages. La confiance est totale. C'est ainsi qu'Alain Duhamel est l'un des rares dont Valéry Giscard d'Estaing acceptera l'invitation à déjeuner au lendemain de sa défaite, en juillet 1981. Contradictions et tourments d'un homme défenestré par les Français, brutalité d'une élection présidentielle qui happe, tord, puis vous jette : cette défaite est un traumatisme pour celui qui brise l'armure dans le huis clos de ses appartements.

« Nous sommes deux mois après sa défaite et je découvre un homme toujours sous le coup, raconte l'éditorialiste. Groggy, il tente d'analyser ce qui vient de se passer. Avec chez lui un mélange de surprise, de déception et d'incompréhension. Quant à moi, je lui rappelle ce que je lui disais un an plus tôt, au mois d'août, quand les sondages le créditaient d'un score qu'on dirait aujourd'hui "poutinesque" et que je le mettais en garde sur ces études en trompe-l'œil. Cette franchise de ton explique sans doute la relation de confiance que nous avons instaurée. »

Mitterrand aussi

La vie d'Alain Duhamel est une succession de rendez-vous avec l'Histoire. L'Élysée, terre d'asile ? Oui, et peu importe son locataire, pourvu qu'il y dispose d'un rond de serviette. « Je ne comprendrai jamais comment vous avez pu avoir de tels liens d'amitié avec François Mitterrand, alors qu'il n'en a pas eu avec moi », s'étonne un jour devant lui Jean-Pierre Chevènement. « Comme moi qui n'en ai jamais eu avec vous ! » lui répond sèchement le journaliste.

Les liens entre Alain Duhamel et François Mitterrand remontent à 1968, période à laquelle ils publient ensemble un livre d'entretiens. Alain Duhamel est prêt à argumenter sur chaque minute d'une relation qui est née bien avant que François Mitterrand n'entame son ascension. Avec l'arrivée de la gauche au pouvoir, le 10 mai 1981, une brochette de journalistes vedettes est brocardée. Elkabbach, Mougeotte, Cavada, les frères Patrice et Alain Duhamel... Les boucs émissaires éternels d'une foule en liesse à laquelle ne manquent plus que des piques brandies place de la Bastille. Dans cet entre-deux où tout bascule, Alain Duhamel trouve un protecteur en la personne du nouveau Président : « Amical et très présent, il me téléphone pour m'assurer de son soutien, m'encourage à ne pas plier face à ceux qui dans son entourage demandent ma tête, dit-il. Il fait en sorte de calmer la meute. » Comment ? « En m'invitant fréquemment à déjeuner à l'Élysée au vu et su de tous. À commencer par Jacques Attali, que François Mitterrand prend un malin plaisir à informer de ma venue. »

Des différends

Par la suite, rebelote... Petits déjeuners, déjeuners, dîners, au domicile du journaliste ou à l'Élysée, week-end à Latche, voyages à l'étranger, entretiens à bâtons rompus..., Alain Duhamel est un « visiteur » régulier du Président. Pendant le premier comme pendant le second mandat.

« Mitterrand me sondait en permanence sur des tas de sujets, notamment sur des questions sociales et économiques, raconte-t-il. Je l'invitais, il m'invitait, et nous débattions de tout. Il m'appelait fréquemment pour réagir à chaud sur une question ou sur une autre, suite à l'un de mes papiers dans les colonnes du *Point* ou à un édito sur Europe 1. On se disait vraiment les choses. »

Une relation facile, directe, avec des désaccords, souvent. Ainsi, lors d'un de leurs déjeuners, au Relais Bernard Loiseau, à Saulieu, François Mitterrand demanda qu'on lui apporte sa mallette. Il en sortit un exemplaire du *Point* où il avait annoté et souligné, rageur, des passages entiers d'un édito signé d'Alain Duhamel.

Une autre fois, c'est une question littéraire qui les oppose. Et fut à l'origine d'une brouille, « d'un exil de six mois », même. Cette fois-ci, le journaliste a eu le tort d'annoncer à François Mitterrand qu'il sait sur Saint-John Perse des choses que lui ignore, alors que ce dernier venait de lui annoncer, enthousiaste, avoir déniché dans une petite librairie des quais de Seine une correspondance inédite du poète et écrivain.

La fâcherie éteinte, le journaliste reprit le chemin du bureau d'un Président qui va entretenir le lien jusqu'à la toute fin de sa vie. Un bureau qu'il fréquentera aussi sous ses successeurs.

4

Patrick Poivre d'Arvor ou… l'Élysée derrière l'écran

Vingt années de prêches quotidiens et un baisser de rideau sur une citation de Shakespeare – «Ce qui ne peut être évité, il faut l'embrasser. Alors, très modestement, puisque je n'ai pu éviter ce qui arrive ce soir, je vous embrasse tous» : Patrick Poivre d'Arvor a soixante ans en 2008 quand, poussé vers la sortie, il rompt ce cordon invisible qui le relie aux chefs de l'État successifs qui l'ont regardé chaque soir à 20 heures, sur France 2 d'abord, sur TF1 ensuite. Bachelier et père à quinze ans, écrivain à seize, militant giscardien au début des années 1970 et «icône électroménagère» (selon le mot du réalisateur Raoul Sangla), «Poivre» tombe de son piédestal après que Nicolas Sarkozy eut exigé sa tête. S'il a irrité ce Président-là, il a également insupporté François Mitterrand, qui croyait déceler dans ses commentaires à l'antenne des messages subliminaux, les chuintements giscardiens du journaliste au sourire de chanoine lui rappelant son prédécesseur. Que les grands hommes ont parfois des lubies!

Matin de printemps 2019 dans son appartement de Neuilly. Un fouillis de livres et de bibelots, vestiges de ses années télé. Et lui, tranquillement assis dans un fauteuil. Une présence, une plaisance et ce timbre de voix inchangé, comme sorti d'un poste de télé à l'heure du journal. Entre coquetteries sincères et indifférences simulées, « Poivre » revient sur sa relation avec les uns et les autres.

Ses années Giscard et Mitterrand

« Monsieur le vice-président… » Valéry Giscard d'Estaing s'incline et Patrick Poivre d'Arvor sourit. PPDA, qui n'a pas trente ans, occupe les fonctions ronflantes de vice-président de la presse présidentielle. Il représente à ce titre les journalistes accrédités à l'Élysée, ce palais qu'il fréquentera une quarantaine d'années durant et dont il me fait la visite à travers ses souvenirs.

L'ancienne star de TF1 se souvient de ses premiers pas sous les enluminures. Et de VGE, pour commencer : « Un Président toujours très sûr de lui, montrant à ses interlocuteurs qu'il sait tout. J'ai eu avec lui des relations assez personnelles. Il donnait l'impression de vous rendre très intelligent. Comme François Mitterrand, il vous emmenait dans les altitudes. Mais il fut surtout le premier à recevoir des journalistes. Ce qui n'avait pas été le cas jusqu'ici à l'Élysée. »

« Poivre » est à l'époque le chef du service politique d'Antenne 2, et Patrice Duhamel celui de TF1. « Nous étions souvent convoqués à l'Élysée l'un et l'autre. Giscard souhaitait hyper-maîtriser les choses. Je l'entends encore me dire : "Vous allez me poser cette question et je vais vous répondre cela, et vous pourrez ajouter ceci, avant que je complète…" Délicieusement surréaliste. François Mitterrand fut davantage ouvert à cette profession. D'abord à ceux de son camp : considérant qu'il avait eu la télévision contre lui en 1981, il en gardait une certaine rancœur et une grande méfiance. Puis, progressivement, il a élargi le cercle des journalistes qu'il acceptait de recevoir. Bien que pas présupposé de son camp, je fus de ceux-là. »

Et si vous deveniez ministre ?

François Mitterrand le reçoit fréquemment. « Il aimait essayer de convaincre, de persuader. Je voyais dans son regard : "Celui-là, un jour, je l'aurai." Jusqu'à ce qu'il me propose, en 1988, un poste de ministre ! Celui de la Francophonie. Une scène inoubliable dans son bureau. »

PPDA, qui vient de quitter Antenne 2, lui a adressé l'un de ses livres, *Les Derniers Trains de rêve*[1]. Et, à sa grande surprise, Mitterrand en accuse non seulement réception, mais l'invite à passer le voir au Château. Un Président charmeur et charmant, qui balaye la carrière du journaliste avec moult compliments et qui s'aventure sur des pans plus personnels de sa vie. Pas un nuage, que du grand beau. « Un grand numéro de séduction. Il n'a cessé de déployer son charme et son immense culture, me montrant qu'il connaissait les vents d'Asie, les steppes aux confins de l'Extrême-Orient, des auteurs improbables dont je découvrais l'existence… Très impressionnant. »

Il paraît qu'il est fatigué – sous le hâle d'un récent voyage en Afrique, le cancer niché au fond du corps et les premiers traitements –, mais François Mitterrand joue et poursuit son avantage : « Maintenant que vous avez quitté la télévision, vous ne voudriez pas faire des choses dans la politique ? Voyez donc avec Grossouvre, il est en charge de ces affaires. Parce que j'ai une idée pour vous dans le cadre des élections européennes. »

D'un bureau l'autre : PPDA voit le conseiller dans la foulée, qui lui propose de prendre la tête d'une liste centre

1. Éditions du Chêne, 1986.

gauche. «J'ai naturellement refusé, après que François de Grossouvre m'eut appelé des jours et des jours pour me convaincre d'accepter.»

Et c'est François Mitterrand en personne qui revient à la charge. «Nous sommes à la fin de la campagne de la présidentielle de 1988. Coup de téléphone. Je suis à TF1, qui n'était pas à l'époque, *a priori*, une chaîne qui lui était favorable :

— J'aimerais que vous passiez me voir cet après-midi.

— Cela ne va pas être possible, monsieur le Président, parce que je dois préparer le journal de ce soir.

— J'y tiens beaucoup.»

PPDA se rend donc à l'Élysée, où on le conduit aussitôt au bureau du Président. «Il me reçoit comme si j'étais le pape. Me fait asseoir à côté de lui sur un guéridon et me dit : "J'ai quelque chose à vous montrer." Il sort un document qui était une lettre qu'il voulait envoyer aux Français. Il me demande mon opinion sur le fond et la forme d'un courrier destiné à être distribué par millions dans les boîtes aux lettres. Du bout des lèvres, je lui fais quelques observations mineures avant de le quitter.»

De retour à son bureau, PPDA voit tomber une dépêche de l'AFP : l'annonce de l'envoi aux Français d'une lettre de François Mitterrand. «À ma grande surprise, il avait tenu compte d'une petite remarque de pure forme que je lui avais faite une heure plus tôt. Je raconte cela pour montrer avec quelle habileté Mitterrand pouvait user de tous les artifices, y compris avec le plus farouche de ses adversaires. Du Macron avant l'heure.»

Des glaçons sur la ligne directe

Cette lune de miel n'a qu'un temps. Quand TF1 lance «Le Droit de savoir», tout s'envenime et se délite.

D'autant que le premier sujet de ce magazine d'investigation est une enquête au vitriol sur le financement de la campagne de 1988 de François Mitterrand, sur fond d'attributions de marchés publics à des entreprises proches du parti socialiste : la fameuse affaire Urba. «Franz-Olivier Giesbert, Gérard Carreyrou, Charles Villeneuve et moi-même, qui fabriquions cette émission, avons été bannis du jour au lendemain, avec des intimidations de toute nature, des convocations à l'Élysée par Michel Charasse et Pierre Bérégovoy. Sans parler de contrôles fiscaux ou de la publication dans la presse de nos déclarations d'impôts, et donc de la divulgation de nos salaires.»

Lors la projection en avant-première du magazine, devant l'ensemble de l'état-major de TF1 réuni et de Francis Bouygues, le propriétaire de la chaîne, PPDA prend la parole : «J'ai voulu expliquer le pourquoi de cette enquête et la manière avec laquelle nous l'avions réalisée, pièces à l'appui. Et j'ai vu un Francis Bouygues absolument impérial lancer à la cantonade : "Je fais confiance à mes journalistes", avant de quitter la pièce, sans une critique, sans une remarque. Grand seigneur.»

Malgré le climat de crise qui s'installe entre TF1 et l'Élysée, Patrick Poivre d'Arvor va continuer à interviewer François Mitterrand : «Il ne me blackliste pas. Il ne me barre pas. Ce qu'il fait en revanche pour France 2, chaîne publique, dont il choisit régulièrement les journalistes. S'il vomit TF1, il ne demande à aucun moment ma tête.»

Avec Sarkozy, des hauts et des bas

Autre époque, autre Président : Nicolas Sarkozy. Patrick Poivre d'Arvor le rencontre très jeune, à l'époque où le gaulliste dirige la ville de Neuilly, où réside le journaliste. «Lui et moi avons entretenu des relations erratiques, faites de hauts et de très bas. Quand ma fille, Solène, se suicide, il est l'un des premiers à se rendre à mon domicile. Ce dont je fus touché. Ainsi avons-nous eu de très bons rapports, jusqu'au jour où il est devenu président de la République. »

Du paradis au purgatoire, de l'enfer au bannissement. « Les premiers temps sont idylliques. Il me reçoit en permanence, me raconte tout ce qu'il envisage de faire à la tête de l'État, très libre de propos. Des échanges précieux pour un journaliste. Jusqu'à cette première interview au lendemain d'un G7 où je lui avais dit, sans doute maladroitement, qu'on avait pu le trouver, peut-être, pour de premiers pas dans un tel sommet, comme un "petit garçon". »

Ces mots, PPDA ne regrette pas de les avoir prononcés. Il explique aujourd'hui les avoir sortis de manière spontanée, car inquiet de « la tournure soporifique » que prenait l'interview. « Il n'y a aucune malice dans ma question, et, de la part de Sarkozy, de toute évidence, un malentendu. J'ai dit cette phrase sans vraiment en mesurer l'impact. » L'interview achevée, le présentateur s'attend à une volée de bois vert : « Et c'est tout le contraire qui se produit sur le moment. Il me prend à part, s'emploie pendant de longues minutes à me convaincre du bien-fondé des questions de géopolitique qu'il vient d'aborder en direct. Cash, comme il peut l'être. »

Tout le monde considère l'incident clos. PPDA s'en retourne à ses affaires et le Président aux siennes. Et puis vient un coup de fil de Cécilia Sarkozy, à la fois épouse et conseillère politique, le lendemain. « Rien de bon dans sa voix…, se souvient-il. Elle me fait passer le message selon lequel son mari n'a pas apprécié la "petite phrase". C'est en croisant Martin Bouygues le lendemain, qui, rappelons-le, est le témoin de mariage de Nicolas Sarkozy, que j'ai compris que le climat avait soudainement changé. Je l'entends encore :

— Toi, tu n'es pas près d'être réinvité à l'Élysée…

— Mais je croyais que c'est la chaîne qui choisissait les journalistes chargés d'interviewer le Président…

— Ce n'est pas ce que j'ai voulu dire, mais sache que ta petite phrase laisse des traces…

Traduction : je venais de signer mon arrêt de mort. Pour preuve, tout s'est délité très vite ensuite. »

Vrai. Nicolas Sarkozy coupe les ponts. « Dieu sait que, durant la campagne, nous avions des relations que je peux qualifier d'intimes. Notamment lorsque Cécilia avait pris ses distances et que Nicolas Sarkozy était dans tous les affres. Je me souviens de nombreux tête-à-tête où il me confiait sa tristesse. Je le vois encore tapoter fébrilement des SMS sur son portable, le teint livide. C'était dur. C'est là que j'ai vu aussi que cet homme avait du cran : au septième ciel avec le plus grand bonheur de sa vie politique et, dans le même temps, au bord de l'abîme avec son épouse qui s'éloigne et le quitte. »

5

Jean-Pierre Elkabbach, celui auquel les Présidents parlaient

Le 21 mai 1981, Valéry Giscard d'Estaing quitte l'Élysée sous un déluge de quolibets. « C'est dans le sang de ses victimes que l'opinion versatile et la profession tout autant se purifient », murmure Jean-Pierre Elkabbach devant son poste de télé.

Dans les minutes qui suivent, il téléphone au secrétariat du Président déchu, qu'il est devenu criminel de fréquenter : « Pourriez-vous dire au Président que j'ai été particulièrement heurté par les images de son départ. Et qu'Alain Duhamel et moi souhaiterions le voir, dès qu'il le peut et s'il le veut ? »

Le 26 mai, les deux journalistes se rendent au domicile de Valéry Giscard d'Estaing, rue de Bénouville. C'est un homme défait qui leur ouvre la porte : sur son visage, les stigmates de la gloire abolie. Tout le monde prend place dans les fauteuils d'un salon où flotte une odeur de deuil et de tristesse. Entre désolation et incompréhension, Giscard cherche à comprendre. Alain Duhamel s'adresse à lui comme on parle à un blessé de guerre. Pourquoi n'a-t-il pas pris plus d'initiatives ? En remaniant son gouvernement par exemple ? Pourquoi n'a-t-il pas choisi Simone Veil comme Premier ministre ? L'ex-Président, les yeux dans la vague : « En effet… Peut-être aurais-je dû ? Le destin ne l'a sans doute pas voulu… »

« Alain et moi le sentions déboussolé, incapable de mettre des mots sur ce qui venait de se produire, guettant chez nous un semblant de réponse ou d'explication », raconte Jean-Pierre Elkabbach. La conversation ne s'éternise pas. Le climat est si pesant que les deux visiteurs décident de prendre congé. Valéry Giscard d'Estaing les raccompagne jusqu'à la porte. Au moment de la refermer, il apostrophe Elkabbach :

« Je vous ai toujours cru de gauche et on m'a toujours affirmé que vous l'étiez. Est-ce exact ?

— On me croit, on me dit, giscardien. J'essaie simplement de faire mon métier. Et cela ne m'empêche nullement de vous parler le plus librement du monde », répond calmement le journaliste.

D'un Président l'autre…

Dans les mois qui précèdent l'élection présidentielle de 1981, Jean-Pierre Elkabbach, qu'accompagne parfois Alain Duhamel, visite régulièrement François Mitterrand à son domicile. « Nous tentons de lui faire comprendre qu'il n'y a pas lieu de se défier de nous. » La relation est étonnante : le politique domestique le journaliste ; le journaliste séduit le politique.

La publication par François Mitterrand, en 1980, d'un livre de conversations, *Ici et maintenant*[1], en est une illustration. Jean-Pierre Elkabbach s'en fait l'avocat auprès de quelques confrères de ses amis, dont Patrick Poivre d'Arvor. « Mitterrand au 20 heures de France 2 ? Tu es fou ! Il a déjà perdu ! » s'énerve le présentateur. Il faut à JPE

1. En collaboration avec Guy Claisse, Fayard.

quelques arguments solides pour que «Poivre» accepte. François Mitterrand ne pardonnera toutefois jamais la désinvolture avec laquelle il est interrogé ce soir-là, durant la mi-temps d'un match de l'équipe de France de football, entre deux pubs et une interview de joueur.

Jean-Pierre Elkabbach est plus avisé. Regardé par un grand nombre d'observateurs et de confrères comme une curiosité de cénacle, François Mitterrand est à ses yeux le seul en capacité de décrocher Giscard de son cadre. «L'ampleur de la culture littéraire et historique de François Mitterrand faisait que nous étions un petit nombre de journalistes à éprouver du plaisir à discuter avec lui, plus qu'avec d'autres. En public ou en petit comité, Mitterrand parvenait à capter l'attention sans jamais avoir à élever la voix. J'ai vite compris, en l'observant d'abord et en le côtoyant ensuite, qu'il y avait chez lui l'autorité, sinon la clairvoyance, d'un homme d'État.»

Une première visite sous de Gaulle

Les signes extérieurs du pouvoir, Jean-Pierre Elkabbach y est sensible : la fréquentation des monarques l'enivre. Mazarin est une icône et l'Élysée un temple dont il foule pour la première fois le marbre sous de Gaulle. Il est à l'époque jeune reporter au service politique de France Inter, et on l'a dépêché pour recueillir les premières déclarations de Georges Pompidou, que le Général vient de nommer Premier ministre.

Ayant passé la grille d'entrée, il jette des regards circulaires sur l'édifice, traverse la cour d'honneur avec hésitation. Il réajuste sa cravate et parcourt, intimidé, les quelques mètres qui le séparent du perron où se tient l'homme du jour : «Littéralement frappé par la solennité et la charge historique de l'endroit.»

Quarante-cinq ans plus tard, l'Élysée n'a rien perdu de sa magie, « même si, avec le temps, on devient indifférent au cérémonial qui entoure son locataire, au bal des courtisans et à la multitude de conseillers qui pensent avoir l'éternité pour eux. J'ai à la fois le respect du lieu et la conscience de sa profonde relativité ».

Le bureau du chef de l'État

Le perron, puis le bureau présidentiel. C'est Valéry Giscard d'Estaing qui lui en fait les honneurs, en 1976 : « J'étais saisi. Jamais je n'avais imaginé y pénétrer un jour. Moi, petit gamin venu d'Oran, de si loin ! Tout mon passé et mes origines modestes remontaient à la surface. »

Si l'émotion s'est estompée avec le temps, s'entretenir avec le Président, dans l'intimité, reste un moment à part. Bien qu'il soit rodé de longue date à l'exercice, Jean-Pierre Elkabbach ne se rend jamais à ce rendez-vous sans une préparation méticuleuse. « Et cela même si l'on connaît bien le maître des lieux. »

Il s'impose un rituel avant chaque entrevue. S'isoler dans un bistrot voisin du Palais, où il noircit un petit calepin des thèmes qu'il compte aborder. Passer des coups de fil pour s'assurer qu'il n'a rien oublié. Faire le tour du pâté de maisons pour respirer. Puis foncer vers le Palais comme on se jette dans une arène : « L'entrevue achevée, je suis lessivé. »

Quelle que soit l'époque, l'impression est la même quand on se présente à l'entrée du Château : on est saisi par la souveraineté du lieu. Tout l'art du visiteur consiste à afficher une attitude détachée, qui ne trahit pas cette intimidation, d'autant que le Président qui vous reçoit a pour habitude de se montrer tel qu'en lui-même. Pompidou, Giscard, Mitterrand, Chirac… Chacun agit selon son tempérament et ses habitudes : «Mitterrand avait pour règle de se tenir derrière son bureau, avant d'en faire le tour pour vous inviter à vous asseoir face à lui. Parfois, il restait assis dans son fauteuil, signant des parapheurs ou des chèques avec son stylo Mont-Blanc. Puis il levait son regard vers vous et vous lançait, comme s'il vous avait quitté la veille : "Alors, où en est-on ?"»

Un journaliste dont beaucoup médisent

Quelques mots sur Elkabbach. Inquiet, secret, intransigeant avec les autres comme avec lui-même, l'homme n'est jamais au repos. N'ai-je rien oublié ? L'ai-je bien questionné ? Que pense-t-il de moi ? L'œil collé au judas de sa propre vie, il est son premier maton.

Sa réputation est pour le moins contrastée. «Dur avec les faibles, prévenant avec les forts, complaisant et de parti pris», sifflent ses détracteurs : l'homme, qui connaît la rengaine, souffre d'être retourné sans fin sur les brasiers de la critique.

On lui reproche ses liens de consanguinité ou de connivence avec tel ou tel chef d'État ou Premier ministre. Des allégations qui réveillent chez lui des colères assoupies : il serre la mâchoire comme un poing à leur évocation. S'il avait succombé à ces rites monarchiques, il aurait fini par «toucher le gros lot». Or la fréquentation de ce bureau lui a valu plus de déboires que de gratifications. Un rond de serviette à la table de Giscard ou de Mitterrand ? Un accès direct à Sarkozy ? «Et alors !» Admis depuis plus de trente ans dans ce saint des saints, il affirme avec la souplesse d'une pierre n'en avoir retiré ni honneurs ni avantages.

Et la présidence de France Télévisions ? «La belle affaire ! Un poste qui ne m'a valu que des emmerdes !» Des cuisines de la politique, Elkabbach affirme n'avoir connu le plus souvent que la plonge : «Je fais simplement mon métier. Tout le reste, les ors de la République, ce n'est qu'opium et illusion.» Esquinté par les défoliants d'une profession qui ne l'a guère épargné, notre ermite passe sa vie à faire le test des hospitalités de la planète. «Tout le monde médit de moi, sauf les muets», chante Brassens : un refrain qu'il n'est pas loin de fredonner. Plus d'un demi-siècle qu'il regarde tomber à ses pieds les attaques comme cendres de mégots.

À revers, maintenant. JPE est l'incarnation de l'oxymore : un païen fasciné par la spiritualité, un astre noir qui procède par éclipses – une seconde radieux, la suivante ombrageux. Une fois admis dans son cercle de confiance, il est simple, chaleureux, dépouillé d'attitudes. Le moins putain des hommes. C'est l'un des rares journalistes à chanter à tue-tête les louanges et les mérites des politiques. Non pas qu'il leur ressemble – même si l'odeur du sang et de la meute lui est, comme eux, familière –, mais parce qu'il les tient tout simplement en haute estime. Quand la tension devient trop forte, il se jette dans la lecture des *Lettres à Lucilius*, une œuvre de Sénèque. Il en a offert un exemplaire à deux anciens présidents de la République, François Mitterrand et Nicolas Sarkozy, quand l'un et l'autre ont eu à affronter les vicissitudes de la vie.

Une chose encore sur le titulaire de la carte de presse n° 19219. Cela fait peut-être ricaner, mais, attaché depuis plus de cinquante ans à accoucher les témoins, petits et grands, de notre siècle, Jean-Pierre Elkabbach n'est pas un homme de Cour. Ce qui va à revers de son image : celle d'un courtisan haletant son ambition aux quatre coins de l'échiquier politique, réputation qui le suit et l'agrafe. Innombrables sont les figures de la Ve qui ont connu leur baptême du feu médiatique à son micro : de jeunes volatiles qu'il a bagués au sortir du nid. Le plus célèbre est Nicolas Sarkozy, que JPE est le premier à interviewer au micro d'une radio, Europe 1. Quant à François Mitterrand, c'est l'inverse : l'ancien monarque socialiste l'a vu non seulement grandir dans ce métier, mais il l'a aussi ramassé plusieurs fois dans le ruisseau.

Le jour d'après

« Alors, comment va *La Disgrâce ?* » L'espace d'un instant, ce matin de février 1982, le journaliste croit à une plaisanterie de mauvais goût. Marmoréen, calé dans son fauteuil, les doigts en bouquet, François Mitterrand a prononcé ces mots d'un ton badin. Quelques minutes auparavant, celui qu'une foule en liesse crucifiait pourtant le 10 mai, place de la Bastille, s'est présenté à la porte du Palais le col de chemise ouvert et sans cravate : un bras d'honneur adressé à ce lieu dont il a été banni depuis que la gauche est arrivée au pouvoir. Et à François Mitterrand qu'il accuse de n'avoir pas retenu les chiens lâchés contre lui. Neuf mois qu'il bat le pavé à la recherche d'un emploi.

« Et je rumine… Sait-il que j'ai fait la queue des mois durant dans une agence de l'ANPE du 15e arrondissement de Paris, où j'ai dû pointer en évitant de croiser les regards de ceux qui s'interrogeaient sur ma présence dans la file ? » François Mitterrand a l'air de sucer des cachous… « Sait-il que, dissimulé derrière un journal ou un livre, je n'ai pu éviter les remarques ? » Parmi les demandeurs d'emploi, certains prenaient sa défense quand d'autres l'apostrophaient. Jusqu'à ce qu'une guichetière compatissante accepte d'espacer ses rendez-vous afin de lui éviter de telles humiliations. Sait-il, enfin, qu'il vient de vivre un calvaire sur le plateau d'« Apostrophes » ? Invité par Bernard Pivot à l'occasion de la sortie de son livre, *Taisez-vous, Elkabbach*[1] *!*, JPE a été victime de ce qu'il appelle un «traquenard». Sur le plateau, entre autres auteurs conviés, il y a en effet Roland Dumas et Philippe Labro. Le premier lui avait promis de voler à son secours en cas d'agression. Pareil pour le second, qui avait téléphoné à son épouse, Nicole Avril, cœur vaillant, qu'on pourrait compter sur lui. Résultat? Un jeu de massacre. Aux yeux du journaliste tombé de son piédestal, Bernard Pivot a ouvert le feu et distribué les munitions. Tout y est passé : ses liens avec Giscard, les chasses aux sorcières à Antenne 2... Et, contre toute attente, son ami Philippe Labro l'a haché menu. Dolmen de certitudes, l'animateur d'«Apostrophes» l'a, à son sens, pilonné : «Il conduisait la chasse. J'étais devenu la victime expiatoire d'une assemblée de censeurs.»

«Dites-moi... (La voix ondule.) Oui, dites-moi, comment va *La Disgrâce*?» Passé le trouble, JPE comprend la méprise : François Mitterrand fait référence au dernier livre de Nicole Avril, sa compagne, qui est romancière. Le Président la connaît de longue date : une socialiste de la première heure, dont il loue les engagements et le talent. Il a tout lu d'elle. Dans l'un de ses ouvrages, elle évoque sa jeunesse à Rambouillet dans une famille modeste. Elle y dépeint le château derrière les grilles duquel elle et ses parents restaient de longs moments à observer la majesté de l'édifice. Un jour de 1988, François Mitterrand lui avait fait la surprise d'organiser une visite privée : «Vous êtes le bienvenu», avait-il ajouté à l'intention d'Elkabbach.

Stationné aux Invalides, un hélicoptère avait décollé pour Rambouillet. À son bord, François Mitterrand, Jean-Louis Bianco, Nicole Avril et Jean-Pierre Elkabbach. Parvenus sur le site, François Mitterrand avait entraîné la

1. Avec Nicole Avril, Flammarion, 1982.

jeune femme vers le château. S'était ensuivi un déjeuner au cours duquel le Président socialiste s'était montré intarissable sur l'histoire de la Charente-Maritime, dessinant d'un pinceau précis les contours d'une région que Nicole Avril connaît bien. Et tous, autour de la table, les avaient laissés à leur conversation, frappés par la délicatesse du geste.

« Alors, où en sommes-nous ? » Une heure qu'Elkabbach lui raconte ses déboires.

« Sachez que c'est dans les moments d'adversité que l'on mesure le caractère d'un homme. Aussi, nous allons voir comment vous vous comportez.

— Savez-vous que je ne peux plus m'approcher de l'immeuble de la rue Cognacq-Jay, où j'ai travaillé de longues années ? Parce que certains y verraient le signe de mon retour. Les journalistes vivent, aujourd'hui, en France, un système autrement plus injuste que celui instauré sous le septennat précédent.

— Cela suffit ! Il faut penser à retravailler, maintenant !

— Mais toutes les portes me sont fermées, tous les postes me sont barrés. Vous l'ignorez sans doute, c'est bien pire qu'auparavant. Je vous le redis : on se détourne sur mon passage comme si j'étais un pestiféré. Aujourd'hui, pour exister, il faut fréquenter l'Élysée. Sous Valéry Giscard d'Estaing, mieux valait, au contraire, s'en tenir éloigné.

— Suffit !

— Si je vous disais que certains de vos proches, qui sont également mes amis, ont participé à la chasse. Cela m'a beaucoup affecté. »

De qui parle-t-il ? De ceux qu'il comptait parmi ses fidèles et qui ont pris la tangente. Comme Jacques Attali, disparu dès le lendemain du 10 mai. Et qui a refait surface la veille de son rendez-vous avec François Mitterrand :

« Mais qu'attendais-tu pour m'appeler ? Il y a si longtemps que je n'ai plus de nouvelles. »

Jean-Pierre Elkabbach se souvient d'avoir raccroché dans un soupir. « Jacques Attali ne donne pas, ne rend pas. Cela ne m'empêche pas de l'admirer. C'est un ami auquel j'ai toujours été fidèle. J'ai presque tout fait pour lui. Je regrette simplement que ma loyauté n'ait pas trouvé sa réciprocité… Le prophète me fait la gueule. » Et le sèche. Quand on interroge ce dernier sur JPE, il revient sur un épisode qu'il n'a, de son côté, pas pardonné : « Le traquenard du 16 mars 1981. Quand Jean-Pierre Elkabbach et Alain Duhamel ont posé à François Mitterrand la question de la peine de mort sur le plateau de "Cartes sur table". Un coup monté destiné à ruiner sa campagne. »

Jean-Pierre Elkabbach n'a pas oublié non plus : « Fadaises ! Ce qu'Attali avance témoigne d'une méconnaissance crasse qui me sidère. Car François Mitterrand tenait au contraire à évoquer expressément la question. Jacques Attali devrait réfléchir à deux fois avant d'assener de telles contre-vérités. » Alain Duhamel, dans son livre *Portraits souvenirs. 50 ans de vie politique*[1], le confirme : « La question sur la peine de mort avait surgi à la toute fin de l'émission. À peine avions-nous quitté le plateau qu'une demi-douzaine de collaborateurs de Mitterrand nous tombe dessus. Celui-ci m'a rejoint sur ces entrefaites, m'a posé la main sur le bras dans un geste inhabituellement familier, et m'a remercié à haute et claire voix de lui avoir donné l'occasion d'une mise au point qu'il espérait. Instantanément, mes contempteurs changèrent d'attitude du tout au tout, me congratulant sans vergogne et me félicitant impudemment de ce qu'ils venaient de me reprocher avec tant de hargne. Ce fut pour Jean-Pierre et moi une bonne leçon de choses, éclairant à la fois quelques

1. Paru aux éditions Plon en 2012.

personnalités et illustrant l'étrange ascendant qu'exerçait François Mitterrand sur son entourage. »

Robert Badinter, qui ne peut être pris en défaut sur le sujet, reviendra sur cet épisode au micro d'Europe 1, le 5 août 2014 : « Il est indiscutable que Jean-Pierre Elkabbach et Alain Duhamel ont joué un rôle important dans l'abolition de la peine de mort. »

Quant à François Mitterrand, il avait déjà clos la polémique lors d'un déjeuner avec Jean-Pierre Elkabbach, en 1993 :

« Savez-vous quel jour nous sommes, Jean-Pierre ?

— Le 16 mars. Pourquoi me posez-vous cette question ?

— Cette date ne vous dit donc rien ? Réfléchissez... »

JPE cherche, et Mitterrand enchaîne : « Le 16 mars 1981, j'étais face à vous sur le plateau de "Cartes sur table". Cela vous rappelle quelque chose, j'imagine ? Allez, déjeunons ! »

La traversée du désert s'achève

À partir de l'hiver 1982, Jean-Pierre Elkabbach retrouve le chemin de l'Élysée où François Mitterrand multiplie les gestes à son égard. À chacune de leurs rencontres, il l'interroge sur sa situation. « Vous avancez, j'espère. » Agacé de voir sa réhabilitation retardée, il demande à André Rousselet, qui a couché JPE sur sa liste noire, d'intervenir. « J'ai eu droit à un coup de fil croustillant de sa part : "Le Président a raison, votre situation est invraisemblable. Nous allons régler cela. Je vais faire en sorte que vous rentriez à Europe 1." »

Par la petite porte, s'entend. Jacques Abergel, qui est le patron d'Europe 1, reçoit pour consigne de veiller à ce qu'Elkabbach se tienne le plus éloigné possible de la politique : le journaliste a même interdiction de participer aux conférences de rédaction. Quant à l'émission qui lui est confiée, c'est un petit magazine socio-culturel d'une heure qu'il anime en solitaire. Il lui faut insister pour hériter d'une collaboratrice. Elle se présente un matin à sa porte : Béatrice Schönberg.

Le mur

Un pied à l'Élysée, où ses visites sont fréquentes, un autre à Europe 1, où il se remet lentement en selle : Jean-Pierre Elkabbach s'offre son premier moment de gloire post-1981 en prophétisant la chute du mur de Berlin.

Correspondant de France Inter outre-Rhin dans sa jeunesse, JPE connaît bien l'Allemagne. Berlin et son mur, mieux encore. Le verra-t-il un jour tomber ? Quarante ans que la ville allemande se partage en deux omoplates. Bientôt un demi-siècle que ces façades ont d'est en ouest des conversations funèbres, des confidences adultères.

Le 9 novembre 1989, Jean-Pierre Elkabbach reçoit Roland Dumas sur Europe 1.

« De quoi parle-t-on ? » interroge le ministre hors antenne.

— On va balayer les sujets du moment, et je compte te poser une question sur le mur de Berlin, si tu veux bien.

— Le mur de Berlin ? Je ne vois pas bien où est le sujet… ?

— Très simple. Quand s'ouvrira-t-il ? Tu as bien une petite idée sur la question, j'imagine…

— Oui, et tu vas être déçu : on ne verra jamais ce mur tomber ! Tu m'entends, Jean-Pierre, jamais !

— Comment peux-tu être aussi définitif ! L'histoire a maintes fois prouvé qu'elle était capable de retournements impensables… »

Sur l'antenne d'Europe 1, Roland Dumas fait une réponse évasive : « Peut-être le verrons-nous un jour tomber, mais nous en sommes encore loin, bien loin… » Quelques heures plus tard, le duo Duhamel-Elkabbach déjeune avec François Mitterrand. Le Président s'adresse au second : «Je vous ai écouté ce matin avec Roland. Je lui reprocherai simplement d'avoir été un peu trop optimiste. Car les gens de ma génération ne verront jamais la chute du mur. Je trouve que notre ministre des Affaires étrangères s'est un peu trop aventuré. » Le déjeuner se déroule. La conversation s'égare sur d'autres chemins. Berlin est déjà loin. François Mitterrand entraîne ses deux invités dans les jardins d'une vie, sur les chemins de la littérature et de la politique.

Le soir même, Jean-Pierre Elkabbach et son épouse partent pour Brive, où se tient la Foire du livre. Ayant regagné leur chambre d'hôtel après dîner, le couple allume la télévision quand, sur les coups de 21 heures, tombe l'annonce de la chute du Mur. Stupéfait, le journaliste ne peut s'empêcher de se remémorer les propos définitifs tenus quelques heures plus tôt par Roland Dumas à son micro. Et les certitudes affichées de François Mitterrand un peu plus tard à l'Élysée. «J'en fus saisi. Je me souviens de m'être dit que cet événement validait tout ce que je savais depuis longtemps quant à la relativité du pouvoir. »

Épicentre de notre vie politique, centre de gravité de nos institutions, pinacle d'entre les pinacles, l'Élysée et son locataire n'ont pas vu venir le séisme. Mi-dieu mi-gourou, François Mitterrand rejoint le commun des mortels.

L'idée de Latche

Si je m'arrête ainsi sur la personnalité de Jean-Pierre Elkabbach, c'est qu'il a occupé une place particulière dans l'histoire du journalisme politique. Et une place plus singulière encore dans celle des visiteurs de l'Élysée. L'épisode rocambolesque de la nomination d'Édouard Balladur à Matignon, en 1993, en est l'exemple stupéfiant.

L'hiver de cette année-là, les élections législatives à venir et la défaite probable de la gauche sont au cœur des conversations entre l'intervieweur d'Europe 1 et François Mitterrand. Le domaine landais de Latche sert de décor à ces débats. Le dîner passe, un feu de cheminée éclaire la salle à manger, la discussion, agréable, prend des chemins de traverse. Mitterrand évoque les bords de la Charente-Maritime, la culture des huîtres, la littérature, les bords de mer comparés de l'Atlantique et de la Méditerranée... Il picore ici une idée, là une image. « Et chacun se retire dans sa chambre », raconte le journaliste.

À 7 heures le lendemain matin, Mitterrand frappe à la porte de sa chambre. Impatient : « Alors, Elkabbach, vous venez prendre le petit déjeuner ou non ? » Celui-ci expédié, le Président, qu'accompagne son conseiller en communication, Jacques Pilhan, entraîne sa suite pour une balade dans la campagne landaise. D'un pas lent, il marche en évoquant le passé, la Résistance, ses compagnons de combat, la fuite... Et les femmes qui l'ont hébergé dans sa clandestinité. Le tic-tac de son récit couvre le chant des grillons : les souvenirs de François Mitterrand tournent en pèlerinage, comme les secondes sur le cadran. Puis un silence. Elkabbach en profite pour entraîner Mitterrand sur un autre sujet.

« Monsieur le Président, comme vous le pressentez, la gauche va perdre les élections. Il va y avoir la défaite... »

Mitterrand empoigne le bras du journaliste. Sonore de gravité :

« Mais de quelle défaite me parlez-vous, Elkabbach ? C'est une débâcle dont il s'agit ! Une catastrophe ! Un désastre !

— Et c'est tout ce que cela vous fait, monsieur le Président ? »

Cette perspective ne semble pas peser plus lourd qu'une bulle pour celui qui ajoute : « Nous avons fait une politique qui n'a pas été comprise par les Français, et ces derniers vont nous le dire. C'est là le verdict populaire et démocratique. Il y aura donc une cohabitation, car désormais plus rien ne peut l'empêcher. »

Jean-Pierre Elkabbach enchaîne :

« Dès lors que vous aurez à Matignon un Premier ministre issu de la nouvelle majorité, vous serez inévitablement amené, pour des raisons institutionnelles et politiques, à moins vous exprimer. Je vous propose que nous fassions ensemble une série d'entretiens filmés, que nous diffuserons le moment venu quand vous le souhaiterez. Bien plus tard, après votre mort, si tel est votre désir…

— Qu'est-ce que vous en pensez, Pilhan ?

— Ça me semble une bonne idée, monsieur le Président », lâche prudemment le conseiller.

Homme de tête et de cœur, confident élyséen par la grâce d'une amitié élective, Jacques Pilhan marche sur des œufs. Silence, soupir, hochement de menton… Puis un murmure, synonyme d'épiphanie : « Je vais réfléchir, nous verrons… »

Cette réponse vaut adhésion. Et les célèbres entretiens accordés par l'ancien Président à Jean-Pierre Elkabbach démarrent le jour de la nomination d'Édouard Balladur au poste de Premier ministre.

L'opération Balladur

Mais, bien avant cela, alors que les mauvais sondages s'accumulent à l'hiver 1993 avec une défaite annoncée pour la gauche au pouvoir, JPE s'est mis en tête de trouver le nom du futur Premier ministre.

« Vous avez pensé à celui que vous allez être amené à désigner pour Matignon ? s'enquiert-il, alors que François Mitterrand l'entraîne une nouvelle fois pour une promenade dans les jardins de l'Élysée.

— Vous êtes bien curieux…, sourit le Président. Qui verriez-vous… ?

— Que diriez-vous d'Édouard Balladur ?

— Balladur ! Mais vous n'y pensez pas !

— Vous avez tort, car Balladur ferait un très bon Premier ministre », soutient Elkabbach, qui lui rapporte ses fréquents échanges avec l'ancien ministre des Finances.

Ce dernier a en effet pris pour habitude d'appeler le journaliste en début d'après-midi. Il l'aborde d'un pas flâneur : « Que faites-vous en ce moment, mon cher Jean-Pierre ? Voulez-vous prendre un thé avec moi ? » Quelques quartiers de pommes, des petites madeleines et une tasse de thé de Chine l'attendent à son domicile. Confortablement installé, Édouard Balladur nasille une supériorité qu'il enrubanne de considérations à la mesure de sa personne. Pour un peu, il s'approprierait cette sortie d'Alphonse Allais, prononcée à l'issue d'un dîner mondain : « Heureusement que j'étais là, parce qu'autrement je me serais drôlement emmerdé. »

Lorsque Jean-Pierre Elkabbach retrouve François Mitterrand, il lui rapporte l'ambition de l'homme qu'il vient de quitter : décrocher Matignon.

« Et vous l'avez cru, Elkabbach ? Êtes-vous dupe ou complètement naïf ?

— Je ne fais que répercuter ce qu'il me dit en toute sincérité et confidence», soutient le journaliste dont Édouard Balladur a fait son officier traitant.

Un autre jour, l'ancien collaborateur de Georges Pompidou le convoque sur ces mots : «Passez me voir, Jean-Pierre, j'ai quelque chose de confidentiel à vous montrer.» Parvenu chez lui, le journaliste est happé par Balladur, qui l'entraîne vers son bureau dont il ouvre un tiroir. Il en sort quelques feuillets manipulés aussi délicatement qu'un parchemin : les résultats d'un sondage qui montre qu'une majorité de Français le plébiscitent. Un sourire qui dit victoire et des mains qui arrachent le précieux document : c'est un Balladur en lévitation qui replace dans son reliquaire ce sésame. Avant de plonger la clé du tiroir au fond de sa poche.

«Combien de fois faudra-t-il que je vous dise, Elkabbach, que vous n'êtes pas malin! Que vous vous laissez bêtement duper! C'est un simple jeu de sa part. Je vous le redis, Balladur, c'est non!» éclate de rire François Mitterrand, quand le journaliste lui rapporte la scène qu'il vient de vivre. C'est presque devenu un jeu entre les deux hommes.

Mais Elkabbach a beau souffler sur les braises des ambitions de Balladur, dont il ravive la flamme à chacune de leurs entrevues, il a beau siffler des arguments à l'oreille de Mitterrand, comme autant de dards de sarbacane, ceux-ci se perdent dans les rires d'un Président taquin.

«Alors, Elkabbach, votre Balladur, qu'est-ce qu'il devient? lui décoche-t-il.

— Pourquoi dites-vous, MON Balladur! Ce n'est pas MON Balladur! Je ne fais que l'écouter. Et je le crois. Oui, cet homme pense que son tour est venu.

— Vous n'avez décidément rien compris. Balladur n'est que le tremplin de Chirac. Son laquais! Ces deux hommes marchent ensemble!»

Voilà des mois que François Mitterrand emmanche les deux têtes de proue du RPR comme des mignardises jumelles sur un même cure-dent. Mais si JPE disait vrai ?

Le 20 mars 1993, dans l'entre-deux-tours des élections législatives, Jacques Chirac exige le départ de François Mitterrand en cas de victoire de la droite le dimanche qui suit :

« Vous les voyez, vos amis ! rugit le Président. Je le savais, je vous le disais, ils n'entendent pas respecter les institutions de la Ve République !

— Mais c'est Chirac qui parle. Avez-vous entendu ces mots dans la bouche de Balladur ? plaide le journaliste, auquel il ne manque plus qu'une robe d'avocat dans ce bureau devenu prétoire.

— Non, mais c'est du pareil au même.

— Non. Je peux vous certifier que Balladur n'est pas d'accord avec cela. »

Mitterrand gargouille : « Traquenard, complot, coup d'État démocratique… Alors, qu'il se prononce ! Qu'il vienne démentir les propos de Chirac et on verra ! » Le journaliste se rend ventre à terre au domicile de l'ancien ministre, auquel il confie l'exaspération de François Mitterrand : « Ou vous faites taire Chirac, ou vous le démentez ! » Le lendemain, Elkabbach trouve un Mitterrand songeur : Édouard Balladur vient de publier un communiqué où il prend ses distances avec Jacques Chirac.

« Alors, qu'est-ce que je vous disais ? plastronne le journaliste.

— Vous avez peut-être raison… Il progresse. »

Tenir les molosses

C'est par un nouveau coup de téléphone d'Édouard Balladur à JPE que démarre la journée du 16 mars 1993, date du second tour des élections législatives : « Voulez-vous passer me voir vers 11 heures ? » Quelques instants plus tard, il découvre un Balladur composant son gouvernement : « J'ai eu du mal avec Simone Veil... », souffle-t-il avec componction en interrogeant le plafond. Il égrène des noms, adoube à distance, distribue les portefeuilles comme un croupier fait siffler les cartes hors du sabot. Une pause, puis, songeur : « Veil, Veil, Veil... Je ne sais vraiment pas où la mettre... »

« Attendez, Édouard..., coupe Elkabbach. J'ai eu François Mitterrand au téléphone hier au soir, et sa décision n'était pas encore tout à fait arrêtée vous concernant... »

Vrai, François Mitterrand s'est donné jusqu'au lendemain pour désigner celui qu'il va installer dans le fauteuil de Pierre Bérégovoy à Matignon. Tout dépendra de la tonalité des déclarations des ténors de la nouvelle majorité sur les plateaux de télévision.

« Vos amis exigeront-ils son départ ou prendront-ils acte du scrutin ? C'est la question que François Mitterrand continue de se poser, explique le journaliste.

— Que me dites-vous ?

— Sachez qu'il va examiner à la loupe ce qui se dira ce soir à 20 heures, sur les plateaux de télé. Tout dérapage de l'un des vôtres risque d'être déterminant. »

Œil qui soudain se lève et agrafe l'interlocuteur :

« Comment ça, déterminant ?

— Eh bien, si ceux qui vont prendre la parole ce soir au nom de votre majorité épousent les discours de Chirac, ce sera tout simplement la guerre. Vous ne serez jamais Premier ministre !

— Vous êtes sûr de ce que vous avancez, Jean-Pierre ? murmure Balladur.

— Oui, trois fois oui, puisque je vous dis que j'ai parlé à Mitterrand pas plus tard qu'hier soir. Il s'est montré extrêmement clair. »

Sur quoi, l'ancien ministre se lève, décroche son téléphone et joint Jacques Chirac. Une voix ourlée de velours : « Dites-moi, mon cher Jacques, qui commente ce soir les résultats à la télévision ? Toubon, ah ! Et qu'est-ce qu'il va dire ? Hum... Et vous, mon cher Jacques, qu'allez-vous dire ? »

À l'autre bout du combiné, Chirac fait à Balladur un résumé rapide de la déclaration qu'il entend lire en direct du siège du RPR, à 20 heures pétantes. « Mmmoui... Vous devriez peut-être éviter ce dernier mot... Oublier cette formule aussi, et sans doute, si je peux me permettre, nuancer celle-là... Qu'en pensez-vous, mon cher Jacques ? »

Quel spectacle ! Sa conversation achevée, Balladur se tourne vers le journaliste : « Si vous avez le Président, dites-lui que j'ai appelé Chirac et que j'ai mis tout mon poids afin que les responsables du RPR qui s'exprimeront ce soir à la télévision aient un comportement exemplaire à l'égard de sa personne. D'ailleurs... » Piqué au vif, il rappelle Chirac, qu'il enjoint de faire immédiatement passer les consignes de retenue à ses troupes.

D'Artagnan autoproclamé, l'estafette Elkabbach gagne l'Élysée, où il rapporte à Mitterrand les ferrets de la droite.

« Je ne sais pas ce qui va se dire sur les plateaux de télévision ce soir, mais j'ai vu et entendu Balladur sommer Chirac de tenir ses troupes, vous concernant. Et je ne vois rien qui me fasse penser le contraire.

— Nous allons voir, Elkabbach. Il est 19 heures à ma montre, ce qui veut dire que nous n'avons plus qu'une heure à attendre, n'est-ce pas ? » lui répond le chef de l'État, qui va regarder la soirée électorale de son bureau.

Dans la pièce où ils sont seuls, François Mitterrand se multiplie en confidences. « Savez-vous qui est venu vers moi ? » Et il raconte avoir reçu un message de Valéry Giscard d'Estaing, transmis par Michel Charasse, qui tient en un mot : « Le président Giscard d'Estaing est prêt. »

Giscard à Matignon! «J'ai répondu non! s'esclaffe François Mitterrand, qui ajoute, hilare : Vous nous imaginez, Doublepatte et Patachon refaisant l'histoire!»

C'est fait

De retour à son domicile, Elkabbach s'installe devant son poste de télé. Zappe d'une chaîne à l'autre et soupire d'aise : l'orchestre est à l'unisson. Pas un couac à droite. JPE en est maintenant convaincu : alors que le nom de Jacques Chirac circule dans les rédactions pour Matignon, le poste ne peut plus échapper à Édouard Balladur.

«J'ai toujours sincèrement pensé qu'il a été d'une très grande sincérité à mon égard. Il voulait clore sa carrière politique comme Premier ministre de François Mitterrand. En revanche, s'il a eu le secret espoir d'être un jour président de la République, il ne s'en est ouvert à personne. François Mitterrand a fini par me confier que, s'il l'avait choisi, c'est parce qu'il avait eu le sentiment qu'avec un tel Premier ministre, respectueux des institutions, il pourrait terminer sa vie sans être assiégé. Il gardait en mémoire le premier Conseil des ministres de la cohabitation de 1986. Un souvenir cauchemardesque : "J'avais l'impression, me dit-il un jour, d'être Ali Baba face aux quarante voleurs."»

Le lundi matin, lendemain d'élections, Hubert Védrine rencontre Édouard Balladur à l'hôtel Plaza Athénée, auquel il annonce qu'il va être nommé à Matignon dans la journée. À l'Élysée, François Mitterrand est entre les mains d'une maquilleuse. Un peu plus loin, à l'autre bout d'un couloir, dans la bibliothèque, Jean-Pierre Elkabbach et un caméraman l'attendent. Les pas, puis la voix de François Mitterrand résonnent.

«Où voulez-vous que je me mette?

— Ici, monsieur le Président», répond le journaliste, qui désigne un fauteuil.

C'est ainsi que, fidèle à sa promesse et malgré le contexte politique à tout le moins peu banal, François Mitterrand démarre ce jour-là la série d'entretiens évoquée quelques mois plus tôt sur un chemin de la campagne landaise. La première question est d'actualité : «Pourquoi avez-vous choisi Édouard Balladur?» Mitterrand sourit : «Et pourquoi pas Balladur... ?»

La déflagration d'« Une jeunesse française »

Quand sort en librairie, en septembre 1994, le livre de Pierre Péan *Une jeunesse française*[1], Jean-Pierre Elkabbach est le P-DG de France Télévisions. Il est en province lorsque François Mitterrand le réclame d'urgence à Paris. Il se lève le lendemain à l'aube pour lire l'essentiel de l'ouvrage de Pierre Péan, avant de rejoindre l'Élysée où le Président et son conseiller, Jacques Pilhan, l'accueillent.

«Un choc...» Visage osseux, pâleur diaphane, François Mitterrand est habillé d'un pantalon en velours côtelé et d'une chemise de trappeur à petits carreaux : l'homme du 10 mai a les traits parcheminés. Le cancer a progressé de manière impressionnante, et les traitements à haute dose qui lui sont infligés l'éprouvent. Jean-Pierre Elkabbach, qui ne l'a pas revu depuis un mois, le trouve épuisé. Assis à son bureau, il s'est redressé à son apparition.

«Vous avez lu le livre de Péan? Vous avez vu ce qu'il déclenche?

— Oui, c'est une déferlante.

1. Publié par les éditions Fayard, *Une jeunesse française* est un récit biographique qui évoque le parcours de François Mitterrand pendant la Seconde Guerre mondiale.

— Eh bien, j'ai décidé d'y répondre.
— Quand, monsieur le Président ?
— Lundi, ce lundi ! Je ne veux pas attendre.
— Très bien, mais vous ne devez pas aller sur TF1, monsieur le Président ! C'est sur le service public qu'est votre place. Avec nous ! »

Le réflexe d'un patron de chaîne préoccupé, qui défend sa boutique. Le journaliste admet avec le recul avoir manqué de discernement, « perdu les pédales », en prononçant ces mots.

« Mais qu'est-ce que vous me dites ? coupe Mitterrand.
— Vous n'avez rien à gagner à aller dans ce contexte sur une autre chaîne.
— Soit, mais alors, comment voyez-vous cela ?
— Je propose une interview sur France 2…
— Et quelle durée voyez-vous ?
— Le temps qu'il faudra : une heure, une heure trente… Peu importe. Nous ferons naturellement preuve de souplesse, compte tenu de l'importance du sujet.
— Proposez-moi des noms…, poursuit le Président.
— Michèle Cotta, Jean-Luc Mano, Christine Ockrent, Paul Amar, Bruno Masure, Daniel Bilalian… »

François Mitterrand les retoque un à un.

« C'est vous que je veux, et personne d'autre.
— Impossible ! Je vous rappelle que je suis le président de France Télévisions et que je m'interdis toute intervention sur mes antennes. Je cours le risque d'une avalanche de critiques, y compris au sein de la maison…
— Je veux que ce soit vous ! »

« J'ai dû dire oui, confesse JPE. Il m'était impossible de refuser. Toute opposition eût été vaine. »

Une vision choc

Il est décidé que l'entretien se déroulera dans la petite bibliothèque du Palais, une pièce aux murs tapissés d'ouvrages et encombrée d'un bric-à-brac d'objets rapportés des voyages officiels du Président à travers le monde. Dans l'après-midi du 12 septembre 1994, Jean-Pierre Elkabbach y règle les détails techniques. Compte tenu de l'état de santé de François Mitterrand, il est prévu un programme de rechange en cas de problème.

Puis il se dirige vers les appartements privés du chef de l'État. Il frappe à une porte entrebâillée, pénètre dans la pièce et s'arrête net. Les yeux clos, le teint pâle, François Mitterrand est allongé sur son lit, immobile, les deux mains croisées sur la poitrine. Il est habillé d'un costume bleu marine, d'une chemise blanche et d'une cravate sombre. La vie est oublieuse de ce qu'elle prodigue : Mitterrand est un corps à l'abandon. Sur une petite table basse, une tasse de thé et une assiette sur laquelle sont posés une tartine de pain beurré et un petit pot de miel. Assis sur une chaise, de chaque côté du lit, statues de sel, Anne Lauvergeon et Jacques Pilhan. Debout au pied du lit, Elkabbach ne peut détacher les yeux de ce corps que toute trace de vie semble avoir quitté.

Jean-Pierre Elkabbach ignore combien de temps il est resté là, «prostré». Deux, trois, quatre minutes? «Une éternité.» Mitterrand ouvre un œil :

«Vous avez vu, Elkabbach, les femmes ne savent offrir que des cravates ou des écharpes…

— Vous avez raison, monsieur le Président, moi aussi j'ai une écharpe. Elle m'a été offerte par Nicole qui…, bredouille-t-il.

— Venez donc vous asseoir, coupe le Président, qui lui fait signe d'approcher. Vous êtes prêts, j'espère.

Sachez que j'ai donné rendez-vous aux Français. Et je respecterai ma parole. »

Puis il interroge ses deux collaborateurs : « Que s'est-il passé aujourd'hui ?

— Élisabeth et Robert Badinter ont téléphoné, répond Anne Lauvergeon.

— Ah bon...

— Laurent Fabius, également.

— Et qu'est-ce qu'il veut ? soupire Mitterrand.

— Il vous souhaite bon courage pour ce soir. Nous avons également reçu un message de Jacques Attali... Il prie pour vous...

— Ah, tiens ! Maintenant il prie, il prie pour moi ? », ironise le gisant.

François Mitterrand lève les yeux au ciel : ceux dont Anne Lauvergeon vient de lui citer les noms se répandent en commentaires désobligeants à son égard depuis la publication du livre de Pierre Péan. Le matin même, Jacques Attali a conjuré Jean-Pierre Elkabbach de renoncer à l'interview. Tout y est passé : ses origines, son enfance parmi la communauté juive d'Oran, son père enterré dans le petit cimetière de la ville... « N'oublie pas d'où tu viens, Jean-Pierre. Le Juif que tu es va se retrouver dans la pire des postures. Quant au Président, tu l'as bien vu, il n'est pas en état d'affronter une telle épreuve. Dis-le-lui, je t'en supplie, qu'il renonce ! Et toi, retire-toi ! » Que venaient faire là-dedans ses origines ? Cela fait maintenant des siècles qu'Elkabbach est passé de l'identité défensive à l'universalité laïque. Le malentendu est immense : « Quand Attali me parle identité et religion, je lui réponds responsabilité journalistique. »

«De l'audace!»

Le journaliste a préparé cette interview comme un khâgneux aux portes de l'agrégation. Il s'est entretenu avec des historiens : notamment Pascale Froment, l'auteure d'un *René Bousquet*[1]. Il a relu et relu ses notes.

L'heure du rendez-vous approchant, François Mitterrand demande à Jacques Pilhan et Anne Lauvergeon de le laisser seul en sa compagnie. «Je vous le demande : soyez le plus dur, le plus incisif, le plus intraitable des journalistes. Ne m'épargnez en rien! Je ne suis pas président de la République et vous n'êtes pas le président de France Télévisions. Vous et moi allons avoir aujourd'hui une conversation d'homme à homme. J'insiste : de l'audace! Dites-le-vous bien, on ne vous pardonnera pas de ne pas être allé au bout de vos questions. Tout comme on ne me pardonnera pas de ne pas y avoir pleinement répondu.»

Il est 19 h 45. François Mitterrand se dirige vers la salle de maquillage. «Pilhan, laissez-nous, je veux lui dire encore un mot.»

«Il est inutile de vous préciser que l'émission de ce soir est très importante pour moi. Une dernière fois : oubliez qui je suis et posez-moi toutes les questions. Je dis bien, TOUTES! D'homme à homme, Elkabbach!

— N'ayez crainte. Toutes les questions vous seront posées. Je serai aussi pugnace qu'on peut l'être en pareille circonstance.»

La séance de maquillage terminée, le cortège se dirige vers la bibliothèque. La pièce est si exiguë que le réalisateur, Jérôme Revon, est à une poignée de main de distance de François Mitterrand. Le décor est minimaliste et la lumière si blanche qu'on dirait une scène d'interrogatoire

1. Un récit biographique sur l'homme politique et collaborateur, durant l'Occupation, René Bousquet, paru en 1994 aux éditions Fayard.

dans un commissariat de quartier. À sa droite, une petite table basse. On y a posé un verre d'eau sucrée. Tandis que l'on met la dernière main aux détails techniques, François Mitterrand fait un signe du doigt au journaliste, qui s'approche et se penche : « Vous n'oubliez pas ce que je vous ai dit ? Le plus audacieux possible ! Faites votre travail. »

Un face-à-face pour l'Histoire

À 20 heures pile, François Mitterrand apparaît à l'antenne. Cadrée serrée, l'image est dure : une statue de cire qu'emprisonne une lumière de mirador. Filmé dans sa nudité crue, François Mitterrand a la gravité de l'homme qui dialogue avec la mort. « Le spectacle était d'autant plus impressionnant que c'était la première fois qu'il réapparaissait en public après ses deux interventions chirurgicales », se souvient Elkabbach.

La première question porte sur son état de santé : « Comment allez-vous, monsieur le Président ? » Calme, affecté, François Mitterrand, pâle, très pâle : « Vous voulez me demander si je vais mourir ? » Sans le léger ronronnement des caméras alentour, on pourrait se croire dans une chambre mortuaire. Puis, soudain, comme par miracle, le chef de l'État retrouve vigueur et couleurs. « Allez savoir où il est allé puiser des ressources, mais je l'ai vu transfiguré. Ce face-à-face qui aurait pu prendre un tour dramatique s'est transformé en un grand moment de télévision. »

Un boxeur sur le ring qui esquive les coups et en donne. Qui défend brillamment sa cause et démonte, un à un, les soupçons collaborationnistes qui l'accusent. Qui se défait de l'étau dans lequel on tente de l'emprisonner. « Tiendra-t-il le coup et la distance ? C'était ma crainte », confesse le journaliste.

Il tient, oui. C'est un homme au mieux de sa forme qui boucle cette heure trente-cinq d'émission. Les caméras éteintes, François Mitterrand se tourne d'un air étonné vers le réalisateur et son intervieweur : « Nous avons déjà fini ? » Puis il se dirige vers un salon où l'attend un petit groupe dont Danielle Mitterrand, Christine Gouze-Rénal, Hubert et Micheline Védrine, Jacques Pilhan et Nicole Avril. François Mitterrand, qui a pris place dans un fauteuil, se livre à de premiers commentaires satisfaits sur sa prestation.

S'ensuit étrangement une longue digression sur la Rome antique, qui laisse l'assistance sans voix : « C'était inouï. Voilà un homme à l'article de la mort deux heures plus tôt qui, de manière totalement imprévue, nous administre une époustouflante leçon d'histoire. »

Un cadavre et des larmes

« Que lisez-vous en ce moment, Jean-Pierre ? »

C'est une manie chez François Mitterrand : il interroge ses visiteurs sur leurs lectures, curieux de découvrir une œuvre qui pourrait l'accompagner dans ses insomnies.

« Que lisez-vous ? insiste Mitterrand.

— Rien qui mérite que l'on s'attarde », bredouille le journaliste que la question a pris de court. Jurant qu'on ne le piégera plus, il se présente la fois suivante avec quelques solides références littéraires qu'il a glanées dans une librairie.

« Vous ne m'avez pas répondu la dernière fois : que lisez-vous en ce moment ?

— Je relis Sénèque. Plus précisément, les *Lettres à Lucilius* », répond sans hésiter JPE.

Ce n'est pas un mensonge : ce petit recueil de préceptes du philosophe stoïcien est sa bible. « Du choix des amis »,

«De l'inconstance des hommes», «Des dangers de la solitude», «Du travail du sage sur lui-même», «Fuir la foule»... La lecture de ces textes est prétexte à méditation. Huit jours plus tard, la main posée sur un livre : «Vous avez raison, intéressant, votre Sénèque... », valide Mitterrand.

Les rencontres sont régulières entre JPE et le Président socialiste. Ce samedi 9 novembre 1991, il le reçoit sur ces mots : «Vous avez vu, Montand?» Le journaliste sort d'une séance de cinéma. Il répond distraitement :

«Quoi, Montand?

— Mais dites-moi, dans quel monde vivez-vous? Yves Montand, vous voyez de qui je parle? Eh bien, il est mort!

— Montand est mort?

— Allons, calmez-vous! Montand n'avait aucun talent. (Le Président fait la moue.) C'était un piètre chanteur. Je lui ai toujours préféré Léo Ferré. Un très médiocre acteur aussi. Et ne parlons même pas de ses errements, de ses engagements indignes et stupides avec l'URSS. Il ne mérite pas tous ces éloges dégoulinants... »

Sur ces mots, Mitterrand fait appeler son directeur de cabinet, Gilles Ménage. «Qu'avez-vous préparé comme communiqué pour la mort de Montand?» L'homme tend au chef de l'État un projet de texte : «Laure Adler s'est jointe à moi pour rédiger cette réaction», s'empresse d'ajouter le directeur de cabinet, qui associe la conseillère Culture de l'Élysée à son travail. François Mitterrand parcourt le texte d'un œil rapide, puis : «Et vous vous êtes mis à deux pour écrire ça?», lâche-t-il, faisant de la feuille une boulette, avant de griffonner quelques lignes rapides. «Le Président rend hommage à Yves Montand» : un quart d'heure plus tard, l'AFP en publie le contenu.

L'été 1995 ouvre une longue période d'éclipse. C'est la réclusion d'un vieux seigneur médiéval entouré par la tristesse d'une Cour accablée. À l'Élysée, la mort prend ses quartiers avec son cortège de chagrins et de regrets… Alité, François Mitterrand confie un soir au journaliste : « Ce n'est pas la mort qui me fait peur, c'est de ne plus vivre. »

Le 8 janvier 1996 à 9 h 20, le journaliste de l'AFP Pierre Favier apprend de la bouche d'une secrétaire effondrée le décès du Président. Quelques minutes plus tard, la nouvelle tombe sur les téléscripteurs. Un long cortège de personnalités processionne le lendemain devant sa dépouille à son domicile, avenue Frédéric-Le-Play, où seuls quatre journalistes sont autorisés à se recueillir : Pierre Favier, Alain Duhamel, Jean-Pierre Elkabbach et Ivan Levaï. Michel Charasse, qui a organisé les funérailles, s'en est tenu à la liste que François Mitterrand a minutieusement rédigée.

Parvenus au pied de l'immeuble, Alain Duhamel et Jean-Pierre Elkabbach s'engouffrent dans un petit ascenseur où ont pris place Pierre Mauroy et François Léotard. La cabine, qui ne supporte pas le poids des quatre hommes, reste bloquée de longues minutes entre deux étages. Un intermède cocasse dans un océan de peine.

Dans l'appartement, un silence sépulcral. François Léotard et Alain Duhamel pénètrent les premiers dans la chambre où François Mitterrand repose. Puis c'est le tour de Jean-Pierre Elkabbach et de Pierre Mauroy. Tous deux s'inclinent devant la dépouille du défunt. Effondré, l'ancien Premier ministre socialiste s'effondre en sanglots, puis quitte la pièce.

Jean-Pierre Elkabbach est maintenant seul. Posés sur une chaise, le chapeau et la canne de François Mitterrand. Et sur une table de nuit, un livre dont il n'ose s'approcher pour en lire le titre : l'ordre ciré de la pièce et la gravité du moment l'en dissuadent. Il reste de longues minutes debout, s'imprègne de la scène, grappille des secondes alors que, sur le pas de la porte, d'autres fidèles attendent leur tour. L'éternité est capable d'attendre. « C'était la mort d'un combattant, combattu, détesté ou adulé, dont je me remémore les combats. Tout se mêle dans ma tête. Un flot d'images et de sons. Que restera-t-il de son parcours ? » Quelques nanosecondes, encore. De dernières images. La silhouette émaciée rehaussée d'un masque mortuaire. Les deux mains, dont il a fait de son vivant une arme de séduction, posées le long du corps. Un bloc de gloire éteinte qui attend le ciseau du sculpteur : l'éternité figée dans le marbre.

En Terre promise avec Hollande

Mitterrand et Elkabbach ? C'est comme si l'Adour landaise et la Seine parisienne avaient mêlé leurs eaux, au confluent du cantonal et de l'immensité. Improbable duo où s'imbriquent intérêts croisés et complicité de quasi père-fils. Girouette Elkabbach, enfin, qui, dans l'un de ses habituels tête-à-queue, tourne la page Tonton et se jette dans les bras de Nicolas Sarkozy.

Le journaliste s'applique à démontrer le contraire. « Dès lors qu'il est le président la République, je me dois de le voir. Mais si j'ai vécu avec lui des moments souvent surréalistes, cette relation n'a rien eu à voir avec l'intensité et la profondeur de celle que j'ai pu entretenir avec François Mitterrand. »

Elkabbach et Sarkozy ? Deux speedés mangeurs de graines et buveurs d'eau. Deux malades de sport qui se rêvent en marathoniens. Deux brasseurs de pouvoir que la passion de la politique rapproche. Nicolas Sarkozy à l'Élysée ? « Un homme imprévisible qui peut rompre une discussion sur un coup de tête et vous pousser hors du bureau : soudainement excédé par votre présence, il vous explique, sans prendre de gants, qu'il a bien d'autres choses à faire que de vous recevoir et de vous écouter ! Oubliant que c'est lui qui vous a invité à le rejoindre séance tenante ! Je n'ai pas avec lui les liens que j'ai eus avec son prédécesseur. »

Jacques Chirac n'avait pas ces manières. Guère en confiance avec les journalistes, il nouait peu de liens avec cette profession… quand François Hollande débordera douze ans plus tard, ouvrant l'Élysée à tous les vents, transformant son bureau en une salle de rédaction.

Six mois après son élection, les 19 et 20 décembre 2012, il se rend à Alger en visite officielle. Jean-Pierre Elkabbach est du voyage. L'ancien patron du PS, qui sait ses liens avec l'Algérie de son enfance, l'a couché sur la liste de ses invités.

De même qu'Hervé Bourges, un ex-P-DG de France Télévisions et conseiller de l'ancienne figure de la résistance algérienne, Ahmed Ben Bella. Ouvrons une parenthèse et écoutons celui qui fut, aussi, à la même époque, un visiteur du Président. « Cette période de ma vie, je l'ai souvent évoquée avec François Mitterrand, dont je fus l'un des visiteurs, raconte l'ancien patron de chaînes décédé en février 2020. Entre janvier 1982 et ma nomination comme P-DG de TF1, en juillet 1983, il me reçut fréquemment à l'Élysée pour des entretiens particuliers qui n'étaient pas inscrits à l'agenda. On me faisait alors rentrer par la grille du Coq, et je me retrouvais dans son bureau pour de longues discussions à bâtons rompus sur l'Afrique, la radio, la télévision… J'éprouvais la sensation, très curieuse, d'un inversement des rôles. Il était l'intervieweur et j'étais l'interviewé. Lui en faisant la remarque, il m'avait répondu : "J'aimerais mieux vous connaître." »

Convié à dîner à l'Élysée ou rue de Bièvre, Hervé Bourges fit l'objet d'une attention constante. Lorsqu'il fut nommé à la tête de TF1, en 1982, Mitterrand le rassura :

« Vous êtes seul responsable de votre chaîne. Je n'ai rien à vous demander, et si par hasard j'ai des reproches à vous adresser, des questions à vous poser, je le ferai moi-même. Ne tenez pas compte de ceux qui voudraient vous parler en mon nom. » Un jour, un ministre lui rapporta l'agacement du Président suite à la diffusion d'un reportage sur sa politique économique : « "Le Président pense que… Le Président n'apprécie pas que…", me dit-il. Et je lui ai répliqué : "Vous êtes sûr de ce que vous avancez ? Car, si c'était le cas, je pense qu'il me le dirait directement." »

Fin de la parenthèse.

À Alger, Hervé Bourges et Jean-Pierre Elkabbach retournent sur les lieux de leur enfance : les cimetières de cette Terre promise où ils ont grandi sont peuplés de leurs proches. Ce n'est pas la première fois que l'ancien P-DG de France Télévisions et *serial interviewer* y retourne. Il a fait une première visite, en mars 2003, aux côtés de Jacques Chirac. Un voyage au cours duquel la philosophe Blandine Kriegel attire son attention sur une jeune femme brune qui fait partie de la délégation : « Regardez-la, elle a vingt-neuf ans, elle est assistante à la Sorbonne et c'est une fille très méritante dont vous devriez faire la connaissance, Jean-Pierre. Elle s'appelle Jeannette Bougrab. » JPE rencontre alors celle qu'il présentera un jour à Nicolas Sarkozy. Tout comme Rama Yade : deux jeunes pousses bientôt membres du gouvernement de François Fillon, auxquelles le journaliste a mis le pied à l'étrier.

Hollande accueille à tout-va et vent

Chaque élection présidentielle est une nouvelle page qui s'ouvre, avec un nouveau locataire à séduire, un autre récit à construire. Et l'Élysée un pic qu'il lui faut de nouveau gravir pour en atteindre le sommet.

S'il a fallu à Jean-Pierre Elkabbach du temps pour gagner la confiance de François Mitterrand, il n'a pas eu à faire d'efforts pour pousser la porte de François Hollande : les deux hommes se connaissent de longue date. C'est au détour d'une interview sur Europe 1, à l'automne 1996, qu'ils font plus ample connaissance. Le journaliste vient d'être évincé de la présidence de « France Télés » au terme d'un scandale dévastateur – celui des animateurs-producteurs – que ponctue un rapport accablant de la Cour des comptes. « Vous avez réussi de belles choses à la tête de France Télévisions », dit François Hollande hors antenne, le porte-parole du PS lui conseillant de prendre un avocat. « Soit, mais qui ? » question JPE. « Moi, si vous voulez ! » rétorque Hollande. En marge de ses activités politiques, le futur Président porte en effet la robe.

De ce jour naît une complicité. Quand François Hollande s'installe à l'Élysée, en 2012, il n'oublie pas : ses petits déjeuners à l'aube avec le journaliste ; les invitations sur les antennes d'Europe 1 et de Public Sénat, où JPE officie ; ce carnet d'adresses épais comme un bottin qu'il lui ouvre tel un éventail déployé. Son enthousiasme jamais à marée basse aussi, qui le voit dessiner sur les nappes en papier des restaurants, où ils déjeunent ensemble, des organigrammes de campagne. Comme un maréchal d'Empire des croquis de bataille.

Sitôt François Hollande élu, le journaliste retrouve ses habitudes. Rencontres avec des gens remarqués, ouverture des écoutilles, sniff d'air du temps, rumeurs du moment… JPE est une centrale de renseignements à lui seul : un collecteur précieux pour ce Président gobeur et attrape-tout qui le questionne. En retour, François Hollande le couvre de remerciements qu'il enrubanne de quelques bons mots :

la marque de fabrique d'un Président potache qui aime régaler l'assistance d'anecdotes.

Un jour qu'Elkabbach déjeune à l'Élysée en compagnie d'une brochette d'invités, et alors qu'il est plongé dans la lecture du menu, François Hollande lance à la cantonade : «Il faudrait dire aux Français que, contrairement à ce qu'ils s'imaginent, ce ne sont pas les codes nucléaires que se transmettent les présidents de la République au moment de la passation de pouvoir. Mais les choix diététiques de Jean-Pierre Elkabbach ! Pas de viande, pas de crème, plutôt du poisson… Tout est consigné et conservé ici, dans un coffre ! » Éclats de rire autour de la table.

Le journaliste l'assure : «Hollande est une personnalité très drôle qui a dû forcer sa nature. Beaucoup l'ignorent, mais il a dû batailler pour endosser des habits de Président. C'est une personnalité plus complexe qu'il n'y paraît. Son visage, avec ses expressions asymétriques, dit tout : un mélange d'espièglerie, de malice et d'extrême dureté. »

Le duo de fer

Novembre 2013, en plein conflit syrien. Un déjeuner réunit un petit groupe de journalistes d'Europe 1 à l'ambassade de Russie à Paris. Sont présents, outre l'ambassadeur, Alexandre Orlov, Catherine Nay, Fabien Namias, Jean-Pierre Elkabbach, et le porte-parole et stratège d'Arnaud Lagardère, Ramzi Khiroun.

Sous les dorures d'une salle à manger aux dimensions d'un stade de foot, le diplomate se livre à un réquisitoire contre la politique étrangère de la France, cet État «valet de l'Administration américaine». Scène invraisemblable : JPE se lève, jette sa serviette et annonce, livide, qu'il ne peut rester plus longtemps à une table où la France est à ce point offensée. «Je ne pouvais accepter qu'on insulte le pays auquel j'appartiens. » Sitôt ont-ils quitté l'ambassade que Jean-Pierre Elkabbach et Ramzi Khiroun informent François Hollande de l'incident.

Khiroun-Elkabbach ? Un duo de feu. Plus de trente ans séparent ces deux hommes de réseaux, qu'unissent la passion de la Méditerranée et le goût du secret. Le premier a grandi à Sarcelles quand le second est né à Oran. Ils se sont rencontrés en 1999, quand Dominique Strauss-Kahn, dont Ramzi Khiroun est alors le conseiller en communication, est englué dans l'affaire d'enrichissement personnel de la Mutuelle nationale des étudiants de France (MNEF). De cette amitié naît l'un des tandems les plus influents de la place. Réunis, leurs carnets d'adresses forment un annuaire impressionnant.

François Hollande l'a vite compris, qui entretient une relation de confiance avec les deux hommes. Secret des échanges : le Président aime sonder ce tandem dont il sait le sérieux. L'incident qu'on lui rapporte est d'autant plus important que Vladimir Poutine est espéré à Paris dans les semaines à venir. Français et Russes travaillent depuis des mois au lancement d'une « Année de l'amitié franco-russe ». Lors des vœux au corps diplomatique, le 29 janvier 2014, l'ambassadeur est présenté à François Hollande. Jean-Pierre Elkabbach et Ramzi Khiroun ont préparé la rencontre. Au cours de l'hiver 2014, ils se rendent au Kremlin pour y négocier une interview de Vladimir Poutine codiffusée par Europe 1 et TF1. Et le mardi 4 juin, Jean-Pierre Elkabbach, Ramzi Khiroun, l'état-major d'Europe 1 et une équipe de TF1 s'envolent pour Sotchi. La veille, JPE s'est rendu à l'Élysée où François Hollande lui a remis – geste inédit sous la Ve République – un pli cacheté à l'attention du maître du Kremlin. Dans l'avion, les deux compères tentent de deviner, en vain, ce que contient la missive.

Arrivée à destination, au siège du parlement de Sotchi, la délégation française est installée dans un salon. L'attente dure plusieurs heures. À quelques pas de là, derrière une double porte capitonnée que protège une garde prétorienne, se joue l'avenir de l'Ukraine.

« M. Poutine vous attend. » Une porte s'ouvre au loin, et la silhouette du maître des lieux, qu'entoure une brochette de militaires, apparaît : gracieuse comme un tank en mouvement. « J'ai rarement été impressionné à ce point. Il y avait dans son allure quelque chose de très particulier. Poutine dégage une force qui déstabilise. L'impression d'être comme soulevé de terre par le regard de cet homme petit, au corps musculeux », témoigne Jean-Pierre Elkabbach.

« Parvenu à notre hauteur, il a balayé l'assemblée d'un regard. Chacun d'entre nous dut accepter de se laisser disséquer par ses yeux bleus plissés : des yeux de loup. » Le maître du Kremlin distribue quelques poignées de main. Puis il entraîne tout le monde vers une table où a été dressé un buffet. Elkabbach profite d'une coupe de champagne pour lui remettre discrètement le message de François Hollande, que le Président russe fait disparaître sans un mot dans la poche de sa veste.

La collation expédiée, l'interview peut démarrer : trente minutes au terme desquelles Vladimir Poutine propose à ses hôtes un autre verre. Déambulant aux côtés d'Elkabbach dans une enfilade de salons peuplés d'œuvres d'art, l'homme évoque la situation politique en Ukraine. Au détour d'un couloir, le journaliste l'interroge sur sa forme physique.

« Touchez ! s'exclame Poutine, qui tend son épaule. Je fais tous les jours une heure quinze de gymnastique et trois quarts d'heure de natation !

— Samedi et dimanche inclus ?

— Tous les jours ! C'est mon secret », ajoute-t-il avant d'accepter une séance photo en compagnie de la délégation française.

La soirée s'éternise et le leader russe ne semble pas prêt à regagner ses appartements. Les équipes de TF1 et d'Europe 1 s'en inquiètent, car l'avion qui a été affrété pour cette interview dispose d'un créneau très court de décollage. « Le temps filait et le seigneur du Kremlin taillait la conversation. Voyant notre inquiétude, il se dirige vers moi et me dit : "Quel est le problème ? Je vous donne naturellement l'autorisation de survoler le territoire à votre guise !" Nous avions l'espace aérien russe pour nous. »

Comme quoi, on peut rester journaliste, être un visiteur du soir et aussi un ambassadeur secret de chef d'État à chef d'État !

Intermède

Michel Drucker

Quand Michel Drucker démarre sa carrière au milieu des années 1960, le général de Gaulle est au pouvoir. Grouillot dans les étages de l'immeuble Cognacq-Jay, il accueille sur le trottoir Alain Peyrefitte, qui sort du Conseil des ministres lorsque, comme chaque mercredi, le ministre de l'Information vient superviser le journal du soir.

Avant de s'engouffrer dans l'ascenseur, celui-ci, d'une raideur toute militaire, a serré distraitement la main d'un P-DG de chaîne tel le propriétaire terrien qui flatte l'épaule de son métayer. Michel Drucker ouvre les portes. S'en extirpent le ban et l'arrière-ban d'une classe politique dont il photographie les visages. C'est là, petiot, qu'il découvre que la télévision est le nombril de la démocratie.

Le sait-on ? Michel Drucker connaît l'Élysée aussi bien, sinon mieux, que nombre d'éditorialistes parmi les plus capés de la Ve République. La politique ? Une affaire de fratrie, chez les Drucker. Fin analyste déambulant dans les allées du pouvoir, son frère Jean, P-DG de M6, avait pour coutume de rappeler : « Quand on gagne les élections en France, on gagne la télévision en prime. » Michel, son aîné, l'a très tôt compris.

Familier de ces déserts qu'ont traversés les bannis de l'audiovisuel en mai 1968, Michel Drucker connaît donc le monde politique aussi bien que celui de la télé. Il a succombé à un travers communément répandu : la fascination pour les monarques. Plaire à tout le monde, sans toutefois déplaire à quiconque. Plaire aux jeunes, mais ne pas déplaire aux vieux. Ne pas déplaire aux citadins, mais sans braquer les ruraux. Être aimé du patron comme de l'ouvrier… Ce que le saltimbanque a développé à la télé, il l'a appliqué à la politique : dans les petits papiers des uns, dans l'intimité des autres, à tu et à toi avec un grand nombre. La classe politique se précipite depuis des années sur le plateau de son émission dominicale, « Vivement dimanche », dont la liste d'attente ne cesse de s'allonger.

On le croyait rejeton de Guy Lux, coincé entre Johnny, Eddy et Sylvie, mais il postule à la succession d'Alain Duhamel. Son plateau en témoigne : on y a vu Jacques Chirac dialoguer avec Tatayet, la marionnette ventriloque de Michel Dejeneffe, souvent vue dans les émissions de Patrick Sébastien, Lionel Jospin chanter « Les feuilles mortes », Valéry Giscard d'Estaing jouer de l'accordéon, Martine Aubry évoquer ses rapports avec son père, Jacques Delors, et Carla Bruni pousser la chansonnette aux côtés de Nicolas Sarkozy…

L'affiche a de la gueule et le thérapeutique divan de Drucker est devenu « *the place to be* ». « Il m'a fallu trente ans pour démontrer que je ne suis pas seulement un monsieur paillettes », confie-t-il au Figaro, en juin 2000, quand Michèle Cotta, alors directrice des programmes de France 2, l'encourage dans son projet, après que « L'heure de vérité » eut été reléguée le dimanche, avant de terminer à la casse.

Confident de Nicolas Sarkozy (ils font du vélo ensemble), familier de longue date de la famille Chirac, membre du premier cercle de François Hollande… Michel Drucker n'a jamais rien dit de ses choix politiques. Jusqu'en 2012, où il confie, dans le cadre d'une rencontre avec les lecteurs du *Parisien*, avoir voté François Hollande à la présidentielle. Opportunisme? «J'étais embêté, car je connais bien et Sarkozy et Hollande. Mais, au dernier moment, j'ai entendu la voix de ma mère : "Tu ne peux pas me faire ça." J'ai voté Hollande», confie-t-il.

Tous les cinq ans, à l'expiration du mandat du P-DG de France Télévisions, Michel Drucker reprend son bâton de pèlerin. Multiplie les déjeuners avec les politiques, s'informe des candidats en lice, s'en va discrètement à l'Élysée prendre le pouls. Et se rappelle aux bons souvenirs des uns et des autres. Ce lobbyiste au solide carnet d'adresses n'a qu'un seul objectif : rempiler pour la saison qui vient et se blinder pour les cinq prochaines années.

Quand Nicolas Sarkozy est élu en 2007, Michel Drucker retrouve le chemin de l'Élysée, où il est accueilli à bras ouverts.

« Tu veux quoi?

— Rien, Nicolas, juste bavarder avec toi.

— Dis-moi ce que tu veux et je te le donne.»

L'homme de télé et le Président parlent sport, télé et diététique : deux piqués de vélo qui boivent de l'eau et mangent des graines devant un match de foot. Celui qui a institué l'interview d'empathie est un bon compagnon. À la mi-temps, il lui raconte ses souvenirs dans ce même bureau. Ses premiers pas sous Giscard; sa relation forte avec Danielle Mitterrand, qui l'invite à Latche; sa visite à la Maison Blanche grâce à François Mitterrand qui lui en ouvre les portes, jusqu'au Bureau ovale de Bill Clinton.

Quoi d'autre? Il a séjourné dans le chalet d'Édouard Balladur, Premier ministre, à Chamonix. Passé des week-ends avec les Chirac et leurs filles. Dîné à de nombreuses reprises avec François Hollande : un Président avec lequel il «cassait (déjà) la croûte» quand celui-ci, jeune député, habitait à deux pas de son domicile, dans le quartier de l'École militaire, à Paris.

Nicolas Sarkozy et Michel Drucker se sont rencontrés chez le frère de ce dernier. Lors de ce dîner, en 2007, l'animateur propose à celui qui démarre sa campagne de venir dans son émission. « Si tu fais l'audimat que j'ai réalisé avec mon score aux européennes, tu ne vas pas aller très loin », s'esclaffe l'ancien édile de Neuilly. Non seulement l'émission fait un carton, mais elle permet au début de campagne du candidat de décoller. Nicolas Sarkozy n'a jamais oublié. Une fois à l'Élysée, le nouvel élu dit toute l'admiration que lui inspire la carrière de l'animateur et dans le même temps tout « ce gâchis » : « Laisse tomber ce boulot de merde, rentre dans l'appareil, prends une chaîne ou une radio. Choisis ce que tu veux et tu l'as », lui dit-il.

« Sarko » n'est pas le seul chef d'État à lui avoir proposé un poste dans l'audiovisuel. Jacques Chirac lui a offert sur un plateau une direction de chaîne. Fini les masques de cire, les présentations paraplégiques, les prompteurs aseptisés et « les salaires de misère » du service public : « J'entends encore Bernadette Chirac me dire : "Vous ne voudriez pas être patron, un jour, Michel ? Vous savez que Jacques peut vous aider." J'aurais pu postuler, mais ce n'était pas mon truc. J'ai toujours pensé que ce métier n'était pas fait pour nous, les saltimbanques », me confie-t-il lors d'un échange au printemps 2019.

Michel Drucker a pourtant failli franchir le pas, le weekend de la mort de son frère, en avril 2003. Les deux frères avaient décidé de créer une société de conseil. « Nous avions écrit les statuts, trouvé des bureaux, imaginé la plaque au pied de l'immeuble… Pour la première fois dans l'historique audiovisuel de ce pays, deux mecs, deux frères presque jumeaux, décidaient de rouler ensemble sur l'autoroute du PAF. L'un sur la ligne des saltimbanques, l'autre sur celle des capitaines d'industrie. » Un souvenir évoqué avec comme un regret et une lueur dans le regard.

Troisième partie

De Giscard d'Estaing à Mitterrand, quand se déploie l'ère des communicants

L'Élysée, un soir de novembre 1984. La nuit tombe sur Paris. Un épais silence enveloppe l'édifice. Le Président s'est isolé dans son bureau. François Mitterrand aime ce moment où le Palais redevient silencieux. Le vivarium s'est vidé. Seuls un peloton de gendarmes, quelques permanenciers sur le qui-vive et un huissier posté derrière sa porte veillent à sa tranquillité.

La journée a été harassante. Depuis le printemps, les manifestations se multiplient contre le projet de « grand service public unifié et laïque de l'Éducation nationale », inscrit dans son programme de 1981, une réforme qui mobilise l'école catholique et l'empoisonne. Les réunions interminables qu'il a enchaînées toute la journée à ce sujet, avec des conseillers qu'il a fini par congédier d'une irritation chasse-mouches, l'ont épuisé.

Le calme s'est installé. À cette heure, le salon qui jouxte son bureau se transforme en une salle d'attente. Parquet ciré, tapis épais, abat-jour cernés de petits pompons, meubles Louis XV, guéridon d'époque… Cette pièce a vu piétiner une armée depuis l'aube de la Ve République : un cortège de tous horizons se hâtant au premier coup de grelot d'un Président jupitérien.

François Mitterrand jette un œil sur une fiche bristol où son secrétariat a couché une petite liste de noms : ses visiteurs du soir. Il est 19 heures, et comme chaque jour des ombres se dessinent à l'entrée du Château, rue du Faubourg-Saint-Honoré. Ou devant l'autre accès, plus discret, de la « grille du Coq », un portail imposant situé à l'opposé, avenue Gabriel, et que franchissent à pas comptés celles et ceux dont la présence n'est pas destinée à être divulguée.

Seuls quelques rares confidents de François Mitterrand, son secrétariat particulier et le super gendarme en charge de sa sécurité, Christian Prouteau, qui ne le quitte pas, ont connaissance de ces visites. Ainsi que la petite dizaine d'huissiers de l'Élysée, cette autre garde silencieuse, la mémoire muette du lieu : une phalange aux lèvres cousues qui a fait vœu de silence en s'engageant sous les ordres de la République et qui filtre les entrées jusqu'au bureau du monarque.

Quand le Palais se vide en fin de journée commence le ballet des visiteurs nocturnes, que les hommes en frac photographient intérieurement. Ils en ont vu, des arrogants, des mutiques rasant les murs, des ravis confus de piété, des curieux qui leur ont demandé, la mine gourmande ou mendiante, sur le ton de la confidence, les noms des personnalités millésimées qui ont poireauté dans ce salon VIP attenant au bureau du Président. La liste est longue, ils pourraient proposer à leur avidité un *Who's Who* planétaire : le tout-monde des arts et des lettres, de l'industrie, de la politique, du journalisme, des sports, du show-biz… Bref, du clinquant, du people, du puissant. Tout ce qui brille, une nanoseconde ou une éternité, a un jour traversé leur aire de labeur, foulé le parquet d'une antichambre qui porte au passage bien son nom… Combien de jeunes femmes, comédiennes, artistes ou journalistes, combien d'amazones d'un soir ou d'un mois, ont déboulé hors agenda à la nuit tombée, au fil du temps, dans cette pièce devenue alcôve ? Des lucioles blondes, châtaines ou brunes, dans leurs tailleurs légers, dont ces huissiers ont été priés d'oublier la silhouette et l'identité. Dont le petit peuple du Palais ignore tout.

Les Présidents passent, les messagers restent. Mais qui parle vraiment à l'oreille du Président, s'interrogent à l'hiver 2017 les observateurs à propos de François Hollande ? Beaucoup de monde, mais pas les mêmes qu'au début de son mandat. S'il n'est pas aisé, dans la géopolitique de la Cour élyséenne, de s'y retrouver, on découvre au moins une constante, inaugurée sous de Gaulle, reprise sous Giscard, amplifiée sous Mitterrand, et qui ne s'est guère épuisée depuis : la présence dans l'orbite présidentielle d'une race nouvelle de conviés : les communicants.

À la fois boussoles, sonars et béquilles du chef de l'État, ces conseillers de l'ombre sont à l'Élysée ce que les médecins généralistes sont à leurs patients : d'incontournables preneurs de pouls de la société. Remède anticrise autoproclamé, le publicitaire éternel se fend d'une série de conseils censés répandre la bonne humeur et influer sur la courbe de popularité. Gavé de sondages et d'études de consommateurs, éponge à tendances et à concepts, il distille des perles qui feront vendre : des punchlines qu'il enfile et dont il fait des convictions. Fort de ces expertises et de sa connaissance de la société, ce docteur Tant-Mieux a dans ses sacoches des remèdes à tous les maux. À l'Élysée, il a réussi à se créer au fil du temps un statut à part. Le Général, VGE, « Tonton » et l'ensemble de leurs successeurs ont donc tous eu à leurs côtés des rois de la com, dont Marcel Bleustein-Blanchet et les deux Jacques – Pilhan et Séguéla – restent les figures iconiques.

6

Génération Bleustein

« Comment ça, horrible ?

— Oui, horrible, mon général. N'écoutez pas votre entourage qui n'ose pas vous dire la vérité : votre prestation a été mauvaise, très mauvaise. »

C'est en ces termes, un matin de mai 1958, que le P-DG et fondateur de Publicis, Marcel Bleustein-Blanchet, s'adresse au général de Gaulle : une scène rapportée par Maurice Lévy, qui lui succède quelques décennies plus tard à la tête de cet empire de la publicité.

Le Général, qui vient de tenir l'une de ses traditionnelles conférences de presse retransmises à la télévision, en dresse le bilan devant l'homme qui l'a rejoint à Londres durant la guerre : un fidèle et résistant de la première heure, copilote au sein de la Huitième Air Force britannique.

Et comme chaque fois qu'il s'adresse aux Français, le Président consulte ce vieux compagnon de route, de fait le premier communicant de l'Histoire, au sens moderne du terme. À la tête de l'agence Publicis, qu'il a fondée en 1926, Marcel Bleustein-Blanchet rend visite au chef de l'État dans ses bureaux à l'Élysée, où sans langue de bois il ose ce que son entourage se refuse à dire, par peur d'une volée de bois vert. « Vous êtes entré dans la salle à manger des Français avec votre uniforme et votre képi. Et vous leur avez parlé comme si vous vous adressiez à un contingent de soldats. Vous ne vous adressez pas à trois millions de nos concitoyens, mais à un million fois trois de Français, ce n'est pas la même chose, mon général. Croyez-moi, vous devez leur parler de manière moins autoritaire et plus intime. »

Le publicitaire va jouer durant des années un rôle de conseiller en communication auprès du Général, à qui il voue une fidélité canine. Sous le bras, à chacune de ses visites, une pile de dossiers de toute nature. « Un visiteur du soir, qui était également proche de Georges Pompidou, avec qui il avait développé une vraie relation. Régulièrement invité aux chasses de ce dernier, il était enfin très lié à Jacques Chaban-Delmas. Au point qu'il m'avait demandé de l'aider lors de la campagne présidentielle de 1974. Ce que j'avais accepté », se souvient Maurice Lévy, qui est à l'époque le jeune collaborateur et bientôt dauphin du fondateur de Publicis.

Maurice Lévy, la discrétion au pouvoir

Personnalité massive, avec cette tête semblable à une enclume posée sur les épaules et un regard qui vrille, en permanence à l'affût, Maurice Lévy s'est glissé très tôt en politique. « Ce fut de Gaulle et Mitterrand pour Marcel Bleustein-Blanchet, mais Jacques Chirac, Nicolas Sarkozy et aujourd'hui Emmanuel Macron pour moi. »

Maurice Lévy veut minimiser son rôle. Car il est une tradition érigée en dogme chez Publicis : « La politique n'a jamais été un marchepied. Et les règles sont simples : ne jamais se pousser du col, ne jamais parler au nom des autres, ne jamais s'imaginer capable d'influer sur le cours de l'Histoire. Il ne faut pas substituer le talent de la publicité au talent des hommes, et la politique est une trop belle chose pour qu'on la dévoie. » À la différence d'un Jacques Séguéla, dont Maurice Lévy estime qu'il a usé de la politique comme d'un levier, Maurice Bleustein-Blanchet et son dauphin ont toujours eu en horreur toute idée d'influence. Que l'on puisse dire, jusqu'à aujourd'hui, que Publicis a gagné des marchés grâce aux relations de ses dirigeants avec le pouvoir lui est insupportable.

Un grand patron étanche aux jeux de pouvoir ? Le propos fait sourire. Que se disait-on, en marge des parties de tennis avec François Mitterrand qu'organisait Marcel Bleustein-Blanchet dans sa propriété ? On n'y parlait pas que de la pluie et du beau temps. De Gaulle, Pompidou, Mitterrand, Chirac, Sarkozy, Hollande et désormais Macron : l'ancien pape de Publicis et son cardinal ont tissé des liens de consanguinité avec l'ensemble de ces dirigeants. Ferraillant pour décrocher les marchés publicitaires de grandes entreprises publiques, bataillant jusque dans le bureau du monarque pour faire passer des amendements dans un texte de loi, se démenant pour décrocher l'arbitrage qui permet à Publicis de faire la nique à l'ennemi d'en face, Havas.

Maurice Lévy surjoue la modestie, balaye d'un revers de main le rôle qu'on a pu lui prêter. Caméléon très assuré, il a pourtant passé les cinquante dernières années à se couler avec gourmandise dans les arcanes d'un univers politique dont il connaît intimement les codes et la cartographie. D'une vivacité de sauterelle, ce patron, grand lobbyiste devant l'éternel, a traîné cinq décennies durant ses guêtres de l'Élysée à Matignon, dispensant aux uns ses conseils, donnant aux autres des coups de main.

Ou de pied, comme à Raymond Barre, qui lui demande de l'épauler lors de la campagne présidentielle de 1988. Lors d'un dîner organisé à son domicile, Maurice Lévy lance sans détour à la figure de l'ancien Premier ministre de Valéry Giscard d'Estaing qu'il n'a aucune chance de gagner cette élection. Blessé, Raymond Barre quitte la table. Pas refroidi pour autant, il se lance à l'assaut de l'Élysée, et se fracasse sur un scrutin qui met fin à sa carrière politique nationale.

Des pubs à même le sol

La toute première visite du publicitaire à l'Élysée remonte à 1981. Ministre de la Consommation, Catherine Lalumière a décidé d'une campagne destinée à stimuler la consommation en France. Enthousiasmée par la copie de Publicis, elle demande à Maurice Lévy, alors âgé de trente-neuf ans, de la présenter à François Mitterrand.

Le lendemain, le publicitaire déboule à l'Élysée. À genoux sur le tapis du bureau de Jacques Attali, il étale à même le sol les maquettes de publicités destinées à inonder les médias. Assis sur un fauteuil, François Mitterrand observe celui qui s'apprête à devenir un visiteur assidu. « Allez-y, je vous écoute », lance-t-il. Maurice Lévy est un homme de l'oralité, de ceux qui déclament et matraquent leurs interlocuteurs à coups d'arguments massues. La présentation terminée, le Président se lève, s'approche du publicitaire, pose sa main sur son épaule en signe d'adoubement. Et conclut simplement, avant de quitter la pièce : « C'est pas mal... »

La connexion est faite. L'héritier de Marcel Bleustein-Blanchet est dans la place. Il rentre dans le cercle de privilégiés que François Mitterrand recevra et consultera tout le long de ses quatorze années de mandat. Il est de ces grands patrons qui participent aux âpres discussions qui fracturent la gauche en 1983, au moment du débat sur la rigueur, gros séisme et grande pétaudière. « François Mitterrand consultait beaucoup, mais consultait d'abord des hommes de son premier cercle, un entourage avec lequel il entretenait des liens étroits. Il renouvelait assez peu son stock de relations. » Maurice Lévy ne le dit pas, mais Marcel Bleustein-Blanchet et lui en firent indiscutablement partie.

Complicité avec Sarkozy

Maurice Lévy et Nicolas Sarkozy sont également des complices de longue date, mais les discussions entre l'ancienne figure du groupe Publicis et le dirigeant politique sont d'un tout autre tonneau. Du haut de son mètre quatre-vingt-treize, cet homme de réseaux, éminence grise du CAC 40, navigue depuis plus de cinquante ans au cœur du gotha de la finance et du monde des affaires, des univers où il est infiniment respecté, connu comme le loup blanc. Quand il s'adresse à « Nicolas », c'est d'une voix cardinalesque qui en impose. Qu'il se trouve au Forum de Davos, dont il est à l'origine, ou à l'Élysée, il semble avoir été taillé pour porter le costume de hussard, un uniforme qu'il revêt en 2007 pour Nicolas Sarkozy, dont il est l'un des visiteurs attitrés.

Le publicitaire et le politique se rencontrent la toute première fois à Neuilly, quand le second fait ses classes à la tête de la mairie. Maurice Lévy veut approcher ce gamin qui vient de faire chuter Charles Pasqua dans son fief des Hauts-de-Seine. Une envergure d'escogriffe, une présence de grizzly et un abattage de troisième ligne de rugby, plus tard le publicitaire se déplace avec la majesté d'un ours dans le bureau d'un ami élu Président, qui l'accueille à bras ouverts sitôt installé à l'Élysée. Même l'affaire Cécilia et la liaison de cette dernière avec Richard Attias, l'un des cadres dirigeants du groupe Publicis, que Maurice Lévy exfiltre discrètement, ne parviendra pas à altérer leur franche camaraderie.

Une franchise totale

Les signes extérieurs du pouvoir, Maurice Lévy n'en a cure. Il est riche et pleinement satisfait de son rôle officieux de conseiller spécial auprès d'un Président qui l'écoute religieusement. Vendeur hors pair, il parle économie comme d'autres jouent au Monopoly, avec agilité et gourmandise. À soixante-dix ans passés et fortune faite, il n'attend rien du locataire de l'Élysée. L'amitié, quand elle est à ce point gratuite, a cela de particulier qu'elle autorise tout.

À commencer par la franchise la plus totale. En novembre 2007, Maurice Lévy adresse ainsi à son ami un long mot où il le recadre : une note écrite dans un style ourlé, mais d'une plume trempée dans du vinaigre, où il dit tout le mal qu'il pense des premiers pas du président Sarkozy : sa virée sitôt élu sur le yacht de Vincent Bolloré; son raout au Fouquet's; son côté bling-bling; ses rapports trop familiers avec la presse; sa manière de s'exprimer dans les médias, avec des propos à l'emporte-pièce… « Tu dégrades la fonction et tu ne rends pas service à ton image de Président», conclut le publicitaire dans ce courrier qu'encaisse difficilement Nicolas Sarkozy. « Il m'a appelé dès sa réception. Je lui ai redit ce que je venais de lui écrire. Nous nous sommes expliqués. Et tout est rentré dans l'ordre : nous ne nous sommes plus quittés. On se voyait et se téléphonait souvent. Il m'écoutait, je l'écoutais. De temps en temps, il enregistrait ce que je lui disais. D'autres fois, non. »

La politique, l'économie, la place de la religion dans la société, le conflit israélo-palestinien, la question de l'antisémitisme, le sort d'Air France, l'avenir du FMI, l'état de santé de telle ou telle figure politique française ou étrangère… Quand ils se rencontrent, Maurice Lévy aborde tout avec le chef de l'État. Aucun sujet n'est tabou. « Une clé lumineuse pour comprendre le monde d'aujourd'hui », dira un jour Nicolas Sarkozy, parlant de son ami à un autre de ses visiteurs. Rien n'est tabou : même les questions relevant de la vie privée font partie des échanges entre ces deux potes qui auraient pu, gamins, faire chambre commune, s'il n'y avait la différence d'âge.

Maurice Lévy connaît bien Carla Bruni. Il l'a même vue grandir, bien avant que Nicolas Sarkozy ne tombe en arrêt devant elle lors d'un dîner chez un autre publicitaire, Jacques Séguéla. Jeune mannequin, elle a été l'une des égéries de Dim, marque mythique dont Publicis s'occupe depuis sa création et qui a fait la réputation de l'agence. Dans le huis clos de son bureau, à l'heure où il tombe la veste, Nicolas Sarkozy parle sans fard avec son ami. Quand Cécilia est partie, il s'est physiquement effondré face à lui.

Se calmer sur les médias

L'un des sujets récurrents, inlassablement remis sur la table, porte sur la relation qu'entretient Nicolas Sarkozy avec les médias. Maurice Lévy a tenté à de nombreuses reprises de raisonner ce Président, qui les a pris en grippe « de manière totalement absurde » : « Il ne les supportait pas. Il s'estimait traqué, injustement mis en cause par une "meute", qu'il a fini par littéralement détester. Par mépriser. Combien de fois l'ai-je entendu pester contre une profession qui, disait-il, n'a aucune considération pour la fonction qu'il incarne. » Il se souvient que l'absence d'une cravate chez l'un ou la question familière d'un autre suffisaient à le mettre en rage.

Quand Nicolas Sarkozy sort de sa manche son projet de suppression de la publicité sur les chaînes publiques et de la nomination des patrons de chaînes par le président de la République, Maurice Lévy, qui imaginait « un peu plus d'imagination », fustige en vain, dans le bureau présidentiel «le symbole dévastateur d'un retour à l'ORTF». Sarkozy fait la sourde oreille.

Il est en revanche d'autres grandes réformes sur lesquelles Maurice Lévy a longuement travaillé, en tête à tête avec le chef de l'État, reprenant, corrigeant et amendant les copies des différents cabinets ministériels, dont celles, inachevées, du Code du travail et des 35 heures.

Et Macron aussi

On l'aura compris, outre des qualités de vendeur incomparables, cette figure est d'abord un homme de réseaux qui apprécie les puissants et côtoie les plus grands. Quoi d'autre? Un taureau dans l'arène. Sous ses allures affables, Maurice Lévy aime en découdre. Intraitable en affaires et sans concessions, ni avec lui ni avec les autres. Un négociateur hors concours qui veille toujours à identifier les conditions du possible pour tenter l'impossible dans les meilleures conditions. Un patron de choc à la poignée de main abrasive, qu'il tend facilement à ceux qui, dans le business ou en politique, connaissent des infortunes, pariant sur leur retour en grâce. Et sur ce coup de pouce qui ne sera peut-être pas perdu.

Pense-t-il à des retours sur investissement quand il met en scène, dans la coulisse, la démission d'Emmanuel Macron de son poste de ministre à Bercy, le 30 août 2016? Une sortie dont il a écrit le scénario et soigné le déroulement. Confidences murmurées à quelques journalistes triés sur le volet; teasing sur les réseaux sociaux; fuites soigneusement distillées… Maurice Lévy est devant son poste de télé lorsque l'ex-ministre quitte ses bureaux à bord d'une navette remontant la Seine jusqu'à l'Élysée, suivie par une nuée de caméras. Une sortie qu'Emmanuel Macron s'en va commenter le soir même sur le plateau du 20 heures de

TF1. En régie, on voit l'imposante silhouette du publicitaire, qui compte alors parmi ses conseillers les plus proches.

C'est ce patron septuagénaire, familier de Mark Zuckerberg, qui amène à ce Président de trente ans son benjamin soixante et un leaders de groupes mondiaux du numérique, la crème de la « tech », au printemps 2018. Ce jour-là, Emmanuel Macron eut en privé, à l'égard du publicitaire, des mots forts. Une gerbe de compliments. Être un visiteur du soir écouté depuis plusieurs Présidents méritait assurément quelques fleurs.

7

Colé-Pilhan, les gourous du Palais

L'image de François Mitterrand dans les médias, Gérard Colé en est un artisan, aux côtés de son indissociable complice, Jacques Pilhan : deux frères Lumière aux temps fondateurs de la communication politique moderne, dont ils ont révolutionné l'alphabet. Si Jacques Pilhan est décédé en juin 1998, Gérard Colé continue de conjuguer sa vie au futur.

Colé au carré

D'une impatience sensible, cet ancien patron de la Française des Jeux est tout sauf un diplomate. De nature sanguine, tout, chez lui, est militaire. L'allure, le ton, la voix. Ainsi, peu d'hommes ont affirmé leur opinion devant François Mitterrand comme il l'a fait : «Fallait pas m'emmerder...», dit-il. On veut bien le croire. Il confirme : «Pour exister face à lui, il fallait exprimer ses convictions sans détour. Surtout quand l'entourage vous commandait de ne rien faire, de ne rien dire qui puisse fâcher.»

Cet ancien journaliste, passé par la publicité, rencontre François Mitterrand en 1967, avant de l'accompagner tout au long de son ascension, jusqu'aux portes de l'Élysée.

C'est lui qui amène Jacques Séguéla à François Mitterrand[1]. Qui trouve Jacques Pilhan, ce « gourou de la com » dont les journalistes s'entichent. C'est lui, toujours, qui dessine la scénographie et les symboles de la victoire de mai 1981, jusqu'à la cérémonie du Panthéon : « L'homme qui fait contre l'homme qui plaît. Roosevelt contre Louis XV. »

À l'été 1981, François Mitterrand lui propose un poste à l'Élysée.

« Vous ne voulez vraiment pas me rejoindre ?

— Si c'est pour m'occuper de télévision, vous risquez d'avoir des problèmes avec moi, car je commencerai par virer douze mille personnes pour réembaucher les meilleurs. » François Mitterrand avait sorti une liasse de billets de sa poche, avant de lui tendre quinze mille francs : les honoraires d'un homme qui avait décidé de ne pas le suivre.

Le filtreur du chef de l'État

Trois années passent, nous sommes en janvier 1984, et la loi Savary sur l'école jette dans la rue plusieurs centaines de milliers de personnes. Désarmé, François Mitterrand convoque Gérard Colé, qui débarque en compagnie de son double, Jacques Pilhan :

« Vous croyez que l'on peut s'en sortir ?

— Bien sûr. C'est du travail, mais on va le faire », répond le tandem, qui fait alors le tour des patrons de presse et de médias afin d'éteindre le début d'incendie.

Entre-temps, Colé et Pilhan se sont installés à deux pas du Palais, dans l'hôtel de Clermont où Gaston Defferre a ses bureaux. Avant de faire l'acquisition d'une centaine de mètres carrés, au 4, rue de l'Élysée – tout un symbole.

1. Voir chapitre suivant.

Au Palais, quand il s'y rend, Gérard Colé n'a ni bureau ni existence officielle. Il a simplement demandé de recevoir chaque matin l'agenda du jour du Président : une exigence et un privilège qui font dire à Jean Glavany qui le croise un jour : « Ça fait quoi d'être le filtre à merde ? » Allusion au rôle que lui a notamment confié François Mitterrand : « filtrer » ses visiteurs.

« Car tout le monde se battait pour être sur le paillasson du chef. De telle sorte qu'avoir la haute main sur le carnet de bal du chef de l'État vous conférait un rôle central. »

Et bien des ennemis. « Mitterrand, qui ne mélangeait pas ses réseaux, avait un carnet d'adresses considérable, un impressionnant millefeuille où voisinaient les personnalités les plus diverses. » Gérard Colé a pieusement conservé, tels des incunables, les 3 150 notes rédigées de sa main en sept ans de service, toutes paraphées par l'ancien Président défunt. De mémoire de mitterrandien, on n'a pas vu pareil culot. Devenue suprême, la fonction attire tous les courtisans. Gérard Colé, lui, n'en a cure, qui s'autorise des sorties improbables : « On dit dans les dîners en ville que vous avez tué Pierre Bérégovoy ! » Et Mitterrand de lui répondre, du tac au tac : « Ah oui ? Je n'aurais pourtant pas commencé par lui ! »

Gérer l'officiel et le privé

« J'avais son oreille et sa confiance. Il me demandait de lui régler mille et un problèmes. J'étais suspendu à ses demandes, certaines inattendues. » Un jour de juin 1987, François Mitterrand le convoque en toute hâte et le charge d'urgence de s'occuper de la disparition mystérieuse du domicile familial de la fille d'un de ses amis et figure de la gauche. Gérard Colé supervise discrètement les recherches et les enquêteurs, avant que la jeune femme ne réapparaisse :

« Une affaire d'ordre privé et sentimental que Mitterrand m'avait demandé de garder confidentielle. »

Le reste du temps, Gérard Colé le passe dans les avions, direction les capitales où François Mitterrand doit se rendre en visite officielle. Une première fois en repérage, pour déterminer les sites et des personnalités qu'il sera amené à visiter, « décider du film ». Et la seconde fois à ses côtés lors de la visite proprement dite.

Des coulisses de la France à la Française des Jeux

À Paris, il participe au déjeuner des « petits marquis », qui suit le Conseil des ministres et où sont conviés Hubert Védrine, Jean-Louis Bianco et Michel Charasse : « J'assiste au bal des vestales », dit-il.

Lors de l'un de ces déjeuners, Michel Charasse lui lance : « Faire voter les gens, c'est comme les faire jouer, ne crois-tu pas ? » Gérard Colé l'ignore, mais à cet instant le ministre du Budget pense à lui pour la direction du Loto, bientôt Française des Jeux. « Charasse voyait dans cette société, dont les fonds avaient servi à financer bien des campagnes par le passé, dont celles de Jacques Chirac, une machine à cash pour le PS : une boîte que se disputaient Laurent Fabius et les têtes pensantes du parti. J'ai très vite fait comprendre à ce petit monde que je n'étais pas là pour arranger les bidons du chef. »

Aussi, quand Gérard Colé prend la tête de l'entreprise, en juillet 1989, c'est une tout autre partition qu'il exécute. Il dégraisse la structure de trois cents personnes, ferme ses cent trente-sept comptes bancaires et va jusqu'à exiger de la part de son prédécesseur la restitution de sa voiture de fonction. « Je mets surtout fin au bal des valises bourrées de biffetons destinées aux partis politiques. »

Tout semble possible pour ce P-DG protégé par le paratonnerre présidentiel qui pousse les feux d'une maison où il mène grand train. Appartement de fonction, avec piscine, au dernier étage du siège social de Neuilly ; avions privés ; hôtels de luxe… Toutes choses qui seraient passées sous silence si Michel Charasse et quelques autres à l'Élysée n'avaient décidé de lui renvoyer la monnaie de sa pièce.

L'Inspection générale des finances rédige, à l'automne 1993, un rapport salé sur la FDJ. Le couperet tombe : François Mitterrand met fin à ses fonctions. Gérard Colé a-t-il péché par outrecuidance ? S'est-il cru intouchable ? A-t-il causé sa perte en s'opposant à François Mitterrand, en mai 1991, quand Édith Cresson est nommée à Matignon, seule fois où il s'est opposé à Mitterrand ? « Un matin, il nous consulte, Pilhan et moi, sur l'hypothèse Cresson. Une connerie. Tout ce qui nous remontait, à travers nos études, était désastreux. Elle était à un niveau calamiteux – cent coudées derrière Bérégovoy. On avertit Mitterrand, qui non seulement ignore nos mises en garde, mais nous demande d'aider Cresson une fois celle-ci nommée à Matignon. J'ai dit : pas question ! »

« Ce sera sans moi », lance Gérard Colé au chef de l'État, qui met fin à l'entrevue dans un climat glacial. De ce jour, le Président socialiste ne reverra jamais celui qui l'a accompagné jusqu'aux marches du pouvoir. Et il n'y a pas de hasard, selon lui : c'est quelques mois plus tard que les éléments se déchaînent, les « emmerdes démarrent ». Crucifié par la presse et lâché par tous, Gérard Colé sombre. Aujourd'hui encore, il confie son dénuement : « Cette cabale m'a tout simplement ruiné. »

Dans le giron de Macron

Au printemps 2018, peu avant l'élection présidentielle, l'ex-P-DG de la FDJ rencontre Emmanuel Macron. Le candidat d'En Marche ! veut entendre l'ancien communicant de François Mitterrand. « Que sens-tu ? Qu'entends-tu ? Que penses-tu ? » Gérard Colé lui raconte alors sa rencontre avec les proches collaborateurs de Mikhaïl Gorbatchev venus spécialement de Moscou, un jour de 1990, alors qu'il travaillait encore avec François Mitterrand. Eux aussi voulaient comprendre comment il avait orchestré la communication et modelé l'image du Président français. « Sais-tu ce que je leur ai dit, Emmanuel ? Qu'il faut commencer par observer la couleur des habits des gens dans la rue : c'est une manière, quasi immédiate, de se faire une opinion sur l'état moral d'une nation. Il n'y a pas meilleur baromètre que les habitudes vestimentaires d'un électorat. Or, à voir comment s'habillent les Français, tout laisse à penser que les mois qui s'annoncent ne vont pas être simples. »

Puis : « Encore une chose, fais attention à ton couple, c'est un emblème. Veille à ne pas l'abîmer, sinon tu iras dans le mur. Enfin, ne pense pas qu'à ta jambe droite. Muscle ta jambe gauche, tu en auras besoin. »

L'augure ne pensait pas si bien dire, qui se remémore sa conversation avec Emmanuel Macron quand éclate la crise des Gilets jaunes. Lors de cette rencontre, le même Macron avait proposé à l'ancien communicant de l'embarquer dans son aventure, jusqu'à l'Élysée en cas de victoire. Ce que Gérard Colé affirme avoir décliné : « Il aurait fallu pour cela que l'on me démazoute, après toutes ces années de purgatoire. "Nous allons nous revoir", m'a-t-il simplement dit. »

Le grelot présidentiel n'a jamais sonné.

8

Avec Séguéla, c'est tout com…

Paris, octobre 1981, le bar d'un grand palace parisien. «Jacques, je veux que tu me présentes Giscard et Mitterrand. Et le plus tôt possible. Je te le demande comme un service.» Affalé dans un fauteuil club, bras croisés derrière la tête et nuque qu'il détend de droite à gauche façon sportif, Bernard Tapie ne supporte plus d'attendre.

Jacques ? Jacques Séguéla, un «fils de pub», un prédicateur qui toujours se fait voir et dont les prêches cathodiques font un tabac sur les plateaux de télé et dans les dîners en ville. Un homme de communication tonitruant couru, de Paris aussi, à l'origine du slogan «La force tranquille». Et sur le «Changer la vie» duquel les Parisiens ont dansé place de la Bastille au soir du 10 mai. Un inventeur qui sonde l'atmosphère, élabore des éléments de langage et recale les messages et les attitudes.

Si Bernard Tapie lui jette un regard d'épagneul, c'est qu'il sait que cet homme ramenard, qui s'enferme depuis des mois, des heures durant, en tête à tête avec le premier personnage de la République (après avoir séduit son prédécesseur), peut lui ouvrir les portes de sa deuxième maison, l'Élysée. Jacques Séguéla ? Un bigorneau rivé à son rocher : VGE passe, Mitterrand arrive, Séguéla demeure.

«Ah, Tapie! Il voulait absolument faire de la politique. Une obsession. J'avais beau lui dire qu'il était fou, que ce monde de piranhas allait le dévorer, il n'entendait rien. "Je m'en fous! me disait-il. J'ai voulu faire du vélo, j'ai gagné. J'ai voulu me lancer dans le foot, j'ai gagné. Je veux faire de la politique et je gagnerai! Et tu verras, je serai ministre!" Alors je l'ai amené à Giscard, qu'il voulait connaître, puis à Mitterrand.»

Jacques Séguéla a de bonnes relations avec Valéry Giscard d'Estaing, qu'il a visité à de très nombreuses reprises depuis 1974, embauchant même sa nièce au sein de RSCG, l'agence qu'il a fondée avec le trio Roux-Cayzac-Goudard. Peu après la défaite de 1981, le publicitaire a même été invité à déjeuner par le Président déchu, dans l'appartement de la nièce, avenue Victor-Hugo.

«Je voudrais que vous me racontiez en détail les raisons de ma défaite. Pourquoi ai-je perdu? Quelles erreurs ai-je pu commettre durant la campagne? avait voulu savoir VGE.

— Monsieur le Président, bien volontiers, mais je ne peux pas le faire sans l'assentiment de François Mitterrand.

— Cela ne me gêne pas du tout, je comprends. Demandez-le-lui.»

Jacques Séguéla s'était rendu à l'Élysée, où François Mitterrand lui avait dit : «Je n'y vois aucun inconvénient, mais sachez que je tiens à une chose : que vous me rapportiez tout!» Quelques jours plus tard, Jacques Séguéla avait listé, clinique, les raisons d'une débâcle politique à un Valéry Giscard d'Estaing qui l'avait écouté «dans un silence sépulcral».

Bernard Tapie, donc. Jacques Séguéla organise à son domicile de Neuilly un dîner avec l'ancien Président. «C'est un dîner d'hommes, Séguéla!», prévient VGE, qui insiste expressément pour qu'il se déroule sans les épouses. « Sans la présence de la vôtre », précise même d'un ton sec celui que les Français viennent de renvoyer dans ses foyers. À peine installé, Tapie ouvre la discussion avec une question : « Quelles sont, selon vous, les solutions pour sauver la France ? »

La suite, c'est le publicitaire qui la raconte : « Giscard avait à peine démarré sa réponse que Tapie lui coupe la parole et se lance dans un interminable monologue, une longue démonstration que Giscard, totalement sous le charme, n'interrompit pas. Pendant près de deux heures, j'ai vu Tapie administrer une leçon d'économie de haute volée à un Giscard médusé ! »

Le dîner achevé, Tapie, qui a enfilé son manteau et abandonné VGE sur le trottoir, se retourne vers Jacques Séguéla : « Très bien, tout cela. Maintenant, on passe à l'autre… Assez traîné. »

Avec François Mitterrand, c'est une autre histoire. « Tapie, pas question ! Jamais, tu m'entends, jamais ! » À l'évocation du capitaine d'industrie, Jacques Attali multiplie les philippiques assassines : « un vendeur de cravates », « un phénomène de foire »… Si bien que le communicant appelle directement François Mitterrand pour lui vanter les qualités d'un homme « que l'on ne peut pas négliger », « qui mérite le détour » et dont il faut « juger par soi-même ».

Le chef de l'État se laisse convaincre. Rendez-vous est pris à dîner à l'Élysée. « Je ne veux pas fâcher mes amis, Jacques, alors, dites-lui : quarante-cinq minutes, pas plus », prévient le Président, qui a également convié le publicitaire. Quarante-cinq minutes accordées telle une aumône sur un agenda millimétré. C'est compter sans la maestria de l'homme d'affaires : face à Tapie, Mitterrand est pris comme un chat dans les phares d'une voiture. Les quarante-cinq minutes se transforment en trois heures.

Il est 16 heures quand le bateleur quitte l'Élysée. « De ce jour va se nouer une relation très forte entre les deux hommes, qui ne s'est jamais démentie. Tapie fut bien plus qu'un visiteur pour François Mitterrand : un ami et confident », confie Jacques Séguéla, qui participe à un grand nombre de déjeuners à l'Élysée avec des chefs d'entreprise, au cours desquels le Président tresse des lauriers au jeune patron à qui TF1 confie même un programme qui fera un tabac : « Vous devriez prendre exemple sur lui. Regardez sa communication, observez sa manière de faire. Il y a beaucoup à apprendre... »

Au printemps 2019, alors que la maladie le ronge, l'ancien propriétaire d'Adidas et patron de l'OM me fait l'éloge de feu le président Mitterrand, auquel il voue « une affection éternelle ». Tapie n'en dit guère plus. Il livre seulement avoir eu d'innombrables tête-à-tête avec l'ancien Président socialiste. Notamment quand il s'est agi de briguer un mandat en région PACA, pour empêcher la montée du Front national et de Jean-Marie Le Pen. « "Vous pouvez compter sur moi", lui avais-je dit, m'engageant à faire quelques apparitions publiques à Marseille pour ce combat qui le préoccupait. » Témoignage de fidélité auquel François Mitterrand avait répondu de manière assez sèche :

« Le testimonial, cela ne sert à rien ! Il faut mettre un dossard ! Si vous voulez que ces élections législatives aient un poids, soyez candidat !

— Mais je n'ai aucune envie de me porter candidat à la députation !

— Rassurez-vous, M. Pezet [Michel Pezet tenait alors la section du PS dans la région] ne vous donnera jamais une circonscription gagnable.

— Alors, si c'est pour faire de la figuration, j'accepte ! »

Et, comme il n'aime pas perdre, quel que soit l'enjeu, Bernard Tapie est allé au charbon et a décroché un siège de député.

Quelques jours avant sa mort, François Mitterrand invite l'homme d'affaires à passer le voir à son domicile. Il s'inquiète longuement du moral de Bernard Tapie et de ses ennuis judiciaires : « Battez-vous. Tenez bon. Faites preuve de courage. Ne leur accordez pas le plaisir de leur montrer que vous êtes accablé », lui martèle-t-il, allongé sur son lit. À l'heure où il est ravagé par la maladie, perclus de douleurs et au bord de la mort, François Mitterrand trouve l'énergie et les mots pour s'intéresser aux soucis de l'ancien patron de l'OM, qui avoue : « J'en suis resté sans voix. »

La rencontre de 1976

Jacques Séguéla a croisé pour la première fois François Mitterrand en 1976, année de son mariage avec Sophie Vinson, une gamine que la figure de la Nièvre a fait sauter sur ses genoux quand elle avait deux ans. C'est le père de cette dernière, Georges Vinson, un ancien militant et compagnon de lutte, du temps de la SFIO, et le député-maire d'une petite commune de la région lyonnaise (Tarare), qui l'a invité au vin d'honneur.

En 1980, le publicitaire adresse des offres de service aux trois principaux candidats en lice à l'élection présidentielle, Valéry Giscard d'Estaing, Jacques Chirac et François Mitterrand. « Il est le seul qui m'a répondu d'un petit mot manuscrit. "Si vous êtes libre à déjeuner demain, rejoignez-moi." C'est ainsi que je me suis retrouvé le lendemain en tête à tête avec lui dans un petit restaurant de la rue de Bièvre, dont le nom était une prophétie : Le Pactole… De ce jour, nous avons commencé à travailler ensemble. »

Pour François Mitterrand, le plus urgent est de corriger son image. Jacques Séguéla s'est engagé à la remodeler : il reste, pour la postérité, celui qui l'a relooké et qui a orchestré sa photo de campagne, prise au petit matin, un jour de décembre 1980, sur un chemin vicinal de la Nièvre.

« Il avait un flair pour la bonne prise de vue ou le slogan qui fait mouche, mais ça s'arrêtait là », concède l'ancien conseiller de François Mitterrand, Gérard Colé, qui minimise le rôle du publicitaire. « J'ai très tôt compris que je n'avais rien à apprendre à Mitterrand », confesse modestement de son côté Jacques Séguéla, qui précise son rôle quand il lui rend visite à l'Élysée. « J'étais là pour lui fournir des éléments de langage, pour lui proposer des émissions de télé ou des coups médiatiques. J'étais là aussi pour lui rapporter les bruits de la ville, les rumeurs du Tout-Paris. Pour lui décrypter l'air du temps, sans langue de bois ni fioritures. Il fallait appuyer là où ça fait mal. »

Jacques Séguéla et François Mitterrand se voient tous les dix jours. Le plus souvent en fin de journée. « Sachant cela, une foule me demandait de lui passer des messages. Ce que je refusais. Je ne voulais pas être le missi dominici des uns et des autres. D'ailleurs, Mitterrand ne l'aurait pas toléré. » Qu'évoquent-ils, lors de leurs entrevues ? « Tout. Ma vie, la politique, l'audiovisuel et ses soubresauts... » Un soir, le Président l'interroge sur le sort du groupe Havas, qu'il s'apprête à privatiser, et pour lequel il cherche un capitaine. « Il y a un homme formidable que vous connaissez mieux que quiconque, c'est André Rousselet », propose Séguéla. François Mitterrand, qui n'aurait jamais pensé à son directeur de cabinet pour un tel poste, se tourne vers lui et murmure : « Je vais y réfléchir... » Quelques jours plus tard, André Rousselet s'installe à la tête du premier groupe publicitaire français.

Le démineur

À l'affût du moindre brûlot, de la moindre tribune critique à paraître ou d'enquêtes en préparation dans la presse, au *Canard enchaîné* et ailleurs, Jacques Séguéla joue aussi les démineurs pour François Mitterrand. Vigilant également au sujet de la vie privée du chef de l'État, il rapporte chaque mois dans son chalut mille et une rumeurs au locataire de l'Élysée.

Sollicité par exemple à propos de Jean-Edern Hallier, auteur d'un manuscrit détonnant sur François Mitterrand, il va aux nouvelles. À l'en croire, il n'a pas eu beaucoup de difficultés à convaincre l'écrivain – qui souhaite un avis – de lui remettre un exemplaire de son texte. « Quand j'ai franchi le seuil du bureau de Mitterrand avec le document, je l'ai vu le repousser d'un geste de la main, comme s'il s'agissait d'un tison. J'ai posé l'objet sur le bureau avant de m'effacer. » Ce que Séguéla ne dit pas, c'est que, à la demande du Président, il aurait fait le tour de quelques grands éditeurs de sa connaissance pour tenter d'éviter sa sortie. Mission accomplie : *L'Honneur perdu de François Mitterrand* ne paraîtra qu'en 1996.

Homme de main au service du monarque, Jacques Séguéla concède n'avoir jamais été du premier cercle. Juste un disciple en adoration. « Il m'a fallu un septennat pour découvrir l'existence de Mazarine ! Durant toute la campagne présidentielle de 1981, je me souviens que je ne pouvais pas avoir accès à lui chaque mercredi. Je ne comprenais pas pourquoi son secrétariat faisait ainsi barrage, et ce n'est que des années plus tard, découvrant l'existence de cette petite fille, que j'ai su qu'il lui consacrait ce jour chômé par les enfants, interdisant qu'on le dérange et qu'on cherche même à le joindre. Et ce jusqu'au dernier moment de la campagne : jusqu'à la veille même de l'élection présidentielle. »

Sarkozy aussi

Autre homme, autre séquence. Lors de sa déclaration de candidature sur TF1 à l'automne 2006, Nicolas Sarkozy a fait prudemment disparaître la Rolex qu'il portait d'ordinaire au poignet. Deux ans après l'élection présidentielle, Jacques Séguéla défend sur un plateau de télé cet autre locataire de l'Élysée, dont il est l'ami et le proche conseiller. Question : l'image du Président bling-bling est-elle une erreur de communication ? Réponse : « C'est une erreur journalistique. Comment peut-on reprocher à un Président d'avoir une Rolex ? Enfin... tout le monde a une Rolex. Si à cinquante ans on n'a pas une Rolex, on a quand même raté sa vie ! » Quelques jours plus tard, il fait son mea culpa : « J'ai dit une énorme connerie... »

Passion horlogère et serments d'amitié : Nicolas Sarkozy, lui, s'en amuse. N'est-ce pas à Jacques Séguéla qu'il doit sa rencontre avec Carla Bruni, lors d'un dîner à son domicile, un soir de novembre 2007 ? L'occasion d'un jeu de séduction inattendue de la part de l'homme politique. « Elle avait troqué ses talons hauts pour une paire de ballerines et son expression parfois un peu polaire pour un sourire charmant, se souvient Jacques Séguéla. Puis elle s'était assise tout à côté de lui à table, avec une façon mi-diva italienne, mi-croqueuse de garçons, le reniflant pour savoir qui était ce type que la France venait d'installer à l'Élysée. » Tout au long du dîner, elle ne cesse de parler avec cette voix voilée et enjouée, flattant son buste qu'elle redresse, décochant à son voisin un artifice d'amabilités. Le tout accompagné d'un art de la repartie et de la taquinerie qu'elle enrubanne d'éclats de rire. Le chef de l'État s'était fait attendre, débarquant le dernier pour être aussitôt interrompu par la sonnerie de son portable. « L'amour ? » lui lance Carla. « Non, le boulot », répond Nicolas. Au bout du fil, le leader de la CGT, Bernard Thibault, avec lequel le Président fraîchement élu a un long aparté : la France est alors aux prises avec une grève des transports contre les régimes spéciaux de retraite.

Jacques Séguéla confie avoir « vécu en direct le coup de foudre présidentiel ». Tard dans la nuit, rentrée à son domicile, Carla Bruni, que la voiture du Président a déposée, rappelle son hôte : « Quelle intelligence, quelle attention, quelle séduction, ton copain ! Mais je le trouve un peu goujat : je lui ai laissé mon numéro et il ne m'a pas encore appelée. » Trois mois après ce dîner, ils se marient, le 2 avril 2008.

La force tranquille… de persuasion

« Lanceur d'alerte » autoproclamé, Jacques Séguéla revendique aussi, avec une modestie crédible, son intervention auprès de Nicolas Sarkozy en faveur de l'otage française détenue en Colombie par les FARC, Íngrid Betancourt, libérée en juillet 2008. Sa jubilation à cette évocation laisse à penser qu'il dit vrai.

De fait, à quatre-vingt-six ans, la force de persuasion du publicitaire historique est intacte et semble se régénérer à chaque élection présidentielle. Comme si la proximité des chefs d'État était un élixir de jouvence. Emmanuel Macron l'éprouve à l'hiver 2018, lorsque le publicitaire lui amène l'héritier Bolloré et P-DG d'Havas, Yannick Bolloré. Séguéla tient à ce que le président de la République rencontre ce jeune quadra destiné à prendre un jour les rênes de l'empire Vivendi. Depuis, les deux hommes entretiennent des relations. Merci qui ?

Quatrième partie

Mitterrandie, mitterrandophiles et mitterrandolâtres

L'histoire du journalisme et de la politique regorge d'hommes et de femmes que l'Élysée a enivrés. Mandatés par leur ego et adoubés par leurs locataires, beaucoup se sont cru investis de missions, tantôt de conseillers, tantôt de messagers.

Dans la presse, Jean Daniel, au milieu des années 1960, rêvait de réconcilier Castro et Kennedy. L'écrivain Jean Cau s'est fait le confident de François Mitterrand, dont il a défendu aveuglément la cause dans les colonnes de *L'Express*, au moment de l'affaire de l'attentat de l'Observatoire, en 1959. Jean-Jacques Servan-Schreiber, Don Quichotte à l'assaut de mille et un moulins aux commandes de ce même journal, s'imagina déboulonner la toute-puissante Amérique par la seule force de ses articles. Quand Françoise Giroud confessait et conseillait Présidents et ministres. Tout un symbole : c'est une autre figure du journalisme, l'éditorialiste du *Figaro* Jean d'Ormesson, qui visita le dernier François Mitterrand sur son lit de souffrance, la veille de sa mort.

Chez beaucoup de journalistes comme chez nombre de fans de la première heure ou d'après, force est de reconnaître qu'un homme suscita une admiration rare, exerça une attirance particulière : le premier président socialiste de la Ve République. Un livre ne suffirait pas à conter les déambulations élyséennes des hommes et femmes de presse comme des compagnons de route, voire des artistes, ayant accompagné François Mitterrand. Voici les souvenirs et récits de quelques-uns de ces visiteurs, dont certains pourraient être qualifiés de mitterrandophiles sinon de mitterrandolâtres.

9

Jean Glavany, l'homme des premiers secrets

Quand Paulette Decraene et Marie-Claire Papegay gravissent les marches du perron de l'Élysée en ce jour de mai 1981, c'est un palais aux pièces vides qui s'offre à leurs yeux. Les deux secrétaires particulières de François Mitterrand découvrent des locaux déserts, des placards aux rayons dégarnis et pas un trombone sur les bureaux dont elles prennent possession. C'est le lot de tout nouvel occupant : le prédécesseur a laissé place nette. Comme une houle qui vient balayer le sable sur le rivage. Seule une petite armée d'ombres guide les deux femmes dans le labyrinthe de cette multitude de bureaux aux dimensions de cagibi que s'apprête à investir la nuée de collaborateurs du nouveau suzerain : des gardes républicains, quelques huissiers en charge d'accueillir les premiers visiteurs et un personnel confit dans l'expectative de son sort leur font découvrir le lieu.

La démarche souveraine, François Mitterrand emboîte le pas à ses deux assistantes. Après en avoir longuement débattu avec ses proches, il a choisi de prendre pour bureau le Salon doré autrefois occupé par le général de Gaulle, bien qu'il ait évoqué un temps un déménagement de la présidence de la République aux Invalides. Même s'il regrette de s'installer dans «la plus petite résidence présidentielle d'Europe», le voici au moins l'égal du Général.

«Allons-y.» Accompagné de sa suite, souverain fraîchement couronné, il gravit une à une les marches du vaste escalier qui mène à l'étage où se trouve son bureau. «Il y avait chez lui un mélange de solennité et d'euphorie palpable. Comme une jouissance intérieure», se remémore un fidèle de la première heure qui l'accompagne : son chef de cabinet, Jean Glavany.

Lui aussi découvre le lieu. Il s'éreinte les yeux sur chaque bibelot, chaque gravure ou bas-relief. Il photographie intérieurement chaque pièce, regard pétillant au-dessus de lunettes de lecture, pour se fabriquer des souvenirs indélébiles. «J'étais comme un enfant», confie-t-il. Un enfant sur les épaules duquel repose un imposant fardeau : celui de l'intendance d'un président de la République dont il va régler deux années durant les mille et un détails du quotidien.

L'homme qui sait tout

Chef de cabinet? Une fonction clé et un poste d'observation privilégié. Déplacements, voyages, rendez-vous, déjeuners, dîners… Jean Glavany tient l'agenda du Président. Il est à ce titre le seul, avec les deux secrétaires particulières et les gendarmes en charge de sa sécurité, à tout connaître, tout savoir du Président : «Chef de cabinet, c'est une tour de contrôle, le sas par lequel tout passe. Chaque lundi matin, je balaye la semaine qui s'ouvre avec son secrétariat particulier. Connaissant extrêmement bien et de longue date ses quatre secrétaires, dont les deux plus importantes, Paulette Decraene et Marie-Claire Papegay, rien de la vie de François Mitterrand, de ses allées et venues, comme de ses tête-à-tête officiels ou officieux avec telle ou telle personnalité, ne peut m'échapper. À cet égard, je peux dire que Marie-Claire Papegay fut sans doute la personne la mieux informée du monde. Et, dans la mesure où j'avais avec cette dernière une complicité de longue date – comme avec François Mitterrand –, j'étais au courant de beaucoup de choses. »

Privilège de l'intime, Jean Glavany a vu tout ce qui fait de l'Élysée une planète à part qu'enlumine la notoriété des acteurs. Quarante ans ont passé, et l'homme de devoir reste une tombe : il n'a jamais rien dit du temps où il occupait ses fonctions. Ce serviteur aux lèvres closes, dont Mitterrand saluait la discrétion et la loyauté, a été de toutes les confidences. Grand intendant, il est l'objet d'assauts répétés de la part de la terre entière. Du jour au lendemain, son bureau devient un lieu de passage obligé pour tous ceux qui veulent approcher le monarque. Dépositaire d'un agenda qu'il protège comme le code nucléaire, Jean Glavany est courtisé. L'homme a d'autant plus la confiance de François Mitterrand que c'est lui qui a mis en place ses toutes premières équipes de protection lors des campagnes présidentielles de 1974 et de 1981. Et c'est lui qui supervise le casting de la trentaine de gendarmes placés sous l'autorité de Christian Prouteau, chargé de la sécurité du nouveau Président. La sécurisation de la rue de Bièvre, la sanctuarisation du domaine de Latche, les surveillances lors des sorties à l'extérieur du Palais, les soirées privées en compagnie d'Anne Pingeot et de Mazarine… Jean Glavany, qui vise les notes de frais des pandores de François Mitterrand, est au courant du moindre de ses déplacements. Y compris les plus secrets. Ces fonctionnaires de police sont encore aujourd'hui les seuls au fait des aspects les plus intimes de la vie privée du président de la République. Ainsi, un demi-siècle est passé, et on ne sait toujours pas l'exacte réalité de l'escapade galante du président Giscard d'Estaing, accidenté à l'aube par un camion laitier au volant d'une Ferrari à deux pas de l'Élysée. Personne, sauf son officier de sécurité.

Des escapades confidentielles

« Il m'arrivait fréquemment d'avoir un coup de téléphone de Pierre Bérégovoy, qui me demandait si je savais où était le Président. Je le savais, mais Bérégovoy, bien que secrétaire général de l'Élysée et plus tard Premier ministre, pas toujours. C'est ainsi qu'à de nombreuses reprises François Mitterrand s'est éclipsé à l'étranger, en toute discrétion, avec Mazarine et sa mère, quand tout le monde ignorait l'existence même de cette petite fille. À l'exception de son chef d'état-major, de Christian Prouteau, de Marie-Claire Papegay et de moi-même. »

Tout le monde ignore où François Mitterrand se rend le soir quand il rejoint ses autres appartements du quai Branly, où Mazarine et sa mère séjournent. « Là encore, seul ce petit groupe sait où il est, quand tous pensent à l'Élysée que le Président est dans ses appartements de la rue de Bièvre. »

Un soir, Jean Glavany croise une femme de ménage en compagnie d'un petit garçon dans l'escalier de l'immeuble du quai Branly, également occupé par le chef d'état-major particulier de François Mitterrand : « Mais tu ne vas pas jouer avec la fille de M. Mitterrand ? » dit-elle au gamin.

« Quant à moi, ajoute Jean Glavany, j'ai découvert l'existence de Mazarine tout de suite. J'ai su très tôt qu'un enfant faisait partie de la famille. » En 1978, précisément, époque à laquelle le futur ministre sillonne les routes de France pour François Mitterrand. Pierre Tourlier, le chauffeur du premier secrétaire, est au volant. Alors qu'ils font un arrêt sur une route de la Nièvre, Jean Glavany ouvre le coffre et découvre des jouets et des peluches.

« "Mais tu as des enfants, Pierre ? – Non, Jean, réfléchis un instant..." On s'est regardés dans un silence entendu. Lui et moi n'en avons jamais parlé. À aucun moment je ne me suis permis la moindre question, la moindre allusion devant Mitterrand. Bien qu'il sût que je savais... »

Ainsi, durant la campagne de 1988 : le Président lui demande de s'occuper d'une jeune adolescente qu'il trouve « attachante ». Sans autres détails. « Nous nous comprenions... Il est à la fois miraculeux et ahurissant que l'information ne soit pas sortie plus tôt. Cette passion pour sa fille, mille fois racontée, j'ai pu la mesurer très tôt à la lueur des services qu'il me demandait pour elle : de multiples attentions qu'il manifestait à son égard. Il la couvait littéralement des yeux. »

C'est seulement lors de la publication des photos de *Paris Match* que François Mitterrand l'entreprend : « "Vous avez vu *Paris Match*, Jean ? Ils m'auront tout fait !" Je le regarde, interloqué : "Mais ils ne vous ont rien fait, monsieur le Président. Vous vous rendez compte que tout le monde le sait depuis dix ans. Que l'existence de Mazarine est un secret de Polichinelle. Et qu'ils ont attendu dix longues années avant de rompre le silence ?" Et je l'entends murmurer : "Oui, c'est vrai..." »

Pour preuve, Jean Glavany évoque un déjeuner qui s'était tenu à l'Élysée, en juin 1981, en compagnie de quatre journalistes proches de François Mitterrand : Claude Sérillon, Bruno Masure, Florence Muracciole et Bruno Cortès. Le locataire des lieux les avait invités pour les remercier de leur travail – de leur engagement – durant la campagne de 1981. Au moment du dessert, Claude Sérillon avait pris la parole : « Monsieur le Président, puisqu'on se dit tout et que la conversation est libre, est-ce que je peux vous poser une question sur la rumeur qui court à votre propos et selon laquelle vous auriez une fille cachée ? »

Et Mitterrand de leur répondre : « Oui, et alors ? »

Les cercles de visiteurs se croisent

À l'Élysée, Jean Glavany est aux premières loges. Peu de choses échappent à sa vigilance. À commencer par les visiteurs : ceux du soir comme du matin. Les soutiens de la première heure, les ralliés et les courtisans de la dernière : des cercles divers qui se croisent et se chevauchent. Des artistes et des journalistes – Guy Bedos, Renaud, Serge Moati, Jean-Louis Trintignant, Ivan Levaï et Anne Sinclair, Anouk Aimée... Et puis il y a le cercle des intimes, qui compte entre tous : le couple Badinter, Roland Dumas, François de Grossouvre (avant qu'il perde l'exclusivité de sa relation avec François Mitterrand), Laurence Soudet, une ancienne collaboratrice et confidente... Viennent enfin les amis de toujours, ceux de la Nièvre et des années de la Résistance, dont Patrice Pelat, avec lequel il fait son marché dans les rues de Paris le dimanche.

Des visages devenus familiers que François Mitterrand apprécie et convie à sa table. « L'amitié et la fidélité, c'est une façon de se pencher sur sa propre vie », confie-t-il à Jean Lacouture en 1981. Ici est l'une des clés du mitterrandisme. C'est une belle lettre qu'il écrit à son ami Georges Dayan, le 12 mai 1940, alors que la guerre les sépare : « Dis-moi que ni le temps ni le silence risquent de rompre les liens qui font de notre amitié quelque chose, une des rares choses solides et fidèles de ma vie, de plus une des plus vraies que tant d'événements quotidiens. »

À l'Élysée, il a pris sous son aile quelques enfants de compagnons disparus : Hubert Védrine, fils de Jean

Védrine, un résistant aux côtés duquel il a combattu ; Paule Dayan, fille d'une autre figure du maquis, Georges Dayan. Il a fait de son dentiste, Guy Penne, son conseiller aux Affaires africaines, et de Nathalie Duhamel, belle-fille de Pierre Mendès France, son attachée de presse. Mitterrand mêle ainsi plusieurs strates et générations. Celles d'avant-guerre, puis de la guerre et de l'après-guerre. Celle de la Convention des institutions républicaines et de ses premiers pas à la SFIO. Et celle enfin de l'âge mûr.

Savoir écarter

Avoir les honneurs de la table du monarque n'est pas donné à tout le monde. Si certaines célébrités y ont leur rond de serviette, d'autres pas moins connues en sont bannies. Des noms ? Jean Glavany ne veut en citer aucun. Dans son rôle de cardinal qui défroque les évêques à la demande du pontife, le chef de cabinet organise avec minutie et autorité les plans de table du Président. Intraitable, il écarte celles et ceux qui tentent d'atteindre le bureau de François Mitterrand par des voies détournées. Il éloigne celui dont le Président ne veut plus entendre parler. Il calme l'impatience de cet autre qui l'a chargé de remettre au Président une requête de toute urgence et dont le message est resté lettre morte. Il enterre enfin auprès du secrétariat ceux que Mitterrand a répudiés, avec leurs espoirs déçus, façon pyramide égyptienne.

Avec le recul et sa faconde toute provençale, l'ancien ordonnancier de Mitterrand se livre à un réjouissant « j'aime-j'aime pas » : « Les militants et les compagnons de la première heure, plutôt que les ralliés de la dernière, qui promenaient l'encensoir jusqu'à la porte de mon bureau, me conjurant d'intercéder en leur faveur. Tout ce que j'ai pu lire depuis la mort de François Mitterrand sous la plume de ceux qui continuent à s'attribuer un rôle qu'ils n'ont pas joué m'a souvent scandalisé. Ceux qui se prévalent encore aujourd'hui d'avoir eu une quelconque influence sur François Mitterrand me font tordre de rire. C'est tout simplement oublier l'intelligence et la puissance d'un homme qui aura toute sa vie cloisonné. »

Certains matins, alors qu'ils dressent ensemble la liste des visiteurs du jour, François Mitterrand prend un soin particulier à biffer dans la liste l'un d'entre eux, qui tient à le voir le soir même en toute confidentialité : « Cela semblait le réjouir. »

Ce mode de fonctionnement fait des merveilles lors de la crise de 1983 qui voit le tournant de la rigueur[1], quand François Mitterrand laisse s'épuiser les idéologues du franc flottant, s'époumoner les tenants d'un socialisme intransigeant et se disperser ceux qui n'ont de cesse de lui proposer vingt scénarios de sortie de crise par jour. Ignorant la cacophonie, on le voit décider un matin d'une ligne que personne n'ose contester.

« De même pour ses collaborateurs, à l'Élysée », ajoute Jean Glavany : c'est ainsi qu'une note qui atterrit sur son bureau est par nature et réflexe systémiquement rejetée. Il demande ensuite à son auteur de voir s'il n'existe pas d'autres solutions que celles préconisées. « C'est l'une des raisons pour lesquelles François Mitterrand entretenait un important réseau de relations privées, en dehors de l'Élysée. Parce que le pouvoir bureaucratique ne se nourrit jamais que de la décision politique, il n'était pas rare que l'orientation recommandée par un conseiller, un ministre ou une administration ne soit pas celle retenue par lui. Et qu'une relation personnelle et forte entre François

1. Le tournant de la rigueur est raconté au chapitre 18, p. 207.

Mitterrand et telle ou telle personnalité puisse infléchir une position strictement technocratique. »

Quand Jacques Attali est sur des charbons ardents

Jean Glavany a également assisté à l'épisode rocambolesque de l'installation et du bureau de Jacques Attali. En 1981, l'essayiste est en passe de réaliser un rêve : être l'intellectuel libre qui conseille le Président. Mais le 21 mai, jour de la prise de fonction de François Mitterrand, son téléphone n'a toujours pas sonné. Le Président ne s'est pas manifesté, et Pierre Bérégovoy, fraîchement nommé secrétaire général de l'Élysée, ne l'a pas appelé. Et pour cause : Mitterrand a rangé l'intellectuel dans une catégorie peu flatteuse. Si bien qu'il n'a tenu qu'à un fil que Jacques Attali n'occupe jamais le bureau vert pistache contigu à celui de François Mitterrand. Que le Jiminy Cricket de la politique, fou en diagonales imprévisibles sur l'échiquier élyséen, ne tombe dans les oubliettes de l'Histoire.

Déprimé, Jacques Attali s'est enfermé chez lui. Jean Glavany évoque l'épisode, et une conversation entre Pierre Bérégovoy et François Mitterrand, à laquelle il assiste :

« Je vais me rendre au domicile d'Attali, car il ne va pas très bien.

— Mais pourquoi allez-vous voir Attali ?

— Parce qu'il est désespéré de ne pas avoir été nommé secrétaire général.

— Je ne lui ai rien promis, qu'est-ce que c'est que ces caprices ?

— Je crois qu'il serait plus judicieux qu'Attali soit dedans plutôt que dehors », insiste Bérégovoy.

À peine a-t-il quitté le bureau qu'il se rend au domicile de Jacques Attali, qu'il trouve prostré dans son salon, plongé dans la pénombre, les volets clos. François Mitterrand, auquel Pierre Bérégovoy raconte sa visite, consent à lui donner un poste à la mesure de son ambition et de son désappointement : « Voyez ce qu'il souhaite. »

Jean Glavany l'atteste : l'homme pose des conditions vertigineuses. Outre une voiture de fonction avec chauffeur et une voiture suiveuse de sécurité, Jacques Attali veut une équipe de cinq collaborateurs ainsi qu'une protection rapprochée. Pour couronner le tout, un statut hors organigramme de « conseiller spécial ». « Soit », acquiesce Bérégovoy, qui promet d'en parler au Président.

« Mais il y a une dernière chose, ajoute Attali, alors que son visiteur s'apprête à prendre congé : Le bureau…

— Quoi, le bureau ? »

Jacques Attali exige d'occuper la petite pièce située entre le bureau de François Mitterrand et celui du secrétariat.

« Je ne comprends pas, cette pièce est une salle d'attente pour les visiteurs du Président.

— Il n'y a qu'à la transformer en bureau », insiste-t-il.

« C'est dire, continue Jean Glavany, combien cette question avait une importance à ses yeux, puisque ce bureau devient dès qu'il l'occupe un point d'observation privilégié. Il n'y a plus de discrétion possible. Si bien que quand François Mitterrand voudra recevoir quelqu'un en toute discrétion, sans qu'Attali le sache, on imaginera des subterfuges. On le fera entrer par des portes dérobées et des couloirs labyrinthiques qui mènent à son bureau. Le tout avec la complicité de ses secrétaires. Un vrai vaudeville. Il y eut ainsi beaucoup de rendez-vous qui ont échappé à la vigilance d'Attali : ce qui avait pour effet de le rendre fou. »

Et qu'en dit François Mitterrand? «Il fulmine. Tout cela, cette histoire de bureau, cette obsession à tout vouloir savoir, lui est immédiatement apparu vulgaire. Il a demandé à Bérégovoy de s'en débrouiller. De gérer Attali. Quant à moi, je n'ai abordé cet épisode qu'une seule fois avec le Président. Aussi insolite que cela puisse paraître, à la toute fin de sa vie, lors d'une conversation à son domicile, rue de Bièvre. Malgré son état de santé dégradé et sa fatigue extrême – nous étions à quelques jours de sa mort –, il avait trouvé toute la vigueur pour se déchaîner contre Attali, avec des mots d'une violence inouïe. Pourquoi ce jour, pourquoi à ce moment? Je ne sais pas. Mais, alors que nous évoquions cette histoire de bureau, il s'était redressé de son fauteuil avec ce mot :

"Quelle indécence...

— Mais, Président, vous avez tout accepté en l'accueillant à l'Élysée! Vous avez tout laissé faire..."

Et Mitterrand d'exploser, livide de colère : "Ne me parlez plus de lui!"»

Interrogé, Jacques Attali fait un tout autre récit de ses premiers pas à l'Élysée. Et il étrille au passage Jean Glavany qu'il accuse de «le poursuivre depuis trente ans». L'ancien conseiller spécial certifie que c'est François Mitterrand lui-même qui lui attribua ce bureau tant convoité au lendemain de son élection, «sans que je n'ai demandé ou exigé quoi que ce soit». Et d'ajouter : «Ni Jean Glavany ni Pierre Bérégovoy n'ont participé à époque à ces discussions.» Dont acte.

Attali visitera aussi Hollande

Ayant pris ses quartiers dans ce bureau, à peine nommé, Jacques Attali fait entrer à l'Élysée deux jeunes énarques, Ségolène Royal et François Hollande, qu'il présente à

François Mitterrand. Ainsi introduit, le futur chef de l'État découvre le *modus operandi* d'un conseiller, œil de Moscou, qui lui brosse un tableau précis des habitudes d'un Mitterrand dont le bureau ne désemplit pas, de l'aube au coucher.

L'Élysée en 2012 : trente et un ans plus tard, Jacques Attali est un visiteur assidu de François Hollande, dont il est l'ami. Atavisme mitterrandien ? Les deux hommes se voient en tête à tête, déjeunent, dînent. Des rencontres qui ne figurent pas toujours à l'agenda d'un locataire qui va pousser la pratique jusqu'à son paroxysme, reproduisant à grande échelle ce que François Mitterrand avait institué.

L'Histoire retiendra cette incroyable série d'audiences privées – plusieurs dizaines au total – accordées aux deux plumes du *Monde*, Gérard Davet et Fabrice Lhomme, auteurs d'un pavé, « *Un Président ne devrait pas dire ça*[1]... », qui a fini de couler un Président impopulaire et pris au piège de rapports jamais vus avec des journalistes sous la Ve République. Comme quoi, tous les visiteurs du soir ne restent pas muets sur leurs rencontres secrètes avec le chef de l'État !

1. Paru aux éditions Stock en 2016.

10

Roland Dumas, un confident qui en a vu d'autres

Un après-midi de mai 2020 dans le 6e arrondissement de Paris. Un immeuble discret et, derrière le porche, une cour pavée que cernent quelques beaux appartements. Roland Dumas, quatre-vingt-dix-huit ans, ouvre la porte de l'un d'entre eux et glisse sur un parquet ciré jusqu'à un joli bureau aux murs clairs. Col roulé de gentleman-farmer et rosette à la boutonnière, il s'engonce lentement dans un fauteuil de cuir fatigué. L'œil est vif, la parole aisée. Mais la mobilité, elle, est menacée : la carcasse est fatiguée.

Affable, il lève l'index comme un métronome. «J'ai tout dit, tout écrit sur ces années où il m'a été donné de côtoyer Mitterrand comme peu. Bien avant que j'en devienne son ministre des Affaires étrangères. L'Élysée en 1981 ? Nous avions, dans ces premières semaines d'immense exaltation, d'interminables et passionnants échanges, à son bureau ou à son domicile. Le plus souvent, le soir… François Mitterrand aimait le soir. Il y trouvait une forme de passibilité propice à la réflexion et à la méditation. Il y a eu un avant et un après 1981 : à partir de l'instant où il est président de la République, notre relation change : d'un naturel décontracté jusqu'ici, nos échanges deviennent, je dirais, plus subtils. Malgré nos liens d'amitié anciens et les heures difficiles partagées sous l'Occupation, le ton change.

S'il continue à me ménager avec courtoisie et délicatesse, je sais que, désormais à l'Élysée, il n'acceptera plus de ma part une quelconque familiarité. Et moins encore de l'insolence ou de la désinvolture. »

Mitterrand, l'impatience au pouvoir

Ayant raté le coche des Affaires étrangères où Claude Cheysson l'a supplanté, Roland Dumas se garde d'aborder le sujet lorsqu'ils se rencontrent une fois la victoire de mai 1981 obtenue : « Si j'avais manifesté le moindre regret ou la moindre fébrilité, il n'aurait pas manqué de dire à quelques-uns de ses familiers : "Dumas, auquel je ne dois rien, n'a pas de nerfs." »

Devant le dos bloqué de Roland Dumas, son médecin demande : « Vous avez eu récemment un deuil dans votre famille ? » Non, « une contrariété », lui répond celui qui voit le Quai s'éloigner : « Il eût été malvenu de lui forcer la main. Mitterrand, qui était le roi, avait la détestation facile. »

Il revient sur ce crève-cœur. « Malgré cela, à l'époque je continue d'occuper une place à part. En réserve de la République, je prends souvent le chemin de son bureau où nous avons de longues conversations sur un grand nombre de sujets, dont un qui nous opposa avec rudesse : la peine de mort. »

Le différend a démarré par un coup de fil :

« Roland, vous pouvez passer me voir ?

— Tout de suite ?

— Tout de suite !

— Mais j'ai un déjeuner…

— Annulez-le, il faut que je vous parle… »

« François Mitterrand avait parfois un côté caporaliste dans sa manière de faire : d'une impatience rare, il n'acceptait pas que l'on ne se rende pas disponible à toute heure, au risque d'un bannissement radical. » La peine de mort? « Une question au cœur des discussions au sein de son premier cercle. Mitterrand avait résolument placé ses pas dans ceux de Robert Badinter, ce qui n'était pas le cas de tous. D'où ma convocation. Fait assez rare, il m'accueillit ce jour-là de manière plutôt solennelle. Le sujet était grave, et je me suis senti à ce moment-là comme porté par l'Histoire. »

François Mitterrand a demandé qu'on ne le dérange en aucun cas. Porte fermée, il s'est levé comme pour appuyer son propos. « Beaucoup parmi nos concitoyens sont attachés à un châtiment ancré dans notre culture, mais l'Histoire retiendra que nous aurons mis fin à un cérémonial barbare et indigne d'une grande démocratie. » Le chef de l'État avait ensuite convoqué, « de manière magistrale », les grands philosophes et toutes les figures de la littérature française qui s'étaient battus à travers les siècles pour l'abolition, ajoutant qu'une telle décision laisserait une trace profonde dans les livres d'histoire. « Si je vous ai fait venir, Roland, c'est parce que je vais sans doute être amené à répondre à une question à ce sujet demain à la télévision. Et je voulais vous entendre. Quel est votre sentiment ? »

Roland Dumas revit la scène : «J'ai longuement argumenté, lui martelant qu'il prenait là un énorme risque : je pensais très sincèrement que les Français ne l'accepteraient pas. Que le pays n'était pas mûr. Mais je me suis très vite rendu à l'évidence : tout ce que je pouvais lui dire n'avait aucune portée. Sa conviction était faite depuis longtemps : je prêchais dans le désert. Il m'explique avoir longuement consulté, durant des mois, des juristes, des religieux de toutes confessions, avoir sondé des partisans et des adversaires de ce châtiment. Mais à aucun moment je n'ai senti chez lui la plus petite hésitation. “Rien ne me fera changer d’avis”, a-t-il conclu avant de me laisser. »

Alors pourquoi l’avoir fait venir? Est-ce pour exercer une nouvelle fois son goût charmeur? Ou pour emporter l’adhésion de cet ami dont il sait les réticences? « Percer la pensée de Mitterrand, même pour ses intimes, dont j’étais, relevait de la mission impossible. Fidèle au jeu du chat et de la souris qu’il affectionnait, j’ignorais tout de ses véritables intentions. Mitterrand, que Giscard avait brocardé comme un homme du passé, démontra avec cette abolition qu’il était capable de s’attaquer aux tabous les plus sacrés. En abolissant la peine de mort, il a pris l’opinion et une partie de son camp à contre-pied. Un art où il excellait. »

L’homme qui fait semblant d’écouter

L’Élysée en 1981. Roland Dumas dépeint un théâtre d’ombres dont le devant de la scène est occupé par un monarque « indéchiffrable », chez qui tout coexiste de plain-pied : sensibilité et cruauté, velléités et sens des réalités, gravité et drôlerie, duplicité et franchise. Un Président qui déconcerte. « Il adorait le soir venu, une fois ses dossiers rangés, rencontrer des personnalités de tous horizons avec lesquelles il nouait des contacts privés, s’ingéniant à faire croire aux plus naïfs que leur avis compte. Qu’ils sont très importants à ses yeux. Alors qu’il s’agit le plus souvent de convaincre son visiteur d’une décision qu’il a prise et mûrie dans la journée. “Que pensez-vous de cela? Que feriez-vous à ma place?” Combien de fois l’ai-je entendu prononcer ces mots lors de nos nombreuses rencontres. Je suis sans doute à ce titre l’un des premiers visiteurs du soir d’un Président qui a ritualisé cette pratique. “Alors, Roland, qu’en pensez-vous? Que feriez-vous à ma place?” Chaque fois, je lui disais le fond de ma pensée, sachant qu'à l'heure où je lui parlais sa religion était faite depuis longtemps. »

Le chat Mitterrand tournait autour de la souris, et la souris Roland Dumas acceptait le jeu.

La première guerre du Golfe est un exemple : « François Mitterrand me téléphone un jour de la fin juillet 1990 et me convoque à l'Élysée, où il m'annonce qu'il s'est entretenu dans la nuit avec George Bush. Le Président américain lui a demandé si la France était ou non à ses côtés dans cette guerre. Je me souviens d'avoir émis quelques réserves, avant que Mitterrand ne me coupe sèchement : "Je ne vous demande pas ce que vous pensez de cette guerre ! Je vous demande si nous devons être ou non aux côtés des Américains. À leurs côtés ou en dehors ?" En fin connaisseur de la trajectographie mitterrandienne, j'ai vu qu'il voulait cette guerre. Et que rien ne l'en ferait dévier. Je lui ai simplement répondu que, alliée historique des États-Unis, la France se devait d'être à ses côtés. Mitterrand a simplement dit : "Revenez me voir avant midi, on va monter ça." »

L'économie, les taux de change, l'Allemagne, la construction européenne, le sort du Moyen-Orient… Les sujets de conversation fusent de toutes parts. Devons-nous ou non rester dans l'Europe ? Cette question revient sans cesse. « Jeune d'esprit à l'époque, j'étais pour ma part pour une sortie de l'Union européenne. Je ne cessais de le lui dire, jusqu'au jour où, un peu las, il me lâcha dans un grand soupir : "Vous êtes jeune, Roland. C'est une audace que je n'aurai sans doute pas. »

À la Cour

Dans les premières semaines de 1981, Roland Dumas assiste au défilé de la Cour : une légion venue d'horizons différents, «le plus souvent des hommes qu'il a connus durant la guerre, des compagnons, des spadassins de la première heure qui l'appellent "François" et qui partagent avec lui des souvenirs de combattants». C'est l'époque où le Président invite à sa table et dans des réceptions dignes d'un chef d'État sa bande de vieux compagnons de Nogaro, petite commune du Gers, aux côtés de laquelle il avait battu à de nombreuses reprises la campagne sous les couleurs du parti socialiste et qu'il accueille comme des grognards napoléoniens.

Et puis sont arrivés les hommes d'affaires, les capitaines d'industrie et une armée de cols blancs. «Finie, l'euphorie de la victoire, nous rentrions dans le vif du sujet. Et là, le défilé a été très vite impressionnant.»

«Oh, purée...» Souvent revient dans la bouche de l'ancien ministre cette expression ménagère, qui persille son récit. Difficile de rester insensible à cet assaut de civilité, à cette affabilité ensoleillée.

Missions secrètes et officielles à l'étranger

C'est l'époque où Roland Dumas, qui n'a aucune fonction ministérielle, exerce pour François Mitterrand quelques missions confidentielles à l'étranger. En Libye notamment, où il noue des liens avec Kadhafi. Un sourire espiègle l'éclaire à cette évocation : celui d'un vieil homme indigne qui se souvient d'avoir volé à la rescousse du tyran de Tripoli, ou du roitelet ivoirien, Laurent Gbagbo. Marqué du sceau élyséen, il bouscule le protocole et les usages. On ne se libère pas aisément du goût des opérations commandos : de ses années passées dans les maquis de la Résistance, Roland Dumas a conservé un attrait pour l'ombre et le secret.

L'avocat va attendre trois ans avant de décrocher le portefeuille des Affaires étrangères, cette Terre promise qu'il embrasse à l'hiver 1984. Il a publié moult choses sur ses années passées au Quai d'Orsay. Restent quelques bribes consignées dans sa mémoire. Et toujours chez lui des mots précis, des phrases comme autant d'escalades.

Roland Dumas est un conteur-né. Charmeur et charmant, il s'interrompt pour un pigeon qui s'est posé sur son balcon, ou pour mirer l'éclat de l'eau que l'on vient de lui servir dans un verre en cristal, comme si chaque seconde de cette vie qui s'étiole scintillait. Roland Dumas retombe avec gourmandise dans le passé comme on retombe en enfance. Cet homme qui se plaît à exposer ses rides comme autant de vies vibre à l'évocation de ces centaines d'heures passées dans l'intimité d'un Président dont il fut le confident et l'ami. Sous son malicieux regard, l'Élysée est une forêt de fantômes en marche qu'il convoque à sa guise.

Moments délicats

«Je me souviens d'avoir connu un seul problème très délicat avec Mitterrand. Ce fut à propos d'un diplomate, ambassadeur en poste, un peu imprudent de langage, qui avait en général le tort de dire tout haut ce qu'il pensait tout bas. Y compris dans des voyages officiels. Il avait notamment commis l'imprudence de comparer un discours de Mitterrand à ceux du général de Gaulle, dont il était un hagiographe. Le Président, qui s'en agaça, le mot est faible, me convoqua un soir pour me dire : "Mais votre type, là, c'est un adversaire ? Il paraît qu'il se répand à mon propos. Ou vous le recadrez, ou il s'en va !"

« Une autre fois, il me fait venir pour me parler de Laurent Fabius, bien avant qu'il soit Premier ministre et bien avant que j'entre au gouvernement : "Qu'en pensez-vous, Roland ? Je m'interroge à son propos." Je me souviens de l'avoir entendu me dire que c'était un garçon qui avait certes beaucoup de diplômes, mais… Et de proférer des propos sévères et peu amènes avec un franc-parler et une dureté qui m'avaient sidéré. »

11

Hubert Védrine et les « visiteurs de tous horizons »

Un jour de printemps 2019, dans un bureau lumineux donnant sur les quais de Seine. Rendez-vous avec Hubert Védrine. L'ancien sherpa, puis ministre, est l'un des rares à avoir traversé les deux septennats de François Mitterrand, qui l'a vu éclore. Débarqué à l'Élysée en 1981 par la grâce de son père, Jean Védrine, un compagnon de combat de Mitterrand durant la guerre, Hubert Védrine est le meilleur des guides.

Mitterrand multipliait les cercles

« Il n'y avait pas, à proprement parler, de premier cercle chez François Mitterrand, parce que, le premier cercle, c'est lui. » Droit comme un cierge dans son fauteuil, sourire de chanoine, Hubert Védrine semble ravi de décevoir les amateurs de fiction. Il y a bien longtemps qu'il s'est fait une religion sur la question. S'il dit connaître comme personne le fonctionnement de l'ancien monarque, c'est parce qu'il a eu tout le loisir de l'observer dès ses premiers pas à l'Élysée, quand il est l'un de ses jeunes sabras.

Homme de tête et de convictions, promu en confident, Hubert Védrine résume le système Mitterrand d'un mot :

« Un système labyrinthique voué au secret où se superposent des couches. Où tout le monde n'est jamais là au même moment. Le premier cercle et ses enfants ne sont pas celui d'Anne Pingeot et Mazarine. Le premier cercle des amis de la Résistance et des années 1940 n'est pas celui des années 1960. Le premier cercle des compagnons de l'ascension, puis de la victoire en 1981, n'est pas celui de la fin de sa vie, et ainsi de suite... »

Hubert Védrine raconte un Mitterrand en maître des horloges : une tour de contrôle qui gère de sa vigie ou de son piédestal une quantité de sphères qui s'ignorent et ne se croisent pas ; une nébuleuse de personnalités, enfin, aux côtés de certaines desquelles le jeune homme de l'époque grandit. « Et tout le monde était d'accord pour lui reconnaître un pouvoir de séduction hors du commun. »

Le mythe de la garde rapprochée

Pas de premier cercle, donc. « Et pas plus de garde rapprochée, non plus, une bêtise de commentateurs. Mitterrand avait un talent étonnant pour conserver, de long en long, des amitiés avec des gens de toute nature. Un monde infini, cloisonné, où certains se connaissaient, et d'autres pas du tout. » Le vivier relationnel d'un Président à tiroirs, qui les ouvre alternativement et picore.

Pour la jeune garde qui le guette, François Mitterrand est une énigme : « Ces ombres qui défilent, cette multitude qui fait son siège... Nous, frêles conseillers, cherchions à comprendre : qui est qui ? Qui fait quoi ? Qui pèse quoi ? Nous courions après l'information. Et Mitterrand, qui en avait le monopole, s'ingéniait à brouiller les pistes. » Un jeu de l'oie où chacun avance à tâtons : « Il m'a fallu beaucoup de temps pour faire la part des courtisans de passage, des fidèles de la première heure et des visiteurs auxquels Mitterrand prêtait attention parmi une nuée.»

Des mois aussi pour faire le tour d'un Président indéchiffrable et dont l'ancien ministre des Affaires étrangères nourrit le carnet d'adresses : «Je lui ai fait rencontrer des gens de tous horizons. Des diplomates, des intellectuels, des créateurs… Ce fut le cas notamment avec les architectes urbanistes Roland Castro et Michel Cantal-Dupart. Cela intéressait François Mitterrand, qui aimait l'histoire des villes. Un jour, nous avons fait en hélico le tour des environs de Paris. Castro et Cantal-Dupart avaient un projet pharaonique pour redessiner la région et désengorger la capitale : cela avait fasciné François Mitterrand, qui se voyait en Haussmann des banlieues. Je l'ai vu également extrêmement sévère avec des gens qui campaient devant la porte de son bureau et dont il ne parvenait pas à se débarrasser.»

12

Jean-Pierre, le Che au regard acéré

Droit comme un I dans son fauteuil, l'octogénaire Jean-Pierre Chevènement aime ce qui se conçoit bien et s'énonce clairement. L'Élysée, il pourrait en parler des heures. Il se souvient de chacune de ses visites jusqu'à son divorce avec François Mitterrand. Les ruptures et les rancœurs en politique sont tenaces, et l'ancien ministre n'a ni oublié ni pardonné. «Avant que je ne rompe, François Mitterrand et moi avons entretenu une relation qui n'avait pas beaucoup d'équivalent, dans la mesure où je m'étais construit politiquement en dehors de lui et bien avant de le connaître.»

Plume du futur Président

Les deux hommes se sont rencontrés en janvier 1966. «Mitterrand, qui détestait les énarques, avait aimé un petit livre irrévérencieux que j'avais commis, avec Didier Motchane, dans lequel nous brocardions les élites et les mandarins. Au fil des mois, il nous convie fréquemment dans ses appartements de la rue Guynemer, où nous lui fournissons des notes. C'est l'époque où Mitterrand daubait sur les gens du Plan, assassinait les hauts fonctionnaires du Trésor et des Finances. Nous étions ses plumes et travaillions sur les interviews qu'il accordait alors à la presse. Des interviews qu'il reprenait d'un ciseau avisé. Une relation plus qu'amicale. J'ai beaucoup appris de lui.»

Jean-Pierre Chevènement le regarde faire : «Habile, multiple, illisible et magistral.» On les croise dans Paris déambulant côte à côte. Un jour, François Mitterrand décide de s'acheter un chapeau. Chevènement le choisit avec lui. «Est-ce que je n'ai pas l'air trop ridicule?» interroge Mitterrand. «Pas du tout, vous ressemblez à Léon Blum.»

Ensuite, l'écharpe, «qui le fait ressembler à Aristide Bruant». Si la relation est affectueuse, elle est tempérée par l'importance que prend le CERES au cœur du PS – un courant bouillonnant créé par Jean-Pierre Chevènement, dont l'appui est décisif lors du congrès d'Épinay qui sacre François Mitterrand en 1971. «Malgré notre rupture au moment de la guerre du Golfe, je suis toujours resté un faiseur de roi à ses yeux. François Mitterrand ne l'a jamais oublié. Jusqu'à la fin.»

Il n'écoutait pas les avis

«Ah, Mitterrand!» Un sourire lui fend le visage. Chose rare chez un homme qui a pour habitude de les distribuer comme une faveur. Son chagrin hexagonal et ses ruptures avec lui, l'ancien hussard jacobin du PS les revisite avec nostalgie. Il dit conserver un «bon souvenir» de Latche, où il est régulièrement invité. Il rappelle aussi son refus de participer au pèlerinage de la Roche de Solutré, ce rituel qu'il juge ridicule. «Je n'appartenais pas à la Cour, j'étais d'une autre fibre, militante. De celle qui n'appelait pas Mitterrand "Président". Je m'en tenais à François Mitterrand, ou alors je ne l'appelais pas. Lui, en revanche, me donnait du "Jean-Pierre". »

Et les visiteurs ? « La belle affaire ! s'exclame-t-il. Des gens dont François Mitterrand ne tenait généralement pas compte des avis, même si certains ont tout fait, tout tenté pour l'influencer sur tel ou tel sujet, sans jamais le moindre succès. Mitterrand avait autour de lui toute une bande de gens problématiques que je croisais parfois à l'Élysée, quand il m'arrivait de m'y rendre à sa demande. Un mélange composite de chefs d'entreprise, d'artistes et de seconds couteaux du parti socialiste, dont certains l'agaçaient par leurs manières de se pousser du col et de raconter dans Tout-Paris qu'ils avaient son oreille. Des figures exotiques aussi, dont je ne citerai pas le nom par charité. François Mitterrand compartimentait beaucoup. Si la plupart de ces visiteurs ne pesaient pas grand-chose, certains d'entre eux, en très petit nombre, tel Georges Dayan, l'un de ses vieux compagnons de la Résistance, avaient un peu d'influence. C'est lui notamment qui lui avait suggéré de bombarder Jacques Attali conseiller économique au parti socialiste. Pour le reste, Mitterrand était un homme qui prenait ses décisions seul. Je suis bien placé pour le savoir… »

Aucun conseil pour la guerre du Golfe

Tombe de sa bouche comme un crachat, « la guerre du Golfe ». Mauvaise œillade du passé… Comment oublier l'un des épisodes les plus marquants de sa vie ? Chaque question sur ce conflit le rend nerveux. Qui Mitterrand consulte-t-il avant de se lancer dans ce conflit ? « Personne ! » dit-il. Qui est dans la confidence quand il décide d'engager la France aux côtés des forces américano-anglaises ? « Très peu de gens. En tous les cas pas le ministre de la Défense que je suis. »

Jean-Pierre Chevènement dit avoir compris à cette occasion comment fonctionnait ce Président qui l'a tenu à l'écart durant les jours qui ont précédé l'invasion de l'Irak. Un souverain sur son Levantin, sourd aux mises en garde d'un ministre que l'on ignore. La solitude, le ressassement, une forme évolutive de la paranoïa… Jean-Pierre Chevènement dit avoir tout traversé, à l'époque, avec un Mitterrand muet, confiné dans sa tour d'ivoire. « Durant les semaines qui précèdent le conflit, je travaille dans le noir. Pendant les six mois qui séparent l'invasion du Koweït et le vote des premières résolutions de l'ONU, et enfin l'invasion de l'Irak, je suis tenu à l'écart. Les jours défilent et rien ne se passe à mon échelon. Contrairement à ce que l'on peut penser, François Mitterrand n'a subi aucune pression d'aucun visiteur à cette époque. Il ne s'est entouré d'aucun conseil pour se lancer dans cette aventure. »

Ce 8 août 1990, dans la nuit et la solitude de son bureau, François Mitterrand a pris sa décision. Peu avant, il s'est entretenu avec George Bush. Puis il a attendu de voir Roland Dumas le lendemain, le seul dans son entourage qu'il met dans la confidence.

Ensuite il a convoqué un simulacre de conseil de Défense. Pierre Joxe et Jean-Pierre Chevènement tentent un baroud d'honneur : on dirait deux candélabres. « Nous ne comptions pas. Peu de gens pourtant poussaient pour cette guerre dans son premier cercle. Même son frère, Jacques, à qui Saddam Hussein avait offert un jour son manteau lors d'une visite officielle dans les montagnes du Kurdistan, y était farouchement hostile. Je pense plus profondément que, malade, Mitterrand trouvait une forme d'élixir de jouvence dans cette guerre. »

Le 7 décembre de cette année-là, Jean-Pierre Chevènement annonce à François Mitterrand son intention : démissionner. Le Président lui demande d'attendre, le temps d'une ultime médiation des Soviétiques pour éviter la guerre. Mais les choses s'enveniment avec les déclarations de l'amiral Lanxade sur le plateau d'Anne Sinclair. « En laissant son chef d'état-major parler à ma place, Mitterrand sait qu'il coupe le dernier petit fil qui me relie encore à lui. » Le soir même, Chevènement se rend à l'Élysée pour y déposer sa lettre de démission. François Mitterrand est glacial : « Ce n'est pas très élégant. Vous ne me laissez pas le temps de me retourner. Ne faites pas comme Rocard qui sautait par la fenêtre en pleine nuit. » Le ministre accepte une nouvelle fois de repousser son départ, qui devient officiel quelques jours plus tard.

Rupture et dernière visite

Trente ans ont passé et Jean-Pierre Chevènement ressasse ses relations à couteaux tirés avec François Mitterrand. Il lâche, comme une affaire trop entendue : « Nous ne parlions plus le même langage. »

L'homme ne revoit François Mitterrand qu'à quelques jours de sa mort, en son domicile avenue Frédéric-Le-Play. Il y trouve un homme affaibli. Le cancer a fait son œuvre. Malgré l'épuisement et les stigmates de la maladie, Mitterrand vagabonde. Charmeur et charmant. Un regard nostalgique sur le passé, un autre sur le moment qu'il traverse, le corps soulevé par une vague de rires à l'évocation d'une anecdote commune.

« Où aimeriez-vous être ? lui demande Chevènement.

— J'aimerais pouvoir m'asseoir sur un banc en Corse, par exemple. J'aurais ma canne sur laquelle je pourrais m'appuyer et je marcherais. »

Il évoque aussi la personnalité de Lionel Jospin, sur lequel il fait des commentaires peu amènes. D'autres considérations enfin sur le climat politique du moment. Puis, s'extirpant de son lit de souffrance, il reconduit son visiteur à la porte. «Je me souviens de ses derniers mots : "Transmettez toutes mes amitiés à votre femme, je ne sais pas si je pourrai la revoir." Et puis il s'est tourné vers son garde du corps en s'appuyant sur son bras. J'étais très ému. Ayant connu François Mitterrand durant tant d'années et l'ayant vu dans tant de circonstances, et le découvrant réduit à cet état, en redescendant l'escalier, je pleurais... Malgré l'ampleur de nos désaccords – Épinay, le programme commun, 1981... –, tant de choses nous liaient, au-delà de nos différences. Je savais que je ne le reverrais plus.»

13

Christian Prouteau, l'ombre de son ombre

On l'a vu : sous François Mitterrand, la secrétaire particulière, Paulette Decraene, règne sans partage sur l'agenda, mais un autre des collaborateurs du Président sait tout de son quotidien comme de son intimité : Christian Prouteau. À soixante-dix ans et des brouettes, l'ancien gendarme, fondateur du GIGN puis responsable de la cellule antiterroriste de l'Élysée sous la gauche, n'a rien perdu de sa fibre d'officier : silhouette sèche, visage taillé à la serpe et poignée de main ferme, l'homme qui montait au feu dans les prises d'otage s'est fondu, à la cinquantaine, dans les pas de l'ancien chef de l'État. Au point de devenir son ombre. De tout savoir de sa vie secrète comme de ses visites et visiteurs.

Entretiens d'embauche

Sa toute première rencontre avec le Président remonte au 13 juillet 1982. Durant les mois qui ont précédé cet entretien d'embauche, Christian Prouteau se bat pour que la gauche ne supprime pas le GIGN. Il tente de convaincre Charles Hernu, ministre de la Défense, des qualités de ce corps d'élite. « Avant de décider de sa dissolution, laissez une chance à mes hommes de vous démontrer que nous ne sommes pas ce que l'on a bien pu vous dire», lui demande-t-il.

Quelques jours plus tard, le super gendarme et ses hommes se retrouvent face à Charles Hernu et une délégation de députés et sénateurs pour une présentation qu'il a très opportunément baptisée «Le syndrome Allende», en mémoire du Président chilien abattu dans son palais de la Moneda par la junte du général Augusto Pinochet. Christian Prouteau le sait : ils sont nombreux au PS et dans l'entourage de François Mitterrand à redouter un scénario à la chilienne. Certains vont même jusqu'à affirmer que des tireurs d'élite s'entraînent pour assassiner le Président en son palais : «Toute cette période d'après élection, jusqu'au moment où j'ai pu approcher Charles Hernu, était délétère. Il régnait jusqu'au plus haut niveau du pouvoir socialiste un climat étrange, mélange de paranoïa et de crainte palpable.»

Entre-temps, l'Élysée a fait réaliser une étude sur la vulnérabilité du chef de l'État, commandée par François de Grossouvre, qui gère les liens avec les services secrets : elle conclut à l'absence de tout dispositif de protection. «Attaché à son indépendance, Giscard d'Estaing ne se préoccupait pas de ces questions. Ingérable, il n'en faisait qu'à sa guise, au mépris des conditions de sécurité élémentaire. À ce titre, l'épisode cocasse du camion du laitier de Giscard vaut largement celui, surréaliste, du scooter de François Hollande», commente Prouteau.

Hasard du calendrier, la présentation du GIGN devant Charles Hernu et les parlementaires se tient au lendemain de l'assassinat du président égyptien Anouar el-Sadate. L'un de ces députés, François Heisbourg, un spécialiste des questions de terrorisme, pose la question au commandant : «Si vous aviez assuré la sécurité de Sadate, serait-il mort ?» Christian Prouteau rétorque : «La seule chose dont je suis sûr, c'est que si l'un de mes hommes avait été à ses côtés au moment de l'attaque, les assaillants n'auraient jamais franchi les quelques mètres qui le séparaient de lui. »

L'examen achevé, il rencontre le directeur de cabinet de François Mitterrand, André Rousselet : « Je n'y connais rien, mais si François de Grossouvre estime que vous êtes la personne idoine, vous êtes nommé. » Mais Prouteau refuse le poste à deux reprises, avant de s'incliner sous la pression du futur patron de Canal+ et de sa hiérarchie. André Rousselet s'était d'ailleurs raidi : « Vous êtes militaire et vous devez obéir ! » Joignant le geste à la parole, il avait pris son téléphone, joint le patron de la gendarmerie et, regardant l'officier : « J'ai devant moi un garçon que vous connaissez bien et qui refuse le poste qu'on lui propose. J'entends que vous le convainquiez ! »

« À trente-sept ans, je rêvais encore de grand air et de terrains d'opération, confie le réfractaire. Je ne voulais pas être enfermé sous les dorures de l'Élysée. Me vint soudainement l'idée de demander à André Rousselet de voir François Mitterrand, convaincu que cela me serait refusé. Moi, un petit commandant de trente-sept balais… »

Il se lance : « J'ai bien compris que je n'avais pas d'autre choix que d'accepter la mission que vous me confiez. Mais je n'imagine pas l'endosser si la personne que je dois protéger n'a pas totalement confiance en moi. Je veux donc qu'il me le dise. »

André Rousselet prend de nouveau son téléphone, appelle le secrétariat particulier du chef de l'État, explique qu'il a devant lui l'homme qui doit prendre en charge la sécurité du Président.

« Quand peut-il le recevoir ?

— Le 13 juillet », répond la secrétaire.

Le 13 juillet 1982, veille des célébrations de la fête nationale, le gendarme est face à François Mitterrand dans son bureau. Préparant cette entrevue, il imagine abréger l'entretien en confessant qu'il n'a pas voté pour lui à l'élection présidentielle. Osera-t-il? François Mitterrand se montre affable. Il sait tout du militaire. Ses origines familiales, ses centres d'intérêt, ses faits d'armes, la composition et le fonctionnement du GIGN… Sa vie défile comme un plan média : «Il m'a scotché.»

À la fin de l'échange, le chef de l'État lâche : «Si vous me dites, compte tenu de vos états de service, que vous êtes en mesure de remplir la mission que l'on va vous confier, il n'y a pas de problème pour moi.

— Juste un mot, monsieur le Président. Sachant que vous allez me confier votre vie, je veux que vous me disiez que j'ai toute votre confiance.

— Sachez que, quand je donne ma confiance, je la donne jusqu'au moment où la personne me fait défaut.»

François Mitterrand a une manière très à lui de faire comprendre à ses interlocuteurs que l'entretien est terminé. Il enlève ses lunettes, lève la tête, puis :

«Quelque chose en plus?

— Oui, monsieur le Président, je voulais que vous sachiez une dernière chose : je n'ai pas voté pour vous.»

L'œil qui frise.

«Oh, vous savez, il y en a eu assez. Au revoir.»

Dans le secret des secrets

Le lendemain, 14 juillet, Christian Prouteau, costume sombre et Ray-Ban vissées sur le nez, est sur les Champs-Élysées, à quelques mètres de celui qu'il va protéger durant près de quatorze ans.

Le 15 au matin, il s'installe dans ses bureaux à l'Élysée, où il crée le GSPR (Groupe de Sécurité de la Présidence de la République), sous les regards hostiles d'un premier cercle qui le tient pour une tête brûlée. Aux commandes d'une centaine d'hommes, Christian Prouteau transforme l'espace rapproché de François Mitterrand, une fois qu'il a franchi le portail de l'Élysée, en un périmètre cadenassé. Avec *bodyguards* en nombre, motos suiveuses (une première) et mallettes blindées-boucliers, autre innovation là aussi. «Je suis son ombre. Je le suis partout, dans le moindre de ses déplacements, publics ou privés. Je sais qui il voit, où et dans quels contextes. Je connais l'identité de tous ses visiteurs. Son intimité n'a pas de secrets pour moi.»

Entre-temps, l'officier fait un saut aux États-Unis, à la Maison Blanche, où il visite les services attachés à la protection de son locataire. Rentré à Paris, il se fait préciser l'étendue de son périmètre d'intervention par François Mitterrand : que recouvre-t-il ? S'agit-il de lui seul ? Ou de l'ensemble de son entourage familial ? «Mitterrand m'a répondu : "Mes enfants ont leur propre service de sécurité. Mais il n'en va pas de même pour mes petits-enfants. Je ne veux pas qu'ils aient à souffrir de ma fonction avec un tas de policiers dans leur sillage. Donc vous assurerez leur sécurité. Ainsi que celle de leur mère. Vous vous occuperez également de ma sœur, Christine Gouze-Rénal.

— Et pour Madame ?

— Ne vous en occupez pas. Elle a ses propres policiers. Elle se débrouillera... Pour le reste, voyez avec Rousselet, il vous expliquera..."»

La minute suivante, Christian Prouteau est devant le directeur de cabinet :

«"Pour le reste, le Président m'a demandé de voir avec vous. Pour le reste... Je ne comprends pas.

— Ah, il vous a dit cela..." Et je vois Rousselet se lever, faire le tour du bureau, me prendre gentiment par le bras et me dire d'un ton mystérieux : "Tout ce qui est délicat est du ressort de Grossouvre. Allez le voir..."»

Un instant plus tard, Christian Prouteau est dans le bureau de François de Grossouvre.

« Que se passe-t-il ?

— André Rousselet m'a suggéré de passer vous voir. “Pour le reste”, m'a-t-il dit… De quoi s'agit-il, enfin ?

— Ah, je vois… »

Il flotte comme de l'embarras dans l'attitude du conseiller. Un soupir, et puis :

« Il faut que vous sachiez : il y a une deuxième famille. François Mitterrand a une fille qui s'appelle Mazarine, dont je suis le parrain. Et la maman est quelqu'un d'extrêmement discret. Vous entrez là dans le cercle le plus intime du Président. Tout ce qui va se dire maintenant ne doit pas sortir de cette pièce. »

Alors qu'ils se quittent, François de Grossouvre lui murmure : « Bonne chance ! Vous voilà le garant de la tranquillité du Président et le dépositaire d'un secret de famille. Tout manquement entraînera votre perte. »

« Je venais de découvrir ce que l'immense majorité ignorait à l'époque, les familiers comme la quasi-totalité de l'entourage de François Mitterrand à l'Élysée, qui ne connaissaient pas l'existence de cette autre famille dont je vais être le protecteur des années durant. »

Très rapidement, Christian Prouteau rencontre Anne Pingeot, à qui il donne un nom de code pour ses hommes. Il fait également acheter plusieurs dizaines de vélos par l'Élysée, pour ceux qui auront la charge de sa protection, la mère de Mazarine ayant indiqué que, transportant sa fille sur son porte-bagages dans Paris, elle n'avait aucunement l'intention de changer ses habitudes.

Au courant de tout et tous

Peu à peu, Prouteau s'insinue dans l'intimité d'un Président qui l'associe à un grand nombre d'événements familiaux. Il assiste au mariage de la fille de François de Grossouvre, ainsi qu'à de multiples dîners privés à Latche. Présent à chaque entrevue avec une personnalité, quand celle-ci se déroule en dehors des murs de l'Élysée. Jamais à plus d'une quinzaine de mètres de celui qui agit avec lui en toute décontraction. Qui apprend à connaître chacun des hommes, plusieurs dizaines, attachés à sa protection, jusqu'à leurs prénoms et entourages familiaux : «Il avait une totale confiance en nous. Combien de fois m'a-t-il demandé d'acheter des cadeaux, d'organiser des fêtes pour Mazarine, à chacun de ses anniversaires, de veiller à chaque détail. Seule règle absolue : le secret total.»

Christian Prouteau est au courant de tout. Pas un contact, pas une visite, pas un déplacement qu'il ne maîtrise. Robert Hersant, l'ancien patron de presse et propriétaire du *Figaro*, est de ces visiteurs que François Mitterrand reçoit à la dérobée et dont il gère l'entrée discrète à l'Élysée. Il ne faut pas que celui dont le journal étrille quotidiennement le président de la République soit vu en ces murs. «Nous avions pour cela un itinéraire *bis* dans les sous-sols de l'Élysée, qui nous aurait permis de faire rentrer un bataillon sans que personne le remarque.» Ce soir-là, le «papivore» et le chef de l'État n'évoqueront pas les manchettes au vitriol du *Figaro*, mais leur parcours commun durant la Résistance, où ils ont combattu côte à côte. «C'était un homme courageux», dit Mitterrand à Prouteau, après que le pandore a raccompagné le patron de presse par le même chemin.

«Chaque matin à l'aube ou le soir, quand ce n'était le week-end, nous faisions un point. Quand il n'y avait rien de sensible ou d'ultraconfidentiel, je traversais le bureau de Jacques Attali, qui était un point de passage obligé. Pour le reste, j'avais un mode de fonctionnement qui échappait à tous les radars. Y compris à la vigilance du même Attali. Si bien que mes hommes et moi savions tout de la vie du Président. »

En camping-car

L'organisation, sur le plan pratique, oblige Prouteau et son équipe à faire preuve d'imagination. Ainsi, quand François Mitterrand se rend chez les parents d'Anne Pingeot, dans un village reculé du nord de la France, le gendarme et ses hommes sont là.

Pas d'hôtel, ni de chambre d'hôtes, mais une planque improvisée : un camping-car spécialement aménagé qui sillonne la France en fonction des étapes que François Mitterrand décide. Ce QG mobile s'installe la veille à proximité du lieu où le Président séjourne. Il stationne à de nombreuses reprises dans la petite commune du Val-de-Marne où Anne Pingeot possède un domaine. À l'abri dans sa fourgonnette, Prouteau veille. « Avec une vue plongeante sur un lieu tenu secret, où personne n'a jamais été convié. À l'exception de Robert Badinter, une seule fois. C'est ce que nous appelions le “privé, privé”. »

Le soulagement de « Match »

Des yeux bleus qui crépitent d'une légère impatience – on ne s'abandonne pas aussi aisément aux délices du farniente de la retraite –, et l'ancien *bodyguard* confie son soulagement au moment de la révélation de l'existence de Mazarine au grand public en novembre 1994, quand

Paris Match publie les photos prises devant le restaurant des Invalides Le Divellec. « Nous étions naturellement au courant. Je connaissais parfaitement les deux photographes, je savais qu'ils planquaient depuis plusieurs jours à quelques centaines de mètres, sur le toit de l'aérogare d'Air France situé non loin. Il n'aurait fallu qu'un seul mot de François Mitterrand pour que je les en déloge et que nous saisissions les pellicules. »

Christian Prouteau adresse une note à François Mitterrand à ce sujet, qui le convoque : « Laissez faire, dit-il, qu'ils prennent leurs responsabilités. Il fallait bien que cela arrive. » C'est ainsi que les photos de Mazarine atterrissent dans les colonnes de l'hebdomadaire. Non pas que François Mitterrand ait souhaité leur publication, mais il ne voulait pas se retrouver dans la situation d'avoir à les interdire. « Contrairement à ce qui a été dit et écrit par la suite, il n'a jamais donné d'autorisation à *Match*. »

Le jour de la publication, Christian Prouteau présente platement ses excuses à François Mitterrand pour n'avoir pas pris les devants et empêché la prise de ces clichés. Il lui faut également essuyer la colère de Mazarine. Même si, quelques semaines plus tard, celle-ci accepte de prendre la pose, sur le Pont-Neuf, en couverture de *Match*, avec son compagnon Ali Baddou, « un lieu qu'elle avait elle-même choisi et que nous avions sécurisé ».

Affaires en tout genre

Ce grand flic à la modestie crédible entrouvre sa malle aux affaires. Du plus léger au plus sensible. « Un jour, Mitterrand me convoque pour quelque chose qu'il me qualifie d'entrée de "délicat". Cela concerne l'une de ses connaissances, une jeune femme de ses amis, suédoise, journaliste et écrivaine, Christina Forsne, dont il s'inquiète de la sécurité : elle serait suivie par des inconnus... "Pourriez-vous vous occuper de cela?" me demande Mitterrand. Je mets en place un dispositif de surveillance, avant de découvrir quelque temps plus tard que je me fais balader et qu'il s'agit en fait de l'une des maîtresses du Président.»

Un autre jour, c'est une affaire autrement explosive, celle de la banqueroute frauduleuse du joaillier Chaumet, en 1987, qui mobilise le super gendarme : la célèbre maison de la place Vendôme traverse une mauvaise passe. Ses propriétaires, les frères Jacques et Pierre Chaumet, viennent d'en déposer le bilan, laissant derrière eux un passif de 1,4 milliard de francs de l'époque[1]. On découvre à cette occasion que les deux hommes se sont empêtrés dans des activités bancaires illégales. Ils ont consenti des prêts sur des pierres qui leur étaient confiées, sur lesquels ils ont versé des intérêts élevés. Une centaine de clients, dont le ministre de la Justice de la cohabitation, Albin Chalandon, disposent de comptes courants grassement rémunérés. Convaincus de banqueroute, d'escroquerie, d'abus de confiance et d'exercice illégal de la profession de banquier, les frères Chaumet se retrouvent en prison. Et Albin Chalandon sur la sellette. «François Mitterrand m'avait demandé de veiller à sa sécurité. D'écarter journalistes et paparazzis, après que nous avions inspecté son appartement et vérifié qu'il n'y avait pas de micros.»

Entre le Président et le gendarme, la confiance est totale. Quand Christian Prouteau est inculpé dans l'affaire des Irlandais de Vincennes, François Mitterrand monte au créneau à la télévision pour le défendre. Le 17 septembre 1987,

1. L'affaire Chaumet avait éclaté au mois de mai 1987 quand un administrateur provisoire avait été désigné à la tête de la célèbre joaillerie de la place Vendôme, à Paris. Il était alors apparu que la maison Chaumet, deux fois centenaire et qui comptait parmi ses clients «historiques» Napoléon Ier et la reine Victoria, avait un passif de près de deux milliards de francs.

il s'indigne sur TF1 : «Je suis obligé de vous dire que j'ai la plus grande estime, que j'aime beaucoup le colonel Prouteau, qui est mon collaborateur et qui le reste, que j'ai pleine confiance en lui. Songez que c'est un homme extraordinaire.»

La fin

Leur dernier tête-à-tête s'est tenu au domicile de François Mitterrand, avenue Frédéric-Le-Play, peu de jours avant sa mort. À cette évocation, le visage du gendarme se ferme, son regard s'échappe vers la rue, une boule au fond de la gorge : «Un silence pesant, des ombres qui vous accueillent à la porte, une ambiance sépulcrale… J'entrai dans un catafalque.»

À cet instant, Christian Prouteau est un soldat sans paquetage ni affectation. C'est la mort qui prend la relève. «En pénétrant dans l'appartement, je vois dans le vestibule un buste en pierre de la sculptrice Clara Delamater, que mes hommes et moi avions offert à François Mitterrand. J'en suis ému. Lors de cet ultime entretien, il me remercie pour ma loyauté et mon dévouement. Il a un mot sur Mazarine. Et le reste m'appartient… Une chose tout de même… Je lui ai demandé que ce soient les hommes du GSPR, mes gars, qui portent son cercueil. Il n'y était pas opposé, bien au contraire. Mais le protocole imposait que ce soit la Garde républicaine qui porte sa dépouille. Il a fallu de longues négociations pour que la volonté de François Mitterrand soit respectée : c'est ainsi que des gardes républicains ont porté le cercueil jusqu'à l'avion qui l'emmenait à Jarnac. Mais, à la sortie de l'appareil et jusqu'au cimetière, c'est moi et mes gars qui avons porté sa dépouille sur nos épaules. François Mitterrand voulait être porté par ses hommes. Nous l'aurons accompagné jusqu'au bout.»

14

Julien Dray, d'un Président l'autre

Fondateur de SOS Racisme et baron noir de la gauche, Julien Dray a été un visiteur régulier et écouté – sinon entendu – du Président socialiste. Et c'est dans le crépuscule d'un déjeuner élyséen hanté par la grande faucheuse qu'il voit François Mitterrand disserter avec légèreté sur l'armée de ceux qui défilent dans son bureau : cette nuée dont le Président lui affirme alors avoir oublié la conversation et l'existence, «sitôt le café servi». Un Dray qui, des années plus tard, aura l'oreille d'un autre chef de l'État. À défaut, là encore, d'être toujours suivi.

Pas un béni-oui-oui

Julien Dray croise pour la première fois le chemin de Mitterrand en 1986. *Via* SOS Racisme. SOS? Un levier politique. Dray? Un électron libre dans le marigot socialiste, un chien de meute au service du chef de l'État. «La relation s'est nouée entre nous sans que j'entretienne des liens de courtisanerie. Je n'ai pas voulu entrer là-dedans, et François Mitterrand l'a vite compris. Quand il avait envie de me voir, j'allais à l'Élysée. Je connaissais sa secrétaire, Paulette Decraene, qui bousculait l'agenda. Il m'aimait bien, je crois. Il considérait que ce que j'avais fait avec SOS était remarquable. Et ce combat lui tenait à cœur. Investi par le PS et devenu député, il avait remarqué que je n'étais pas devenu pour autant un béni-oui-oui. Bref, il aimait mon côté frondeur. » L'ancien sniper au service de Tonton gonfle la lippe : « Mitterrand avait une certaine forme de tendresse à mon égard, me semble-t-il. »

Les allées et venues du trublion à l'Élysée ne sont pas bien accueillies, mais le hallebardier a trouvé chez le Président un bouclier : « Je bénéficiais d'une sorte de protection divine. »

Hollande reçoit trop

Poussé politiquement à l'ombre d'un Président rempart, Julien Dray fait les cent coups. Quand il ne dégoupille pas au PS, il intervient sur de nombreux dossiers, monte en première ligne sur des conflits sociaux qu'il contribue à désamorcer. Crise des agriculteurs, grève des infirmières, agitation étudiante… François Mitterrand l'écoute d'une oreille attentive quand les banlieues s'embrasent et les lycées prennent feu, avec les manifestations monstres de 1990.

C'est l'époque où Dray rencontre François Hollande : deux louveteaux mitterrandiens que bientôt rien ne sépare. Jamais l'un sans l'autre, loin de l'autre. Le premier suit le second, comme son ombre. Il est dans la coulisse quand, ensuite, François Hollande prend les commandes du parti socialiste. Et dans son équipe de campagne lors de la présidentielle de 2012. Et dans son bureau à l'Élysée quand il embrasse la fonction. Bien qu'il s'en défende – mollement –, il devient ainsi son confident.

Hollande Président ? « Quelqu'un qui a peur de l'enfermement. D'où la masse de gens qu'il rencontre. Des journalistes d'abord, auxquels il fait la chronique de sa présidence. Il va pousser l'exercice jusqu'à son paroxysme avec les deux plumes du *Monde*, Gérald Davet et Fabrice Lhomme[1]. Hollande devait se dire à mon propos : Dray est un mec qui ramène des infos, qui a son franc-parler et quelques idées. Si bien que l'on a très vite fait de moi le conseiller de l'ombre que beaucoup ont dépeint. Une réputation totalement usurpée. »

Pousser Macron

Un peu gros, le coup du «Je n'étais pas grand-chose». Julien Dray fut en vérité de ceux qui ont accompagné François Hollande tout au long de son périple élyséen. «Juju les bons tuyaux», toujours en embuscade et à la rescousse, toujours sur le qui-vive, branché 24/24 sur son portable d'où il envoie des pluies de SMS, comme autant de confettis à son client de Président.

S'il jure ne s'être jamais mêlé du « Gayet Gate », le soap le plus délirant qu'ait connu la Ve République avec scooter, une de *Closer* et scandale à la clé, il confesse avoir mis en piste Emmanuel Macron, quand celui-ci est nommé à Bercy. Une bricole, là encore, si on l'écoute. « C'est moi, en effet, qui l'amène un jour à Hollande. Je l'avais repéré parmi son armée de conseillers : intelligent, attachant et très à l'aise sur des dossiers pas faciles, qu'il avait réglés avec une grande agilité. "Celui-là, c'est l'un des bons, avais-je dit au Président. Tu as auprès de toi un mec que tu devrais surveiller." "Tu crois ?" m'avait-il répondu. "Oui je suis sûr, c'est un très bon." »

1. *« Un Président ne devrait pas dire ça… », op. cit.*

15

Serge Moati, le fidèle cathodique

Le rapport à l'opinion, la théâtralisation du discours, l'image et les mots du Président... La communication est une question au cœur des préoccupations dans l'Élysée de Mitterrand. Artisanale, balbutiante durant les années de Gaulle, Pompidou et Giscard, elle prend une autre dimension avec le Président socialiste. L'homme du 10 mai ouvre toutes grandes les portes de son bureau à une génération de communicants – on l'a vu – qui va bouleverser les codes et prendre souche au Palais.

À la vie, à la mort

L'un des premiers à apparaître dans le paysage est Serge Moati, un cinéaste et documentariste que François Mitterrand harponne dans les travées du congrès d'Épinay, en 1971. Peu avant cette rencontre, on l'a vu interpeller l'un des cadres du PS, Claude Estier : « Il n'y a pas un type qui connaisse un peu la télé, dans ce parti ? » Estier désigne du doigt Serge Moati, d'un air dépité. Du genre : « On n'a que ça... » C'est ainsi que l'intéressé interprète aujourd'hui le geste : « Je vois alors François Mitterrand se diriger vers moi, comme à reculons, et me lancer : "Je connaissais le cinéaste Serge Moati, mais je ne connaissais pas le camarade." J'ai trouvé cela très fort de sa part… En un dixième de seconde, j'étais dans sa poche, fidèle à François Mitterrand dès ce moment-là et jusqu'à sa mort. »

L'angoisse de Mitterrand

Le soir même, Serge Moati se rend aux studios de la rue Cognacq-Jay, où François Mitterrand est attendu. « Et les emmerdes commencent ! » commente le réalisateur. Accompagné de sa suite, le premier secrétaire du PS, qui sort d'une voiture, passe devant le P-DG de l'ORTF, Arthur Conte, auquel il refuse de serrer la main.

« Mais pourquoi faites-vous cela ? murmure le cinéaste.

— Parce que c'est un traître ! » siffle Mitterrand.

Le cortège descend sur le plateau où le leader de la gauche dit son malaise. « Je tente de le raisonner, de lui expliquer la configuration des lieux, l'absolue banalité du dispositif technique, bref, je tente d'apaiser ses craintes.

— C'est un trou noir, un œil qui fouille, qui vous fixe, me dit-il.

— Mais il y a derrière ces caméras des techniciens, des syndicalistes, des hommes et des femmes qui vous sont proches, de futurs électeurs. Ne pensez pas à l'œil noir, mais plutôt à leur parler.

— Peut-être…, soupire Mitterrand, qui hausse les épaules.

Me vint brusquement cette phrase : "Imaginez des jeunes femmes qui ont envie de vous écouter, de vous rencontrer…" J'ai senti comme un soulagement. Dans son œil qui frise, un éclair. Et il a ri. »

Consulté sans cesse

C'est le début d'un long compagnonnage. Serge Moati est de ces hommes de télévision que François Mitterrand a longuement consultés. Au PS d'abord, au Palais-Bourbon et à l'Élysée ensuite.

Glissons sur les années d'apprentissage, quand la figure du PS suit des séances de training au milieu des années 1970. Une scène parmi d'autres, peu avant le second tour de l'élection présidentielle de 1974 : « Nous sommes au domicile de Laurent Fabius, où, pour les besoins d'une répétition, celui-ci endosse le rôle de Giscard, calvitie oblige… Équipé d'une petite caméra de fortune, je les interroge l'un et l'autre dans les conditions d'une interview classique. Fabius y va naturellement sur les questions économiques, que François Mitterrand maîtrise alors assez mal. Et je le vois s'irriter : "Écoutez, Fabius, ne me parlez pas comme ça ! Vous ne croyez pas que vous en faites un peu trop ! Ce n'est pas parce que vous avez le crâne chauve, vous aussi, qu'il faut vous prendre pour Giscard !" François Mitterrand s'est levé et il a claqué la porte. »

L'entre-deux-tours de l'élection de 1981 est l'occasion d'un autre incident, plus sérieux celui-ci. François Mitterrand, qui redoute le face-à-face avec Valéry Giscard d'Estaing, charge Robert Badinter de rédiger un cahier des charges à ce point contraignant que VGE n'aura pas d'autre choix que de le refuser. « Je l'entends encore me dire à l'oreille : "Faites en sorte qu'il n'accepte pas…" » Mais, à l'étonnement du cinéaste et de l'avocat, les exigences, qui vont à l'encontre des intérêts d'un état-major giscardien convaincu de la victoire prochaine de VGE, le document est accepté : « J'ai senti sur moi un regard de haine quand j'ai annoncé la nouvelle à Mitterrand. Je ne travaille qu'avec des cons, pouvais-je lire dans ses yeux. »

Le 9 mai 1981, soir du débat, Serge Moati est dans la loge de maquillage. Assis sur un fauteuil face à un miroir, Mitterrand attend, immobile. Son masque d'urbanité a disparu. Debout derrière lui, le cinéaste se tient silencieux, un tensiomètre à la place des yeux. « Qu'inventer, que dire à ce moment-là à quelqu'un qui s'apprête à vivre l'un des moments les plus importants de sa vie ? Lui parler politique, économie ou technique ? Idiot. C'est comme un comédien : il ne faut jamais évoquer la scène qu'il s'apprête à jouer. Allez savoir pourquoi, je lui ai parlé de ma famille. Je me souviens de lui avoir dit qu'à ce moment précis je pensais à mes parents.

« "Vos parents ?

« — Oui, ils sont morts, et mon père, qui était socialiste, aurait été fier de me voir à vos côtés, dans ce moment si particulier…"

« Que n'avais-je déclenché en prononçant ces mots… J'ai vu François Mitterrand se raidir et se lever pour aller s'isoler dans un coin de cette petite pièce. Et se mettre à pleurer.

« "Moi aussi, je sens leur présence, murmura-t-il. Il y a comme des forces de l'esprit autour de nous." Il repensait à voix haute à sa mère, à laquelle il était follement attaché, à son père, enterré au cimetière de Jarnac, avec les rivières en crue qui le jalonnent… Des minutes que je n'oublierai jamais… »

Ses entrées à l'Élysée

17 juin 1981, Serge Moati foule les graviers de la cour d'honneur de l'Élysée, des étincelles dans les yeux. À partir de cette date, derrière la caméra, il va réaliser un grand nombre d'interventions télévisées du chef de l'État :

des messages et vœux à la nation, jusqu'à ceux crépusculaires de 1994.

Quand il se rend au Palais, il emprunte la grille du Coq. « Des huissiers un peu endormis, des policiers légèrement assoupis et un calme impressionnant. Je retrouve le Président dans son grand bureau vide. Allez savoir pourquoi, mais il ne fallait pas que l'on me voie franchir l'entrée principale. D'autant plus étonnant que mes rencontres avec François Mitterrand n'ont rien de stratégique. Les questions que nous évoquons sont généralement anecdotiques. Des bêtises, le plus souvent… »

Un exemple ? Moati, que François Mitterrand a nommé entre-temps directeur général de France 3, est convoqué d'urgence un soir à l'Élysée. Il s'y précipite et trouve le chef de l'État sur le seuil de son bureau, un pardessus sur le dos : « Venez, allons faire quelques pas dans le parc, si vous le voulez bien. » La nuit est noire, les deux hommes se mettent à marcher. François Mitterrand parle de tout et de rien, raille un patron de chaîne qui fait son siège ; sème, à propos d'un grand vin qu'il vient de déguster, un néologisme si précis que Serge Moati se demande s'il existe vraiment – son « infantilité ».

Puis il s'arrête.

« Je peux vous demander quelque chose ? » Perplexe, son visiteur tend l'oreille. « Ce n'est pas politique… Et si je vous demande cela à vous, plutôt qu'à un autre, c'est parce que vous avez une image culturelle impeccable, pas critiquable… Ça va sans doute vous surprendre, mais on me dit que Guy Lux ne va pas bien du tout. Faites-le revenir. »

D'autres conversations portent, par la suite, sur des sujets moins triviaux : les grandes réformes de l'audiovisuel, la création de Canal+, les nominations dans les chaînes, la présence souhaitée de journalistes communistes dans les rédactions de FR3 ou la composition de la commission Moinot, un aréopage chargé de plancher sur l'avenir de la télé, dont les travaux se déroulent au Moulin d'Andé, une bâtisse du XIIe siècle classée monument historique, où les adversaires de l'OAS – dont Moati fit partie – se réunissaient en secret durant la guerre d'Algérie : « Une clandestinité qui avait réjoui le résistant Mitterrand. »

Il y a le retour souhaité de Guy Lux, mais également la volonté de réhabiliter quelques figures du petit écran bannies avec l'arrivée de la gauche au pouvoir. C'est le cas du journaliste d'Antenne 2 Jean-Pierre Elkabbach. « Dites-lui bien que je n'ai rien contre lui et qu'il va retrouver un poste. »

Se voir offrir une chaîne

Lors de la garden-party du 14 juillet 1982, dans les jardins de l'Élysée, Serge Moati aperçoit François Mitterrand à la fenêtre de son bureau qui, d'un geste de la main, l'invite à le rejoindre :

« Comment allez-vous ? lui lance le Président, qui trouve le cinéaste en petite forme. Je sais que vous vous impatientez, et j'ai une bonne nouvelle pour vous. Quelle chaîne voulez-vous ? La 2, la 3 ?

— La 3. Merci, monsieur le Président. »

Le chef de l'État joint son directeur de cabinet, André Rousselet : « Dites-moi, nous n'avons personne en vue sur la 3 si je ne me trompe pas ? Bien. Ce sera donc Serge Moati. »

Du jour où il est nommé, le nouveau patron de FR3 devient un visiteur assidu. La chaîne, qui occupe une place stratégique sur la cartographie politique du pays, est surveillée comme le lait sur le feu. « Chose sidérante, François Mitterrand sait absolument tout de cette chaîne, des hommes et des femmes qui la composent à sa tête. Sans un papier et la moindre note, je l'entends me dire : "Où en êtes-vous à Rennes ? Qu'en est-il de M. Untel à Limoges, qui est le rédacteur en chef dans telle ville, avant de se voir offrir une promotion dans telle autre ? Avez-vous été assez regardant sur le directeur en poste à Lille ?" J'étais abasourdi. Et j'ai vite compris aussi que, ayant souffert de l'ORTF, il ne voulait pas d'un coup d'État larvé à l'intérieur des chaînes publiques. »

Partir, revenir

Lors de la première cohabitation en 1986, avec la nomination de Jacques Chirac à Matignon, Serge Moati choisit de démissionner. Peur de la réprimande : il profite de l'absence de François Mitterrand, en voyage à l'étranger, pour officialiser son départ : « On ne quitte pas un champ de bataille ! Vous aviez ma confiance. Ce que vous faites est épouvantable », tonne le Président à son retour : « J'ai vu dans son regard qu'il me prenait pour un sauteur », se souvient le cinéaste.

La fâcherie dure deux ans : jusqu'au scrutin présidentiel de 1988. Là, Serge Moati retrouve le chemin du Palais, où Jacques Pilhan et Gérard Colé ont pris en main la communication du chef de l'État : deux « spin doctors » appointés face à un militant bénévole. Fidélité et dévotion : c'est ce qui plaît à François Mitterrand, qui lui conserve son affection malgré la désertion de 1986.

Le cinéaste est à ses côtés lors des vœux aux Français du 31 décembre 1994, un message que l'homme affaibli par la maladie ponctue d'une formule qui fait florès : « Je crois aux forces de l'esprit et je ne vous quitte pas. »

Quelques heures avant qu'il ne prononce ces mots devant une caméra installée dans une petite bibliothèque voisine de ses appartements privés, François Mitterrand a invité l'ancien patron de chaîne à le rejoindre. Serge Moati se rend à l'Élysée en toute fin de journée. Il fait noir, le château s'est vidé et le chef de l'État est introuvable. Un huissier l'informe : le Président est dans ses appartements.

Moati prend l'ascenseur et se dirige vers une porte qu'il connaît bien : il frappe. Pas de réponse. Il frappe de nouveau et entend une voix étouffée qui lui commande d'entrer. Une première pièce : personne. Puis, un peu plus loin, la chambre à coucher où il découvre François Mitterrand sur son lit. Habillé d'un tricot de corps et d'un pantalon de pyjama, il apparaît amaigri et fatigué. Le spectacle est saisissant. «J'ai mal, aidez-moi à me redresser... C'est comme si j'avais la Gestapo en moi. Venez... !»

Le réalisateur se rapproche, l'aide à se lever. «Travaillons», lance Mitterrand, qui lui tend le texte de son allocution.

«Nous avons répété de longues minutes dans une ambiance crépusculaire. Lui assis sur une chaise, et moi face à lui, debout, son texte entre les mains : j'étais une sorte de prompteur vivant. "Vous savez que, l'année prochaine, je ne serai plus là : les forces de l'esprit, qui m'habitent, m'auront emporté", me dit-il d'un ton paisible.»

La répétition achevée, Serge Moati aide François Mitterrand à s'habiller. Puis ils quittent la chambre pour se diriger vers un petit studio improvisé où les attendent l'équipe de tournage, ainsi que quelques intimes, dont Danielle Mitterrand et Roland Dumas.

«Et j'ai vu cet homme au bout de lui-même, qui tenait à peine debout quelques instants plus tôt, retrouver toute sa vigueur le temps d'une prise. Comme si cette caméra avait des vertus thérapeutiques. C'est la toute dernière image que je conserve de lui.»

16

Laure Adler, la visiteuse dans la lessiveuse

Un jour de mai 1990. « Bonjour, auriez-vous l'amabilité de vous rendre à l'Élysée où le président de la République vous attend. » La voix est pompeuse. Croyant à une blague, Laure Adler éclate de rire. La productrice des « Nuits magnétiques », sur France Culture, raccroche. Et le fait à trois reprises. Alors c'est Jean-Louis Bianco qui l'appelle à son tour et lui confirme qu'elle a bien rendez-vous le lendemain, samedi après-midi, à 15 heures, avec le chef de l'État.

Laure Adler se présente à l'heure convenue devant la guérite du Palais, en franchit le porche, montre patte blanche et traverse la cour. En haut du perron, un huissier l'attend, qui l'entraîne dans le grand escalier menant à l'étage. Jean-Louis Bianco vient à sa rencontre. « Le Président m'a chargé de vous accueillir, il va nous rejoindre. » Elle jette un regard alentour, s'abîme les yeux sur les enluminures qu'elle dévore : jamais elle n'aurait imaginé se retrouver un jour ici, à quelques pas de ce chef de l'État pour lequel elle a une dévotion christique. Ce qui n'est pas sans poser quelques problèmes chez les Clauzet : Mitterrand est un sujet de discorde au sein de cette famille originaire de Chamalières (fief de Valéry Giscard d'Estaing), qui vote à droite de génération en génération, et où l'on se désole de l'« égarement » de la petite dernière, qui enflamme des dîners écourtés d'un claquement de porte.

« Savez-vous pourquoi le Président veut me voir ?

— Je ne sais pas, c'est à lui de vous le dire. »

L'heure tourne, la porte s'ouvre. Dans l'embrasure, François Mitterrand : « Pardonnez-moi, je n'ai pas vu le temps passer. J'étais en train de regarder un match de rugby. » Entre le fond de teint et l'eye-liner, une pâleur soudaine sur le visage de la jeune femme, qui bredouille quelques mots.

« Venez avec moi. » D'un envol de main, Mitterrand l'entraîne dans son bureau. Attrape un livre au vol et part dans un long monologue sur la révolution de 1848, une période de l'histoire que Laure Adler dit bien connaître.

« "Savez-vous que j'ai consacré ma thèse au féminisme en 1848 ?" J'ai vu Mitterrand lever les sourcils et sourire.

"Venons-en aux faits. Il faut que je trouve trois noms, trois nouveaux membres pour le CSA. Est-ce que cela vous intéresse ?

— Non, monsieur le Président, ça ne m'intéresse pas !

— Ah bon ? Vous voyez ces parapheurs : ce sont des gens qui me demandent en permanence des postes ou des gratifications. Et vous, non ?

— Non, pas moi." »

Elle rit.

Mitterrand se lève, fait le tour de son bureau et sort d'un tiroir une feuille noircie de noms : « Regardez, ce sont tous ceux qui font mon siège pour obtenir le poste que vous déclinez. Tant pis pour vous. »

Fin de l'entretien.

Des déjeuners et des secrets

Ce tête-à-tête ne serait resté qu'un souvenir ébouriffant si Jean-Louis Bianco ne l'avait recontactée quelques jours plus tard. Cette fois-ci, pour un déjeuner «avec le Président». Le premier d'une longue série, le plus souvent en présence d'intellectuels, de politiques et d'artistes : une multitude entre gotha et bohème – Roland Dumas, le journaliste Pierre Péan, Serge Reggiani, «qui entretenait une relation très forte avec Mitterrand», dit-elle. Jane Birkin, aussi, «dont je découvre à cette occasion l'importance qu'elle revêt dans le cœur du Président». En raison d'un fait ignoré de beaucoup : les parents de la comédienne et chanteuse, des résistants, l'ont aidé à rejoindre l'Angleterre durant l'Occupation.

Laure Adler entre subrepticement dans le premier cercle de François Mitterrand. Le Président ne le lui dit pas, mais il sait ses liens avec Anne Pingeot. Les deux femmes ont partagé les mêmes bancs au lycée Blaise-Pascal de Clermont-Ferrand. Si bien qu'elle connaît depuis longtemps l'existence de Mazarine. «Il savait tout de moi. Comme il savait tout de ma famille : leurs origines, leurs convictions politiques, leur parcours professionnel… L'existence de Mazarine fut un secret partagé. Mais à aucun moment le sujet ne fut abordé. Et cela même s'il m'est arrivé ensuite, une fois en poste à l'Élysée, d'organiser des moments d'intimité pour François Mitterrand et sa fille, des week-ends, des restaurants.»

Devenue conseillère

Lorsque Anne Pingeot est nommée conservatrice au musée d'Orsay, c'est Laure Adler qui pointe sa nomination dans une note adressée à François Mitterrand, qu'elle agrémente dans la marge d'un point d'exclamation – comme un clin d'œil.

Entre-temps, Laure Adler a accepté les fonctions de conseillère culturelle à l'Élysée. Cardigan rouge sang, minijupe, talons aiguilles : les gendarmes en faction la remarquent à son arrivée, le premier jour. L'une des collaboratrices du Président la happe au détour d'un couloir : « T'es folle, retourne chez toi ! File t'acheter trois costumes et surtout évite ce type d'accoutrement ! » Laure Adler, qui ne change rien, s'affranchit des codes vestimentaires d'un Palais aux règles corsetées.

Un jour, c'est l'annonce de son passage dans l'émission littéraire de Bernard Pivot qui crée du remue-ménage. On lui fait le reproche de ne pas avoir demandé l'autorisation. François Mitterrand la convoque : « Vous allez donc chez Bernard Pivot ? Mais pourquoi ? » interroge-t-il, plongé dans la lecture d'un communiqué rédigé quelques minutes plus tôt par elle en mémoire du metteur en scène et dramaturge Antoine Vitez, qui vient de décéder.

« Vous allez vous apercevoir très vite que votre boulot n'est pas très drôle. Des morts, toujours des morts…

— J'ai répondu à l'invitation de Bernard Pivot pour un livre que je viens de publier sur la vie quotidienne dans les maisons closes. »

François Mitterrand éclate de rire.

« Vous savez que la maison dans laquelle vous travaillez désormais est une ancienne maison close ? Venez, je vais vous la faire visiter. »

Il se lève, ouvre des bras comme des ailes d'albatros et l'entraîne dans les salons, couloirs et coursives d'un Palais dont il semble connaître chaque recoin.

L'Élysée, vivarium à courtisans

« François Mitterrand et moi avions une relation très romanesque. J'avais pour lui l'affection que l'on peut témoigner pour un jeune grand-père. »

Mais l'Élysée n'est pas fait pour elle. La jeune femme ne cache pas la terreur que lui inspire le lieu : ce vivarium peuplé de courtisans glacés où les plus fragiles se trouvent pris entre des cercles de haine, comme dans un étau. « Atterrée » par la brutalité des rapports et par l'obséquiosité et les ronds de jambe d'une « Cour à plat ventre », elle glisse un jour au chef de l'État :

« N'êtes-vous pas fatigué de tous ces courtisans qui pérorent devant vous ? Qui vous coupent la parole tout en multipliant les « monsieur le Président » par-ci, « monsieur le Président » par-là ?

— Je ne me rends plus compte, mais je pense que vous avez raison. C'est la nature humaine… »

Dans la pièce qu'elle occupe dans les étages, Laure Adler reçoit tout ce que Paris compte d'artistes, d'auteurs, d'architectes, de directeurs d'orchestre et de grandes institutions culturelles : une pièce devenue l'antichambre du bureau d'un Président difficilement accessible. « Tous suppliaient pour le voir… » Un jour, c'est quelqu'un qui réclame sa rosette ; un autre jour, un comédien qui brigue la direction d'un théâtre national, un cinéaste qui demande une aide financière pour son prochain film. La vie à l'Élysée ? « L'impression d'être dans une lessiveuse qui vous tord et vous sèche. Et qui brise les moins aguerris. »

« Laure Adler est d'une génération qui, pour avoir approché le pouvoir de près, s'est mise à douter de ce que la politique pouvait apporter », analyse l'un de ses familiers. Mais François Mitterrand veille… Il la couve d'une attention protectrice. Il lui demande le prénom de ses enfants et leurs dates de naissance respectives. Interloquée, elle comprend quand, à chaque anniversaire, François Mitterrand leur téléphone. Quand elle accouche de l'une de ses filles, il trouve l'hôpital où elle a été admise. Une infirmière vient la voir dans sa chambre et lui annonce que le président de la République cherche à la joindre : «J'ai besoin de vous voir dès demain, je vous attends. Ne vous inquiétez pas pour votre petite fille, il y a une crèche à l'Élysée.» Et il raccroche.

François Mitterrand l'associe également étroitement aux quelques grands chantiers de son premier septennat. Celui de la Très Grande Bibliothèque, notamment, dont on la voit visiter les fondations en sa compagnie. De même qu'ils arpentent ensemble les jardins du Louvre où le secrétaire d'État en charge des Grands Travaux, Émile Biasini, supervise l'ordonnancement paysager.

Qui inviter ?

À l'Élysée, la conseillère organise aussi les plans de table des déjeuners et dîners de François Mitterrand, dont elle égraine devant lui la liste des invités auxquels elle pense.

«Catherine Deneuve ?

— Pourquoi pas, je l'apprécie.

— Jeanne Moreau ?»

François Mitterrand lève les yeux au ciel et soupire.

«Moreau ? Non ! En revanche, j'aimerais bien rencontrer Sophie Marceau…

— Et Julien Clerc ?

— Ah oui ! Je l'aime beaucoup !»

Nombreuses et nombreux sont celles et ceux que François Mitterrand raye des listes d'une plume rageuse. C'est le cas du journaliste fondateur de Mediapart, à l'époque à la tête de la rédaction du *Monde*, Edwy Plenel.

Laure Adler dit avoir tout tenté pour raccommoder le patron de presse et le locataire de l'Élysée.

« Vous semblez aimer ce coupeur de têtes ? » lui lance même François Mitterrand qui a de vifs échanges avec sa jeune conseillère au moment de l'affaire Bousquet et des révélations de Pierre Péan.

Ses lèvres se cousent : Laure Adler ne dit pas si ce sujet est à l'origine de sa prise de distance avec le Président défunt et de son départ. Quand elle l'informe de son souhait de quitter l'Élysée, en 1992, pour rejoindre France Télévisions, François Mitterrand la convoque. Sarcastique : « Je m'étais habitué à tous vos défauts. Comment vais-je faire désormais, maintenant que vous m'abandonnez ? »

17

Guillaume Durand, balades et déjeuner

Guillaume Durand est de ceux qui ont trimé pour l'atteindre. L'ancien animateur tonitruant ne réussit pas à bazarder le souvenir de ses années de galère, quand, journaliste à la cote pourtant flambante, sur Europe 1, au début des années 1980, il peine à obtenir un rendez-vous avec François Mitterrand, ce Président à la porte duquel il tambourine longtemps sans succès.

Pour ces années 1980 évanouies, il garde une tendresse amusée. Raconte en avoir été réduit à boire des coups avec le chauffeur de François Mitterrand, Pierre Tourlier, qui l'informait des habitudes de son patron. Et se souvient de sa montée d'adrénaline quand, enfin, le secrétariat du chef de l'État lui téléphona un matin : « Seriez-vous libre pour un rendez-vous avec le Président ? »

Balades dans le parc

Et le voilà dans la place. Une première rencontre suivie d'autres. Ses visites à l'Élysée se bornent le plus souvent à des balades avec le chef de l'État dans le parc, à des échanges sur le cours de l'art et les grandes expositions du moment. Pas de déférence exagérée chez ce garçon qui ne résiste toutefois pas à la manie du *name dropping*, du jeté de noms de célébrités comme il en est du jeté de cartes hors du sabot sur un tapis de croupier. Hallyday, Gainsbourg, Warhol, Montand, Hersant, Godard… François Mitterrand aime le côté canaille de ce roi de l'entregent et jetsetteur, qui lui raconte son compagnonnage avec Julien Clerc, ses soirées chez Roman Polanski.

« Hulot ? » Un hurluberlu

Quelques anecdotes, certaines savoureuses, rapportées aujourd'hui par celui qui officie, entre autres, sur Radio Classique, complètent le personnage Mitterrand. Un jour qu'ils déjeunent en tête à tête à l'Élysée, l'huissier ouvre la porte et lance : « Monsieur le Président, votre épouse. » Et le chef de l'État de murmurer : « Attention, Guillaume, voilà les Kurdes… »

Une autre fois, Durand insiste pour que François Mitterrand reçoive le globe-trotteur de TF1, Nicolas Hulot. « Hulot ? Un agité, un hurluberlu, sans idées ni épaisseur », réagit le Président, avant d'accepter. Racontée par Guillaume Durand, la suite est le récit d'un calvaire. Introduit par un huissier dans le bureau, Nicolas Hulot fait quelques pas, puis s'arrête, immobile. Statue de sel penchée sur son bureau, Mitterrand parcourt des notes. Pas un mot ni un regard. Les secondes passent. Puis : « Si vous pouviez repasser un autre jour, je n'ai pas le temps de vous parler. » L'écolo-bateleur quitte la pièce.

Un ultime hommage

Dernière scène, été 1995 à Biarritz. La piscine de l'Hôtel du Palais, Guillaume Durand fait des longueurs.

Un maître-nageur s'approche : «Y a un type qui se fait passer pour Mitterrand. Il a appelé trois fois», prévient-il. «J'ai cru à une blague, avant de joindre le Président, qui me demande de venir à Latche. Je troque ma Ferrari pour une voiture de location plus discrète, achète des fringues et me rends chez lui avec ma femme. Je découvre un homme très faible que soutiennent des membres du GSPR et son médecin personnel.

— Vous vouliez me voir, monsieur le Président?

— Oui, car je vous dois une fière chandelle et je voulais que vous le sachiez. L'émission que nous avons faite ensemble a changé la signature de ma fin de mandat.»

François Mitterrand fait allusion à une émission à laquelle il a participé trois ans plus tôt, le 20 septembre 1992 à la Sorbonne, quelques jours avant le référendum sur le traité de Maastricht, et dont Guillaume Durand fut l'homme-orchestre.

«J'en fus bouleversé. Comment cet homme au crépuscule de sa vie, dont je n'étais pas du premier cercle, ni du second, que je connaissais finalement assez peu, avait-il eu la présence d'esprit de me remercier de la sorte? Pour le simple fait d'avoir été à ses côtés à un moment charnière de son long parcours politique?»

Sans doute est-ce cet art de donner de l'importance aux autres, de savoir beaucoup sur eux et de le leur montrer, qui explique que tant de personnalités venues le visiter ou ayant travaillé avec lui restent encore mitterrandophiles, sinon mitterrandolâtres!

Intermède

Julien Clerc

« Est-ce que cela vous intéresse de rencontrer le premier secrétaire ? Il vous aime beaucoup... » Nous sommes quelques mois avant l'échéance de mai 1981, et l'avocate et militante féministe Gisèle Halimi propose à Julien Clerc de déjeuner avec François Mitterrand. Comme quelques autres artistes, dont il aimait s'entourer, Julien Clerc fut un familier du chef de l'État. « J'ai naturellement dit oui, d'autant plus que je venais de lire *La Paille et le Grain*[1], cette bible que les socialistes pur jus, et pas seulement, s'arrachaient, et qui m'avait beaucoup plu. Je lui avais d'ailleurs envoyé une lettre pour lui exprimer tout le bien que je pensais de son ouvrage. »

C'est ainsi que Julien Clerc et sa compagne de l'époque, la comédienne Miou-Miou, se retrouvent attablés avec François Mitterrand au domicile de l'avocate. « C'était une soirée formidable. En merveilleux conteur qu'il était, Mitterrand avait fait de longues digressions littéraires et historiques, tout en faisant sauter sur ses genoux notre fille, Angèle. Il avait notamment raconté une histoire formidable qui remontait à l'entre-deux-tours de l'élection présidentielle de 1965, “une époque à laquelle, souvenez-vous,

1. Paru aux éditions Flammarion en 1975.

nous avait-il dit, de Gaulle avait déclaré à la télévision que je l'avais mis en ballottage. Ce à quoi j'avais répondu dans les médias que moi aussi il m'avait mis en ballottage"… Raconté avec la verve et le ton de Mitterrand, c'était d'une drôlerie irrésistible. D'une vivacité qui m'a toujours semblé inouïe, il était également d'une impatience sensible avec ceux qui ne le suivaient pas dans ses conversations. »

Qui, dans le show-biz, approche François Mitterrand à quelques mois du premier tour ? « De plus en plus de monde », témoigne le chanteur. Une foire d'empoigne, avec le frémissement des sondages et ce parfum de victoire qui inonde alors la France. Julien Clerc est l'un des rares artistes à nouer très tôt une relation forte avec François Mitterrand, bien avant que ne démarre la campagne présidentielle. Durant ce même dîner, l'homme du 10 mai 1981 revient sur un incident qui l'avait marqué : une suite de pépins techniques sur un plateau de télévision où il avait été invité. « Et qu'avez-vous tiré de cet incident, comme enseignements ? » lui demande l'artiste. « J'en ai conclu qu'il valait mieux avoir la télévision avec soi », répond-il, le fixant intensément.

Aussitôt élu, François Mitterrand invite Julien Clerc à plusieurs reprises, à déjeuner ou à dîner, à l'Élysée. Se bousculent à la table présidentielle des têtes qui lui sont familières : Renaud, Françoise Sagan, Robert Hossein, Jean-Claude Brialy, Serge Gainsbourg, Jane Birkin, Barbara… « Ce qui m'avait frappé, c'est que l'on attendait dans un petit salon vert meublé de canapés et de divans sur lesquels personne n'osait s'asseoir. Jacques Attali passait une tête pour photographier intérieurement les visiteurs que nous étions. Et Mitterrand apparaissait. Il s'asseyait au bout de l'un de ces canapés. Et nous restions debout à l'écouter. Mon ex-femme d'alors, qui appartenait à la bourgeoisie bordelaise, était très jolie. Habillée très court, elle semblait affrioler Mitterrand, dont l'œil se faisait loupe.

Je l'entends encore lui dire : "Mais vos parents doivent être effarés de vous savoir ici à l'Élysée, à mes côtés !" Puis, se retournant brusquement vers Françoise Sagan, qui parlait toujours extrêmement vite, il lui avait lancé, un brin agacé : "Plus je vous vois, Françoise, moins je vous comprends." Et Sagan de répliquer : "Et moi, plus je vous vois, moins je comprends ce que vous faites !" Piquant et drôle. »

Les relations entre l'homme d'État et le chanteur sont étonnantes. Le président de la République a une familiarité respectueuse avec ce garçon de trente ans son cadet. François Mitterrand lui adresse ponctuellement de petits mots vite griffonnés, où il s'excuse de ne pas avoir eu le temps de se déplacer à l'un de ses concerts, comme il s'y était engagé. Rentrant un jour d'un voyage à l'étranger, il se rend directement de l'aéroport du Bourget au Grand Rex, à Paris, où l'artiste donne un gala. Ce soir-là, le Président est accompagné d'une petite fille, dont Julien Clerc apprendra un peu plus tard le prénom : Mazarine. À la fin du concert, le Président rejoint le chanteur dans sa loge où ils échangent amicalement. Julien Clerc évoque la difficulté qu'il a pour obtenir de l'épouse de Boris Vian l'autorisation d'emprunter l'un de ses textes, qu'il veut adapter. « "Une vieille femme pas facile", lui dis-je. Et Mitterrand de me répondre d'un sourire espiègle : "Vous savez, les vieilles femmes, c'est bien aussi…" »

François Mitterrand est invité à dîner à plusieurs reprises au domicile parisien de l'artiste, qui avoue « un trac indicible ». Sur son lit d'insomnie, il passe des heures à imaginer des plans de table dignes d'un protocole du Quai d'Orsay. « Je voulais lui faire plaisir, rendre l'assemblée intéressante, sans commettre d'impair. » La tâche est d'autant plus stressante que le chef de l'État ne demande jamais le nom des autres invités conviés. Deux jours avant, des policiers viennent repérer les lieux. C'est ensuite l'une des secrétaires du locataire de l'Élysée qui joint l'artiste : «Le Président sera là à 9 heures.»

«Et, à 9 heures tapantes, ça sonne. Délicieux détail : Mitterrand met un point d'honneur à sonner seul. Le policier qui l'accompagne a pour consigne de se tenir en retrait, à l'étage inférieur. Tout est ainsi codifié. Et c'est très appréciable.»

Pour le premier dîner, le chanteur a convié Nicole Garcia et Renaud, lequel envoie régulièrement des cartes postales insolentes à François Mitterrand, ce Tonton qu'il enjoint de ne pas laisser «béton» dans l'une de ses chansons.

«J'avais également convié Dominique Lavanant, que je savais et qu'il savait profondément antisocialiste : une opposante notoire que j'avais suppliée de venir et qui se trimbalait toujours avec des mecs en loden. Ça l'avait beaucoup amusé… Ce fut un dîner d'autant plus instructif que la France venait d'accueillir le dictateur d'Haïti, Duvalier. Si bien que Renaud l'avait attaqué là-dessus à un moment de la soirée, "Ça la fout mal…" Et j'entends encore Mitterrand lui répondre : "Mais je ne peux pas le noyer, tout de même…"»

Puis vint – c'était inexorable, comme un rituel – le moment du monologue, où il faut à l'assistance tendre l'oreille. Le dîner s'achève, et François Mitterrand s'embarque dans un toboggan d'images et de mots, en haute altitude. «Nous étions alors au confluent de la poésie, de la littérature et de la géopolitique. C'était et ce sera, il faut l'avouer, toujours d'une grande élévation intellectuelle.»

Les visites à l'Élysée et les repas privés s'enchaînent. Un soir, c'est Françoise Hardy, Catherine Deneuve, Maxime Le Forestier et le footballeur Jean Tigana qui sont attablés autour du Président, au domicile de l'artiste. Un Mitterrand loquace qui parle de tout, y compris de foot.

Se tournant vers Tigana : « Ça ne va pas très bien à Bordeaux en ce moment, hein ? Quatorzième, ce n'est pas terrible. » Il sait tout du championnat de France, de la place de chacun, de la situation du club girondin et de la carrière du footballeur. Puis, sautant d'un sujet à l'autre, Mitterrand évoque les conditions épiques de sa toute première rencontre avec Ronald Reagan sur un destroyer américain mouillant au large de La Nouvelle-Orléans. « Très en verve, il s'est arrêté ensuite sur une réunion du G7 au cours de laquelle il avait évoqué avec Reagan, au moment du dîner, leur victoire commune face aux Anglais, au XVIIe siècle. Margaret Thatcher, qui était assise à leurs côtés, s'était figée et avait lancé aux deux hommes : "Si j'avais été Premier ministre à l'époque, ça ne se serait pas passé comme ça !" Raconté par Mitterrand, c'était un délice. »

Les relations entre François Mitterrand et Julien Clerc ont beau être d'une grande fluidité, tout change quand la conversation aborde la politique : un sujet hautement radioactif. Un avis qui ne lui plaît pas, et il le balaye d'une irritation chasse-mouches. Évoquant un jour la personnalité « contrastée » de Bernard Tapie, l'artiste en fait les frais. « Mitterrand avait froncé les sourcils avec des yeux qui vous transpercent. "Un sens de la dialectique comme ça, vous savez, c'est rare", m'avait-il dit, coupant net le sujet. Tout cela parce que Bernard Tapie était allé gagner à la force des bras un siège tenu par la droite depuis trente ans à Marseille. Mitterrand avait le don pour vous remettre à votre place en un tour de phrase. » Un homme capable de sentences implacables quand la conversation devient, à ses yeux, trop triviale.

« Il n'avait pas son pareil pour un salut de distance. » Julien Clerc en est un jour la cible, et Michel Rocard la cause : « Saluant un discours qu'il venait de faire, alors qu'il était Premier ministre, j'ai vu Mitterrand, qui détestait Rocard, se figer. Et il me dit, droit dans les yeux : "Dites-moi ça..." Je n'en menais pas large. Dès lors que vous n'apparteniez pas à ce monde-là, lui seul pouvait distribuer les bons et les mauvais points, égratigner ou encenser tel ou tel. Adversaires ou non. » Julien Clerc l'entend ainsi venir un jour au secours du gaulliste Michel Debré, que *Charlie Hebdo* étrille en l'affublant, sous le crayon de ses caricaturistes, d'un entonnoir vissé sur sa tête : « Ça, ce n'est pas bien ! »

« Une autre fois, c'est à propos de Jacques Chirac. Mitterrand n'avait pas accepté que je porte un jugement sur la question de l'ouverture des magasins le dimanche, et notamment du Virgin Megastore des Champs-Élysées, un sujet qu'Alain Souchon et moi étions allés aborder avec Jacques Chirac à la demande des dirigeants de cette enseigne. Évoquant cet épisode lors d'un dîner avec François Mitterrand, il m'avait une nouvelle fois fusillé du regard. Au nom de quoi osais-je lui parler de Chirac ! »

Le dernier entretien de Julien Clerc avec François Mitterrand a lieu quelques mois avant sa mort, alors que la rumeur de sa maladie est partout. Elle s'agrippe à sa silhouette, plus hésitante, elle se lit sur son visage, plus pâle : une maladie à ciel ouvert et un sujet que n'ose aborder l'artiste. « C'est Mitterrand qui a choisi de l'évoquer un soir alors que nous discutions, sous la forme d'une boutade, comme bien souvent : "Oh, vous savez, Julien, j'ai beaucoup de chance. Je n'ai dû avoir qu'une seule grippe en trente-cinq ans..." » Le chanteur n'a rien oublié : « Mitterrand assis sur un divan, digne. Et la mort qui rôde dans son bureau. Je le sens très atteint, épuisé. Mais il ne montre rien : impassible et touchant. Que de sérénité et de courage dans l'attitude ! J'ai souri et je l'ai laissé, après quelques mots que je garderai pour moi. »

Cinquième partie

Les grands patrons

Il n'y a pas que les artistes, les politiques, etc., qui viennent parfois, le soir, tenter de parler à l'oreille du Président. Les milieux économiques aussi essaient d'approcher les chefs d'État, qu'ils aient noué des liens avant leur élection ou veuillent les rencontrer – et rêver d'influencer – après.

Si de telles entrées existaient sous Pompidou et Giscard, elles ont – paradoxe – pris de l'ampleur ensuite, et notamment sous le règne du premier chef de l'État socialiste de la Ve République. Depuis François Mitterrand, nombre de grands patrons ont fait et font le voyage vers la grille du Coq. Avec plus ou moins de succès quant aux résultats obtenus, mais cette partie de l'Élysée secrète vaut d'être contée.

18

Quand « la rigueur » renforce « les visiteurs »

Lorsque François Mitterrand arrive au pouvoir en 1981, il hérite d'une situation économique désastreuse. Une inflation à deux chiffres, un chômage endémique, une industrie au bord du gouffre… La France s'enfonce dans la crise. Porté par la vague rose et soutenu par un parti socialiste qui dispose d'une majorité absolue à l'Assemblée, il reste sourd aux injonctions de la deuxième gauche – Michel Rocard, Jacques Delors… – qui le supplie de changer de politique économique : des « rabat-joie » qui viennent agiter sous son nez le spectre de la récession.

Il faut l'échec de la gauche aux élections cantonales de 1982 et le revers aux municipales de 1983 pour que le chef de l'État commence à y songer. Mais quelle politique ? Aux grognards du PS, qui s'inquiètent d'un virage en épingle qui contraindrait les Français à se serrer la ceinture, François Mitterrand oppose un discours rassurant : il bannit le mot « rigueur » de son vocabulaire et stipendie tout virage qui serait synonyme d'austérité. Reste que Pierre Mauroy, le Premier ministre, doit envisager un plan pour accompagner la dévaluation du franc inéluctable et rétablir la compétitivité de la France. Au printemps 1983, le débat sur le « tournant » ou « virage » de la rigueur déchire donc la gauche entre réformistes et idéalistes. Une date symbole dans l'histoire du pays, qui voit ses grandes orientations économiques se faire et se défaire au gré des visiteurs d'un président de la République sous influence.

1983, l'ère des visiteurs du soir

La période est fondatrice. Elle installe dans le vocabulaire politique le terme de « visiteur », qui prend tout son sens, lui qui consacre le rôle d'hommes et de femmes qui ont indiscutablement pesé. L'ancien directeur de cabinet de Pierre Mauroy, devenu banquier, Jean Peyrelevade, en fut le témoin privilégié. Petite silhouette grise au regard matois et au sang vif, l'ancien homme fort de Matignon a joué un rôle majeur durant cette période, qui compte parmi les plus épiques de l'épopée élyséenne de François Mitterrand.

« Si vous aviez vu cela… » Du haut de son poste d'observation dans ses bureaux de la rue de Varenne, il assiste à l'invraisemblable phénomène de Cour qui s'empare alors de l'Élysée. Il découvre, abasourdi, le siège assidu dont François Mitterrand fait l'objet. « Un homme, disons-le, totalement béotien en matière économique. Lui-même l'admettait en riant. Même s'il y avait toujours chez lui une part de rouerie. Une chose est certaine : tiraillé de toutes parts et soumis à d'innombrables pressions, il cherchait désespérément une autre voie que celle de la rigueur que nous avions tracée à Matignon. Or, quand vous avez quelqu'un qui cherche sa voie, vous trouvez toujours des marchands d'illusions qui viennent frapper à votre porte. Et ceux-là furent, hélas, nombreux. Très nombreux… »

Jean Peyrelevade aux premières loges

La mémoire en eaux vives, l'ancien métronome de Matignon revient avec ébahissement sur les épisodes qui ont marqué la période. Il y a des étincelles dans les yeux de cet ancien P-DG du Crédit Lyonnais, aujourd'hui âgé de quatre-vingts ans. Trente-sept années après cette crise qui déchira la gauche et fractura la mitterrandie, Jean Peyrelevade n'a rien oublié. Rien pardonné non plus. Il cogne, dézingue, fustige l'armée d'opportunistes – mélange de grands patrons et de ténors du PS – qui se sont fait la courte échelle, cette année-là, pour atteindre le bureau d'un président de la République « qu'ils pensent pouvoir instrumentaliser ».

Le tic-tac de sa mémoire ouvre un compte à rebours qui le ramène à ses tête-à-tête avec Pierre Mauroy, dans ses bureaux de Matignon. « J'ai toutes les raisons de penser qu'il savait que, après la phase disons romantique des premiers mois, il y aurait la nécessité d'un atterrissage : d'un retour au principe de réalité. Il le savait, mais ne le disait pas. Le mot "rigueur" n'apparaissait jamais dans sa bouche. »

Rédigé en quelques jours, ce plan, appelé à être baptisé « virage de la rigueur », est déposé à la fin de l'hiver 1982 sur le bureau du chef de l'État. « À l'époque, seuls Pierre Mauroy, Jacques Delors et Robert Badinter, parmi les poids lourds du gouvernement, étaient convaincus de son urgence. » Conservé sous le boisseau, il sort au moment du sommet du G7 à Versailles, le 4 juin 1982. La surprise est totale. À l'Élysée d'abord, où Jacques Attali organise la riposte. « C'est à partir de ce moment que nous avons été placés sous surveillance », poursuit le banquier. Artisan de la rigueur, Jean Peyrelevade est l'un des hommes à abattre.

Attali veille

À l'Élysée, Jacques Attali veille au grain. Tel le physionomiste à l'entrée d'une boîte de nuit, il guette les visiteurs du Président. Consulte son agenda auprès du secrétariat. S'informe des réunions qui se tiennent à Matignon, où il a des correspondants. Les déjeuners du conseiller spécial de François Mitterrand sont l'occasion de démonstrations enflammées : il est question de vie et de mort, d'une France à l'abandon. Aux interlocuteurs médusés qu'il reçoit à sa table, il sert l'apocalypse.

Depuis son repli landais de Latche, le chef de l'État, lui, observe ce théâtre d'ombres. « Parfaitement au courant de ce qui se déroule, il laisse se mettre en place les choses, tout en brouillant les pistes. Du Mitterrand dans toute sa splendeur, qui veut montrer qu'il est non seulement au courant des projets échafaudés par son gouvernement, mais qu'il en est même l'inspirateur. » Au cœur du mois d'août 1982, Pierre Mauroy est convié à déjeuner à Latche. Alors que l'on sert un plat d'écrevisses à la dizaine d'invités, Mitterrand se penche vers son Premier ministre : « Pierre, si votre truc ne marche pas, je serai obligé de vous changer. » Une mise en garde comme un coup de massue, que Pierre Mauroy rapporte d'une voix d'outre-tombe à Jean Peyrelevade.

Matignon sous tutelle

À partir de ce jour, Matignon est plus que jamais sous tutelle : une annexe du Palais dépossédée. C'est à l'Élysée et dans le bureau de Jacques Attali que se dessine la politique économique du pays : « Une politique de substitution faite de gadgets divers, du bricolage », soupire Jean Peyrelevade, qui se remémore la visite d'un « bébé Delors » que Mitterrand a bombardé conseiller économique. « Son idée géniale ? Diminuer le poids de notre déficit commercial par la diminution de nos importations de 10 % ! Ellc avait réussi à vendre cette sottise à Mitterrand. Je me souviens de lui avoir répondu qu'ils étaient tous cinglés, à l'Élysée ! Si un tel gadget avait été est mis en place, c'est toute l'économie que l'on aurait mise au ralenti, avec des dizaines d'usines à l'arrêt. »

19

L'économie enseignée par les patrons au patron

Les tentations narcissiques du pouvoir sont un danger permanent. Pour s'en prémunir, il faut parfois accepter d'avouer son incompétence : François Mitterrand le confesse à quelques rares personnes. Jean Peyrelevade en a fait partie. « En s'informant, en écoutant, en lisant, en consultant de nombreux experts dont j'étais, il se nourrissait. Il voulait apprendre. Mitterrand était capable de passer des jours et des nuits à décortiquer une idée, à imaginer des scénarios détachés de toutes arrière-pensées politiques. Bref, il n'acceptait pas de ne pas comprendre. »

Mais c'était un Président sous pression. L'un de ses conseillers économiques, Alain Boublil, en est témoin. « Tous ceux qui défilaient dans son bureau s'illusionnaient sur l'influence supposée qu'ils pensaient avoir. Ils croyaient pouvoir le convaincre d'une chose au nom du principe idiot qu'il était incompétent en matière économique. Ils venaient le voir dans le secret espoir de le faire changer d'avis, parce que Mitterrand lui-même les y incitait. C'était toute sa diablerie. »

Le bal des pontes

Un peu gros, le coup du néophyte. Durant ses vingt-trois années passées dans l'opposition, François Mitterrand s'est imprégné au contact de quelques grands patrons de ses amis. À l'Élysée, le bal des visiteurs est incessant, une légion d'experts, dont certains autoproclamés, que François Mitterrand auditionne. Parmi eux, le P-DG de Danone, Jean Riboud : « Riboud et François Dalle sont de ceux qui ont contribué à son éducation sur le plan économique, explique Alain Boublil. Des visiteurs assidus. De leurs échanges, et j'en fus le témoin, est née sa culture économique. Combien de fois l'ai-je vu laisser prospérer des débats fumeux, avant de trancher un matin, après que Jean Riboud en eut débattu longuement dans le secret de son bureau… Il sondait une masse d'experts patentés. Et ça ne manquait pas dans son entourage. Il y en avait partout. Au PS, à l'Élysée, dans la haute administration, avec ses pouponnières que sont l'ENA et l'Inspection des finances. Je l'entends encore prendre un malin plaisir à brocarder ceux qui avaient été à l'origine de l'emprunt Giscard de 1976 : "Une sottise qui a coûté quelque 70 milliards à la France !" pestait-il. Or quels étaient les hommes à l'origine de cette connerie ? Des hauts fonctionnaires de renom dont Mitterrand se gaussait : Michel Pébereau, chef de service à la direction du Trésor, Jacques Calvet, directeur du cabinet de l'ancien ministre des Finances, René Monory, et Claude-Pierre Brossolette, le directeur du Trésor ! Ils connaissaient l'économie, et François Mitterrand ne la connaissait pas ? Absurde. »

Bouygues et Dassault : de droite et mitterrandophiles

Alain Boublil évoque un «respect mutuel» entre François Mitterrand et quelques grandes figures du patronat qui n'étaient pas de son bord sur le plan politique. Tels Francis Bouygues et Marcel Dassault. «S'ils ne comprenaient pas le caractère indéchiffrable de son logiciel, ils lui manifestaient un immense respect.»

Le premier, empereur du BTP, séduit le chef de l'État par son dynamisme et sa faconde. Bouygues et Mitterrand : deux passionnés d'architecture et de grands travaux qui échangent à bâtons rompus sur le chantier du parvis de La Défense, dont le groupe éponyme est le bâtisseur : «Je suis là lorsque François Mitterrand visite le site. Il pose mille et une questions à Francis Bouygues, qui l'entraîne avec enthousiasme dans les entrailles du chantier. "Moi, j'aime construire et lui aime ce que je construis", pouvait-on lire dans l'œil de l'industriel.»

Des rapports d'autant plus clairs et dénués d'arrière-pensées qu'il n'y a aucune communauté d'intérêts entre les deux hommes, aucune proximité intellectuelle ou politique.

Il en va de même des relations du Président socialiste avec Serge Dassault. «Ce qui a été raconté au moment de la mort de l'avionneur, comme sur les conditions de nationalisation de son groupe, n'est qu'un ramassis d'idioties, s'agace l'ancien conseiller économique. La vérité? J'avais suggéré à François Mitterrand de ne pas toucher à Dassault, mais d'obtenir en retour de son fondateur une dation en exonération des droits de succession pour 26% du capital et un droit de vote double. C'est ce qui a permis à son fondateur, aucunement spolié, de continuer à gérer son empire en toute quiétude. Et à l'État d'y avoir un pied. Il n'était pas question pour Mitterrand de confisquer à

Serge Dassault ce qu'il avait bâti. À ses yeux et plus que tout, une entreprise, quelle que soit l'étiquette de son propriétaire, reste une entreprise. » Ce qui valait pour les grands patrons valait également pour les hauts fonctionnaires : peu importe leur étiquette, pour peu que les hommes et les femmes qu'il nomme appliquent sa politique avec obéissance et sérieux.

Mitterrand Janus

« S'il voyait beaucoup de monde, jusque tard le soir, c'était toujours dans un but précis : tester auprès de ceux qu'il recevait une idée, un projet. »

Et comment procède-t-il ? « Il se fait maïeuticien. "Cher ami, qu'en pensez-vous ?" Il écoute, laisse son interlocuteur développer son propos, lui répond par des questions sans jamais se dévoiler. » Un mode de fonctionnement qui déconcerte. À quoi joue-t-il ? Certains disent alors de lui qu'il les manipule. D'autres qu'il est ambigu. Pour tous, Mitterrand, c'est Janus.

L'épisode de la première guerre du Golfe en est un exemple. François Mitterrand a pris la décision d'entrer dans ce conflit après avoir consulté la terre entière. Non pas pour s'en faire expliquer les enjeux, il les connaît, mais pour se convaincre que la décision qu'il a prise en son for intérieur est la bonne. « Sa très grande force, dans cette période, est de faire croire à ses visiteurs que sa religion n'est pas faite. Qu'il hésite. Alors que son état-major est sur le pied de guerre et que les dés roulent. »

Jean-Pierre Chevènement, lui aussi, a bien connu la période[1]. « 1983... » Interrogé, il lève les yeux au plafond.

1. Voir chapitre 12.

Un silence, puis : « L'Élysée, je crois, n'a jamais connu une telle démesure. Tension, habileté, duplicité, distance… François Mitterrand, qui faisait l'objet de multiples pressions, joua à merveille de tous ces registres. Et ses visiteurs ne savaient plus à quels saints se vouer… L'Élysée était semblable à un hall de gare. Cette crise a rameuté un mélange hétéroclite : tout ce que Paris comptait alors de capitaines d'industrie, de grands commis de l'État et d'experts de tous horizons. Et François Mitterrand faisait, au milieu de tout cela, un manœuvrier redoutable. »

Ainsi font, font, font les barons de l'économie et de la finance française, le ban et l'arrière-ban du parti socialiste, qui jouent des coudes, pactisent, se déchirent et se trahissent : des marionnettes dont François Mitterrand tire les ficelles.

20

Riboud à la manœuvre

Revenons sur Jean Riboud. On l'a vu, durant des mois, en 1983, l'Élysée est le théâtre d'un affrontement inédit sous la Ve République : l'entourage du Président se scinde en deux camps. Et les visiteurs du soir défilent, dont le grand patron de Danone qui reste pour la postérité un incontestable symbole de cette période troublée. L'industriel – l'un des rares à s'autoriser une familiarité respectueuse à l'égard du Président – est au cœur des affrontements qui font rage au Château. Une mêlée indescriptible, où chacun va défaire le soir ce que d'autres ont tissé le matin dans le bureau présidentiel.

Mais, ce vendredi 25 mars 1983, Jacques Delors a gagné la partie : François Mitterrand l'autorise à engager la politique de rigueur qu'il défend depuis un an et demi. Baisse du déficit budgétaire, hausse des taxes sur la vignette auto, l'alcool et le tabac, hausse des tarifs EDF, GDF et SNCF, emprunt forcé pour stimuler l'épargne… Il a déroulé devant François Mitterrand, en Conseil des ministres, ce plan qui servira de viatique à la gauche.

Le lundi suivant, François Mitterrand est sur TF1. Le tête-à-queue est assumé, la mue moderne revendiquée et la volte-face idéologique affichée. Il n'y a pas si longtemps, il fustigeait sur les tréteaux «les maîtres de l'argent – l'argent, l'argent! Les maîtres de l'armement, les maîtres de l'ordinateur, les maîtres du produit pharmaceutique, les maîtres de l'électricité, les maîtres du fer et de l'acier, les maîtres du sol et du sous-sol, les maîtres de l'espace, les maîtres de l'information, les maîtres des ondes». Or, ce soir-là, il n'hésite pas à caricaturer l'autre voie qui avait hier sa faveur, sous les assauts d'une coalition de visiteurs emmenés par Jean Riboud.

Essayer, encore et encore

Le fantôme de l'ancien patron de Schlumberger hante les mémoires des témoins. Tous soulignent une personnalité incontestablement séduisante : de celles qui ont besoin de peu pour imposer une autorité incontestée.

À soixante-deux ans, en 1981, l'homme estime n'avoir pas grand-chose à prouver. Il n'attend rien de ses visites au Palais : ni honneurs ni médailles. Seule l'influence qu'il exerce auprès de François Mitterrand suffit à son bonheur. Riche et puissant, il ne souffre d'aucune des fragilités qui sont le pendant d'un pouvoir incertain ou disputé. C'est un monarque absolu du monde des affaires qui s'invite dans le bureau de son ami «François», où il va tenter de faire basculer la politique économique de la France. En vain, car ce sont les tenants de la rigueur qui l'ont emporté, alors que lui prônait autre chose, dénonçant d'avance les conséquences d'un tel virage à 90° : une croissance du chômage, un Front national en hausse, la précarité qui s'installe. Il n'avait pas tort, puisque le FN a bientôt dépassé les 10%, que les demandeurs d'emploi se sont multipliés, etc. Et qu'à Noël 1985 ont été créés Les Restos du Cœur.

21

Signé Furax

Loïk Le Floch-Prigent regarde sa tasse de café, songeur. Trente-cinq ans ont passé et, en rouvrant sa malle aux souvenirs, on devine à son regard qu'il n'a non seulement rien oublié, mais qu'il ne s'est jamais fait à son triste sort. Cet ancien grand patron, qui fut des visiteurs privilégiés de François Mitterrand, s'est fait une raison : il n'en aura jamais fini avec Elf, la compagnie pétrolière qu'il a dirigée de 1989 à 1993 et dont il a provoqué la chute.

Elf? Un procès à tiroirs qui lui vaut, en novembre 2003, une peine de cinq ans de prison. Et une affaire qui a mis à jour des mœurs barbouzardes, des financements occultes et une entreprise de dessous-de-table à grande échelle…

Conseiller des deux côtés

Bien avant ce séisme, Loïk Le Floch-Prigent est de ceux que François Mitterrand a pris sous son aile. Enfant d'une solide bourgeoisie bretonne et catholique, il n'a pas quarante ans quand il intègre sa pouponnière de conseillers.

Bien avant, au milieu des années 1970, au sein du parti socialiste, il a eu la responsabilité du financement des campagnes municipales et législatives. Et il est, à ce titre, le dépositaire de nombreux secrets. Sa présence détonne rue de Solférino, où il n'a pas que des soutiens. Avant de rallier François Mitterrand, il a en effet fricoté avec les giscardiens : un flirt qui lui vaut alors de nombreuses inimitiés à gauche. « Un vilain petit canard, car à la fois proche de Raymond Barre, Premier ministre de Giscard, et du PS pour lequel je travaillais », raconte-t-il. L'art du grand écart. L'homme garde en mémoire un coup de téléphone entre Raymond Barre et François Mitterrand à son propos, le premier s'interrogeant sur sa situation ambiguë – un coup à gauche, un coup à droite : « Mitterrand l'avait rassuré, minimisant mon rôle », dit-il.

Costaud, le zèbre ! Durant cette période, Loïk Le Floch-Prigent travaille à la rédaction d'un rapport destiné à VGE, quand, dans le même temps, il s'active rue de Solférino à réunir des fonds destinés à la campagne de Mitterrand. « Une époque compliquée. Je n'apparais ni d'un côté ni de l'autre. Et Giscard, qui connaît ma situation, mais qui ne sait pas tout, ne me fait aucune remarque. » Secret oblige, le missi dominici du PS utilise pour ses rendez-vous rue de Solférino son deuxième nom, Prigent, « afin d'éviter que l'on m'emmerde trop ». Le subterfuge ne trompe personne.

Avec Mitterrand, un vrai binôme

Le Floch-Mitterrand : un binôme complice. Principal atout de ce jeune haut fonctionnaire, qui navigue depuis son enfance dans un monde que bornent le mysticisme et le sens du devoir : une franchise de ton sans limites. « Je fais en sorte de ne pas dire de bêtises devant Mitterrand. Si bien que, à chaque fois qu'une décision doit être prise sur le plan industriel, il me convoque systématiquement pour me sonder. D'une certaine manière, je lui sers de poisson pilote. Nous sommes là dans le double jeu classique d'un Mitterrand qui m'utilise, pour me faire monter en ligne discrètement contre certains de ses ministres. Quitte à les froisser. »

Le Floch-Mitterrand : un drôle d'attelage, donc, et des points communs. Deux hommes de terroir, deux catholiques non pratiquants, deux êtres qu'une même passion pour l'art réunit et qu'une même défiance à l'égard du parti socialiste rassemble.

Deux personnalités, enfin, qui ne s'appesantissent pas sur leurs épreuves. Loïk Le Floch-Prigent et François Mitterrand ont tout vécu : la politique qui écorche, détruit et vous éparpille aux vents mauvais. L'abandon des uns, la trahison des autres. Pour l'un, le corps qui survit derrière les murs d'une cellule. Pour l'autre, la maladie au creux des reins, les médicaments, les kilos comme les illusions, envolés… L'homme aux vingt-huit mises en examen réussit à s'amuser au souvenir d'Édouard Balladur qui demanda à changer de table lorsqu'il l'aperçut dans un restaurant du 8e arrondissement. Plus de trente ans que le pestiféré s'est fait une raison.

Mitterrand prévenant

Durant la cohabitation (1986-1988), les deux hommes conservent un lien. Le Président l'appelle une fois par mois. François Mitterrand est prévenant à l'égard d'un chef d'entreprise sur le carreau.

« Comment ça va ? Comment vous débrouillez-vous ? Que pensez-vous de la manière dont Édouard Balladur se comporte à mon égard ? » Le contact est permanent. Mitterrand se manifeste au rythme d'un métronome. Un autre matin, c'est pour l'inviter à passer le voir : « Je vous ai demandé de venir pour savoir comment vous allez », lui dit-il une fois franchi le seuil de son bureau, où il le décore quelques semaines plus tard de la Légion d'honneur, « sans que je lui en aie fait la demande. Toujours présent, toujours plein d'attentions ».

Saint François

Si les coups, la maladie et les ennuis judiciaires ont atteint « Le Floch » sur le plan psychologique, ils l'ont physiquement épargné, tout du moins en apparence : il dégage une force déconcertante. « Il a fallu que je tienne », explique-t-il, avant d'ajouter qu'il a toujours mis un point d'honneur à ne jamais « tendre la main » ou « implorer quiconque ». Ainsi, il n'a jamais voulu participer à la « Saint-Mitterrand », boycottant le pèlerinage de Solutré, déclinant les invitations à Latche, boudant les dîners mondains de l'Élysée où il est pourtant régulièrement invité : « Je n'ai jamais été un adorateur de Pierre Bergé, n'ai pas fréquenté Roger Hanin et Jack Lang. Mais j'aimais Bérégovoy : un type bien, méprisé par tous ces gens-là. »

Seul reste François Mitterrand, qu'il porte au pinacle. L'homme se souvient d'avoir croisé un soir, sortant de son bureau, le P-DG de Radio France, Jean-Noël Jeanneney. Les deux hommes se connaissent.

« Qu'est-ce qu'il vous voulait ?

— Me parler de Jean-Edern Hallier, dont nous allons déprogrammer la venue sur les différentes antennes de la maison. »

À la tête de Rhône-Poulenc ?

La nomination de Loïk Le Floch-Prigent à la tête de Rhône-Poulenc est un exemple de cette relation atypique.

Lorsqu'il se rend à l'Élysée, c'est pour dissuader François Mitterrand de lui en confier les rênes. La mitterrandie peut-elle accepter la nomination à la tête de l'un des fleurons de l'industrie française d'un homme illégitime aux yeux du PS ? Peut-on confier un tel poste à celui qui navigue en eaux troubles dans les marigots de la Françafrique, où d'aucuns prétendent qu'il affiche une suffisance postcoloniale, sans parler du mépris qu'il réserverait aux grands corps de l'État ? « Si j'échoue au poste que vous me proposez, tout le monde vous dira : on vous l'avait bien dit ! Et si je réussis, la France entière saisira le premier faux pas pour me flinguer. Autrement dit, c'est une nomination kamikaze. »

« Ne vous en faites pas. » Plusieurs minutes durant, le monarque socialiste s'évertue à le rassurer. Ce n'est pas d'un bagne qu'on parle, mais d'une belle entreprise que beaucoup rêveraient de diriger. Sourire aux lèvres, il le raccompagne paisiblement à la porte, avant de l'abandonner sur ces mots : « Sans doute allez-vous connaître des difficultés, mais vous allez réussir, croyez-moi. »

Comment on arrive à la tête d'Elf

Sa nomination à la tête d'Elf Aquitaine fut plus épique. Tout démarre par un coup de fil de Jacques Attali, un jour de janvier 1988 :

« Loïk, je vous passe le Président, il a quelque chose d'important à vous dire.

— Loïk, vous avez vu que j'ai nommé Michel Rocard à Matignon, et vous avez remarqué que vous n'avez pas été proposé comme ministre de l'Industrie. Rocard va vous offrir un certain nombre de postes, mais vous serez président d'Elf : peut-être pas tout de suite, mais vous le serez.

En attendant, je vous demande de refuser tous les autres postes que va vous proposer Rocard. »

Le lendemain, le Premier ministre lui téléphone : « J'ai besoin de toi pour Gaz de France. » Refus de Le Floch et colère de Rocard. Les mois qui précèdent sa nomination à la tête du groupe pétrolier sont marqués par une pluie de coups bas. L'homme se rappelle « les rumeurs pour m'atteindre propagées par quelques-uns. L'une d'elles faisait état de versements d'argent à Roland Dumas pour obtenir le poste et de l'intervention de quelques chefs d'État africains. Des mensonges ».

Il raconte s'en être expliqué, « franchement », avec l'un de ceux qui glosaient peu avant la publication d'un ouvrage sur ces temps-là et dont il ne citera pas le nom : « J'espérais que ce monsieur profite du livre pour dire la vérité. Mais il n'a jamais voulu parler de ce coup de fil de François Mitterrand, considérant qu'il n'avait jamais existé ! Tout le débat de mon deuxième et de mon troisième procès a tourné autour de la question de l'argent que j'aurais versé à Roland Dumas pour décrocher la présidence d'Elf Aquitaine. Ce qui est proprement scandaleux quand on sait que c'est François Mitterrand qui le décida le plus simplement du monde. »

SNCF sous Chirac, GDF sous Balladur

Jacques Chirac élu à l'Élysée, Loïc Le Floch-Prigent se voit confier la présidence de la SNCF. L'entreprise est comme une île intérieure, une place fortifiée : il s'y pense à l'abri, mais essuie les foudres des socialistes : « J'étais un mitterrandien impur… », murmure-t-il. L'homme garde en mémoire sa toute dernière entrevue avec François Mitterrand, lors de sa nomination, en août 1993, par Édouard Balladur, à la tête de Gaz de France :

« “Les lions vont se déchaîner contre moi, monsieur le Président, ne pensez-vous pas ?

— Vous avez raison, c’est probable, mais tenez bon”, me dit-il. Et il avait raison. Le déchaînement a commencé au lendemain même de sa mort, avec les premières investigations d’Eva Joly. »

Descente aux enfers d’un patron dit de gauche

C’est le début d’un engrenage judiciaire, avec à la clé une pluie de procédures et de mises en examen. L’ancienne figure d’Elf s’écroule sous les accusations, durement condamné au terme d’un procès retentissant. «J’ai fait deux ans et demi de tôle, parce que des bien informés n’ont jamais voulu témoigner en ma faveur. J’ai payé cher ma relation avec François Mitterrand. »

L’ancien dirigeant en a lourd sur le cœur. D’autant plus lourd depuis son séjour, en septembre 2012, dans une prison togolaise. Il flotte de l’exténuation dans son regard lourd de réminiscences, à l’évocation de cet épisode rocambolesque. Arrêté à Abidjan, puis transféré à Lomé, où il a été emprisonné pendant cinq mois et dix jours pour complicité d’escroquerie, l’ancien protégé de François Mitterrand doit sa libération à son état de santé – un début de tumeur à la jambe –, à une caution de cinquante mille euros et… à Nicolas Sarkozy.

Neuf ans ont passé et il se dit toujours convaincu que, « lâché et abandonné par ceux-là mêmes qui voulaient sa peau à l’époque où Mitterrand était en fonction », personne n’a bougé au sommet de l’État pour le sortir de « ce guêpier ». Ni François Hollande, à l’Élysée, ni Laurent Fabius, au Quai d’Orsay. « À l’époque, le président du Togo, qui ne souhaitait pas avoir des problèmes avec la France, avait accepté ma libération moyennant le versement d’une caution de neuf millions de dollars à ma charge. Et c'est le Quai qui avait annoncé la "bonne nouvelle" à ma femme, restée sans voix au téléphone devant cette indécence ! Il nous a fallu emprunter cette somme, que nous n'avions évidemment pas. »

Une fois rentré à Paris, où il est immédiatement hospitalisé au Val-de-Grâce, Loïk Le Floch-Prigent apprend que c'est Nicolas Sarkozy qui est allé plaider sa cause auprès de François Hollande, à l'Élysée.

« Sans l'intervention de l'ancien Président, qui ne me connaissait pas, je serais sans doute mort dans un cul de basse-fosse africain. »

22

Il « Ricol » pas !

Juin 2008 : René Ricol regarde le numéro qui s'affiche sur son téléphone portable : un 06 qu'il connaît. Celui de Nicolas Sarkozy. Qui insiste... Il tintinnabule comme une alarme. « Pas le temps... Qu'est-ce qu'il me veut ? » Dans la galaxie des missi dominici, des visiteurs du soir patentés, René Ricol est un cas à part : une personnalité au caractère bien trempé que peu de choses ébranlent.

Si un grand nombre de responsables politiques font appel à ses services depuis plus de trente ans, c'est parce que cet ancien collaborateur de Raymond Barre, au carnet d'adresses planétaire, est un technicien de la finance hors pair. Au chevet d'États en difficulté, à la rescousse de banques naufragées ou de politiques à la dérive, il est notamment l'un des rares à voler au secours d'Édith Cresson en mai 1991, quand l'ancienne Premier ministre de François Mitterrand est au bord du gouffre. Bientôt quatre décennies que cet homme de « coups » effectue les missions les plus costaudes.

Ses liens avec Nicolas Sarkozy, dont il fut un visiteur et le conseiller assidu, remontent à l'époque où celui-ci est ministre du Budget. Profession officielle de ce fumeur de cigare, père de six enfants : expert-comptable et commissaire aux comptes. Au-delà de la carte de visite, un expert en mécanismes financiers et un pompier de service dont le nom apparaîtra au grand jour au moment de l'affaire Fillon : on apprendra à cette occasion que l'ancien Premier ministre siège depuis le printemps 2012 au comité stratégique du groupe Ricol Lasteyrie, le bastion familial de René Ricol.

2008 : Sarkozy, l'ami avec qui il ne veut pas travailler

Ce téléphone qui n'en finit pas de sonner.

« Que peut-il me vouloir ? » soupire celui qui a refusé de travailler pour Nicolas Sarkozy, en 2007 : « Pourquoi bosser avec un avocat de formation qui facture que dalle ? Une connerie ! Me coltiner tous les mecs qui l'entourent ? Pas question ! Mettre les pieds dans cette pétaudière ? M'épuiser dans ce barnum, avec ce Président qui entretient des rapports complètement délirants avec les médias ? Surtout pas ! » dégoupille-t-il lors de notre rencontre. Il a même supprimé le numéro de Nicolas Sarkozy de ses contacts, au lendemain de son élection. « Car je connaissais le loustic et le système : je savais que si c'était moi qui lui téléphonais quand il est au bout du monde, j'avais huit chances sur dix de tomber sur son officier de sécurité. J'ai donc choisi la solution qui me paraissait la plus simple : le débrancher ! » Les tentations narcissiques du pouvoir sont, aux yeux de ce conseiller de l'ombre, un danger permanent. Pour s'en protéger, il convient de s'en tenir éloigné.

Son téléphone sonne toujours… Il finit par décrocher. Au bout du fil, donc, Nicolas Sarkozy :

« Est-ce que tu peux passer me voir ?

— Quand ?

— Tout de suite ! »

À l'annonce de son arrivée au palais, le chef de l'État interrompt sa réunion. René Ricol est un visiteur précieux. Nicolas Sarkozy a pu le vérifier à maintes reprises : ce lanceur d'alerte a en matière d'augures une nette tendance à voir juste. Les rares fois où il s'est rendu à brûle-pourpoint dans son bureau, c'est pour s'inquiéter avant tout le monde des signes avant-coureurs d'une secousse sur les places financières, et cela plusieurs mois avant que celles-ci ne vacillent et s'engluent comme un pétrel dans une nappe de brut.

La crise de 2008? Il la revit comme si c'était hier. «J'ai découvert à cette occasion un Sarkozy exceptionnellement réactif. S'il n'a pas fait grand-chose pour ce pays à l'intérieur, durant son quinquennat, il s'est en revanche révélé formidablement efficace à l'extérieur, avec des réflexes que peu de dirigeants ont eus à l'époque, alors que nous filions droit vers la catastrophe.»

Tout laisse à penser, au début de cette année-là, que la planète finance est à l'aube d'un séisme. Lui remonte de New York, Londres et Tokyo des informations alarmistes, où les séismographes de ses contacts battent la chamade. Celui qui se flatte immodestement d'avoir «eu le nez creux» dit sa «chance» d'avoir eu avec Nicolas Sarkozy un auditeur «bien plus attentif que la moyenne».

«Que se passe-t-il, à ton avis?

— Ça sent mauvais, Nicolas. Je pense que ça va secouer.»

Le ton n'a rien de rassurant. «Fais-moi une note et reviens vite», lui lance son hôte qui l'a convoqué à l'Élysée.

Anticiper le krach qui arrive

À peine René Ricol l'a-t-il quitté qu'il mobilise son réseau. Téléphone à Londres, Francfort et Milan. Jette du lit en pleine nuit des traders de ses relations, qu'il envoie à la pêche. Appelle ses copains de Wall Street, puis s'envole pour Rome à la rencontre de l'un de ses vieux amis, l'ancien ministre des Finances italien, Romano Prodi : « Une pointure absolue, le seul type que je connaisse qui peut corriger une faute d'orthographe en français, en anglais ou en italien. Et faire des projections économiques d'un pays comme le Boukistan sans quitter son fauteuil. » Une personnalité à l'entregent planétaire que René Ricol présente à Nicolas Sarkozy huit jours plus tard.

« Sur le moment, ce Président, dans sa tour d'ivoire, ne mesure pas l'ampleur du désastre qui s'annonce. On ne parle alors que d'un feu de paille. Et lui me dit ne pas vouloir se coller trois heures de boulot sur un truc qu'il n'identifie pas précisément. Sarko fonctionne comme ça : il refuse de s'encombrer de questions qui lui paraissent ou prématurées, ou insignifiantes. Il lui en faut plus, à l'époque, pour enclencher le mouvement. Alors je suis allé au charbon. »

René Ricol se rend à Washington, à la rencontre d'une autre de ses vieilles connaissances, le tout-puissant secrétaire d'État au Trésor, Henry Paulson, qui lui donne quelques bribes d'informations confuses : de sourdes rivalités entre des pontes de la finance américaine ; une guerre à coups de milliards de dollars entre des squales de Wall Street ; des histoires de crédits destinés à des emprunteurs qui ne présenteraient pas les garanties suffisantes pour bénéficier des taux d'intérêt préférentiels (*subprime*)… « Un gloubi-boulga fumeux qui ne me permet pas de me faire une religion. »

Le lendemain, René Ricol est dans le bureau du vice-président de la Réserve fédérale américaine, Roger Ferguson : « Un type exceptionnel passé par Harvard, d'origine haïtienne. » Il n'y va pas par quatre chemins : « Ne cherchez pas plus loin, René : Paulson, ancien patron de Goldman Sachs, veut buter Lehman Brothers... Et tous ces beaux messieurs vont faire péter le système. Vous pouvez le dire à votre ami Sarkozy, on est au bord du gouffre. »

Nicolas Sarkozy saisit d'emblée le danger

Retour à Paris sur les chapeaux de roues, direction le bureau de Nicolas Sarkozy, où l'émissaire se rend à sa descente d'avion. L'y attendent, outre le chef de l'État, son secrétaire général, Claude Guéant, et la ministre de l'Économie, Christine Lagarde. Dans le taxi qui le conduit rue du Faubourg-Saint-Honoré, il relit le verbatim de ses différentes conversations outre-Atlantique : une compilation qui fait peur.

Le voici devant le Président : « Je sais que le sujet t'emmerde, mais j'ai passé le mois de juillet à faire le tour. C'est grave. Et comme dans toute crise il y a toujours un phénomène déclencheur, j'ai trouvé celui qui risque de faire tout exploser dans les semaines qui viennent. » Ce qui sidère René Ricol, encore aujourd'hui, c'est l'attitude de Nicolas Sarkozy, qui, imperceptiblement tendu, rapproche son fauteuil, pose en silence les mains sur ses lèvres et se concentre. « Malgré le scepticisme de Christine Lagarde et la perplexité des conseillers qui l'entourent, il percute immédiatement. Je vois encore son regard qui me fouille, son intense application à m'écouter et cette électricité palpable qui règne dans la pièce : il pense à voix haute. »

René Ricol revit la scène : Nicolas Sarkozy quitte sa veste, retrousse les manches de sa chemise, congédie Christine Lagarde qu'il envoie aux nouvelles à Bercy et convoque François Fillon, à Matignon. René Ricol se souvient : « J'ai vu la vitesse incroyable avec laquelle il intègre des éléments d'une grande technicité sur le plan financier. À ce moment précis, il est à coup sûr l'un des premiers, sinon le premier, à avoir compris que la planète finance et le monde sont au bord d'un gouffre. Je le dis d'autant plus sérieusement que je sais à ce moment que, alertés, un grand nombre de dirigeants européens disposent des exactes mêmes informations, sans qu'ils en mesurent pour autant le degré de gravité.»

Nommé sans avoir été averti

La réunion achevée, Nicolas Sarkozy téléphone au Premier Ministre anglais, Gordon Brown, l'un des rares à partager en Europe l'inquiétude du Président français. Dans l'avion qui l'emmène pour un meeting à Argonay en Haute-Savoie, le 23 octobre 2008, il prononce son premier discours sur des mesures de soutien à l'économie qu'il entend prendre pour faire face aux conséquences de la crise financière qui s'annonce.

Assis au premier rang, René Ricol l'entend également annoncer la création d'une Médiation du crédit. Et, dans l'immédiate foulée, sa nomination à sa tête. Bien qu'ils aient fait le voyage côte à côte, le chef de l'État ne lui a rien dit. De peur qu'il ne refuse.

Sans langue de bois

Dans cette période qui voit le monde retenir son souffle, René Ricol n'a qu'un interlocuteur : inquiète du poids que prend cet hyper-conseiller qui court-circuite et enjambe conseillers et ministres, Christine Lagarde s'en ouvre à Nicolas Sarkozy. «J'ai été obligé de lui passer de la pommade dans le dos. Je l'ai rassurée en lui disant que je n'avais aucune ambition ministérielle ou politique. Ça l'a calmée.»

C'est la capacité de ce bulldozer de dire ce qu'il pense, sans filtre, sommations ou précautions de langage. Le parterre de dirigeants des principaux grands établissements bancaires qu'il convoque à l'Élysée au milieu de cette crise en fait la douloureuse expérience.

Regard glacial : «Vous pensez que Nicolas Sarkozy est dangereux? Je vous le confirme, il est très dangereux! De plus, c'est mon ami. Or je peux vous le garantir, vous êtes en terrain très accidenté. Car mon ami veut des têtes. Mais, pour l'instant, je pense que vous m'êtes plus utiles vivants que morts.» On entend les mouches voler dans la pièce. Pour s'imposer sur la scène publique, il faut une allure immédiatement mémorisable et des emblèmes intangibles : rien de tout cela chez cet homme gris qui compense une silhouette passe-partout par ce franc-parler décuplé.

«Alors nous allons passer ensemble, si vous le voulez bien, quelques accords et tout ira bien...» Et d'embrayer : «Premier accord : toute personne physique, tout commerçant, tout artisan, à moins de cinq mille euros de découvert, on n'en entend pas parler. OK? Pas de relance, pas de machin... On est d'accord?»

OK, opine de la tête l'aréopage de banquiers qui prend note. «Point deux : vous redonnez du pouvoir aux patrons de vos agences en régions. Parce qu'il faut décentraliser. Avec ça, on sauve cent cinquante mille emplois; quarante mille qui sont liés à la crise et le reste qui est en attente de traitement. Toujours OK? Merci beaucoup, messieurs.»

C'est ainsi qu'en deux heures d'une réunion menée au pas de charge, René Ricol impose aux banques un arsenal qui permet à des pans entiers de l'économie du pays, dont une armée de PME, de ne pas sombrer.

Savoir affronter le Président

«Au bout d'un an, j'ai dit à Sarkozy qu'il fallait nommer un successeur au poste que j'occupais. J'étais épuisé. J'avais passé mes nuits et mes jours à travailler sur ce dossier, qui plus est sans être payé.» Toute la coquetterie d'un grand serviteur de l'État qui ne peut s'empêcher de mettre en exergue ce symbole de liberté qu'est la gratuité.

«Et qui met-on à ta place?

— Gérard Rameix.»

Nicolas Sarkozy agite l'index en essuie-glace : c'est non. Il ne veut pas du patron de l'Autorité des marchés financiers, un haut fonctionnaire qu'il a coché sur sa liste noire en raison d'une série d'enquêtes que l'intéressé avait diligentées sur un capitaine d'industrie de ses amis, Arnaud Lagardère.

Mais, là encore, René Ricol insiste et obtient gain de cause.

C'est d'une langue fleurie qu'il pose ses conditions un peu plus tard, quand le même Nicolas Sarkozy lui propose de prendre la tête de l'équipe chargée de mettre en musique le Grand Emprunt lancé à l'hiver 2009. Aucun «mec» de Bercy dans le paysage et liberté de décision totale : «Personne ne doit venir m'emmerder», dit-il. «L'ami de Nicolas» obtient la neutralité de François Fillon, la marginalisation de Bercy et la satellisation de Laurent Wauquiez, alors ministre du Budget. L'homme fait appel à un cabinet de chasseurs de têtes pour recruter une équipe de trente-cinq collaborateurs, parmi mille candidats. Quand Laurent Wauquiez se rue chez le président de la République pour l'alerter de la présence d'un petit nombre de cols blancs venus de la gauche parmi ceux-ci, il tonne : «Si tu crois, Nicolas, que l'on fait des réformes en faisant appel uniquement à des gens venus de l'UMP, tu te fourres le doigt dans l'œil. Laisse-moi faire!»

Le chef de l'État n'est pas un tueur

Si René Ricol peut s'autoriser une telle liberté de manœuvre et de langage, c'est parce qu'il a conquis la confiance de ce Président auquel il voue une dévotion canine. Étanche aux éloges et allergique aux récompenses, il trouve son épanouissement dans cette relation privilégiée; cet «ami» dont il vante «la bienveillance» et «le cœur» : «Car, contrairement à ce qui a souvent été dit et écrit, Sarkozy est tout le contraire d'un tueur. Si on savait le nombre de personnes qui ont échappé à son couperet, parce qu'il avait passé l'éponge sur telle ou telle attitude, erreur, ou tel ou tel manquement. C'est tout bonnement considérable.»

Un exemple? «Oui, le préfet Fragneau. Haut fonctionnaire de soixante-deux ans, Bernard Fragneau avait décidé en 2010 l'expulsion d'une jeune Marocaine en situation irrégulière. Mais, devant le tollé et l'indignation des associations de défense, comme de l'opinion, Nicolas Sarkozy avait ordonné qu'on annule la procédure et délivre un visa à la jeune fille. S'estimant désavoué, le préfet avait demandé d'être relevé de ses fonctions.

L'histoire aurait pu s'arrêter là, si René Ricol n'avait décidé de récupérer le haut fonctionnaire à ses côtés. «Mais qui va l'annoncer au Président?» s'était alors inquiété son cabinet. «Moi, comme d'habitude», avait-il répliqué. «J'étais à peine sorti du bureau de Sarko, qui m'avait très élégamment donné raison, que son directeur de cabinet appelait l'ancien préfet pour lui dire que c'était une bonne idée qu'il me rejoigne. Ça, c'est Sarkozy! Et c'est formidable. »

La suite l'est moins. Bernard Fragneau, auquel Manuel Valls, ministre de l'Intérieur, fait miroiter en 2012 un retour en grâce au sein de la préfectorale, se fait humilier. On lui demande moult justificatifs, ainsi qu'un bilan de compétences et autres documents. La réponse du haut fonctionnaire est à la hauteur de sa forte personnalité : «J'ai toujours servi mon pays, suis sorti major de ma promotion à l'ENA. N'attendez donc pas de moi que je rédige quelque bilan que ce soit ! »

Le lendemain, l'homme se tirait une balle dans la tête. Pas un représentant de l'État ne vint à ses funérailles, où la famille rendit hommage à René Ricol : « La seule personne à laquelle je dois ma reconnaissance », prononça sa veuve.

Visiter François Hollande aussi

Lorsque François Hollande s'installe à l'Élysée, la même année, l'un des premiers à franchir la porte de son bureau est le même Ricol.

L'ancien conseiller de Nicolas Sarkozy lui a été présenté quelques mois plus tôt, durant la campagne présidentielle, par un ami commun, le journaliste et ancien patron du *Monde*, Jean-Marie Colombani. Les trois hommes dînent à de nombreuses reprises en compagnie de leurs épouses ou compagne (Valérie Trierweiler pour le candidat socialiste). Lors de l'un de ces dîners, René Ricol convainc François Hollande, alors bien placé dans les sondages, de ne pas détricoter le chantier de la Médiation du crédit, si d'aventure il décroche l'Élysée. Ce qu'il respectera.

Sixième partie

Les visiteurs au long cours

Le temps passe, les mandats défilent, les locataires de l'Élysée changent, mais certains visiteurs ont le talent, l'entregent, l'art de réussir à parler, échanger, essayer de conseiller les Présidents les uns après les autres.

Deux figurent parmi les plus assidus, opiniâtres et présents : Bernard-Henri Lévy et Alain Minc. L'intelligentsia aime côtoyer le pouvoir, qui le lui rend bien.

23

Bernard-Henri Lévy, le philosophe des Présidents

Juin 1977, Bernard-Henri Lévy est convié à déjeuner par Valéry Giscard d'Estaing en compagnie d'un quarteron d'intellectuels – Maurice Clavel, Jean-Marie Benoist, Claude Lévi-Strauss, Emmanuel Le Roy Ladurie… Chemise blanche à col ouvert et veste sombre, BHL patiente dans le jardin où le Président a fait installer ses invités. Il s'interroge : que fait-il ici ? Sa précédente visite à l'Élysée n'a pas été un franc succès. Au cours du repas, il s'était en effet violemment insurgé contre l'exécution de Christian Ranucci, guillotiné le 28 juillet 1976, le seul condamné à mort sous l'ère Giscard et le dernier exécuté en France par le bourreau appointé par l'État, André Obrecht.

Soupe à la grimace avec VGE

Revisitons la scène telle que Liliane Sichler la rapporte dans les colonnes de *L'Express*, en septembre 1978 :

« "Monsieur le Président est servi." Silencieusement, chacun déplie sa serviette dans un silence recueilli. "Bon, où en sommes-nous ?" attaque le Président. Bernard-Henri Lévy cite un ancien : "Tout va bien, on coule à pic !"

Giscard sourit et regarde chaque convive à son tour, au fond des yeux, avec une régularité de métronome. “Messieurs, je vous suggère modestement de tenter de penser ensemble à l’an 2000, afin que la France y ait pensé la première. Alors, je ne serai plus là… Voilà qui devrait faciliter les choses entre nous.” Bernard-Henri Lévy prend l’air insolent qui lui va le mieux : “Finalement, l’an 2000, je m’en fiche. Mais si l’on pouvait réfléchir à une nouvelle Déclaration des droits de l’homme et à la peine de mort, ce serait bien…” Le visage du Président se crispe. “Ceux qui crient ‘à mort’ devant les palais de justice, lui dit le nouveau philosophe, menacent la souveraineté de la loi. Un exemple m’a frappé, c’est celui de Ranucci, il y a deux ans.” Le Président n’entend pas et tourne la tête vers Georges Duby pour revenir à l’an 2000. Résigné, l’historien fixe sa tarte aux fraises avec ennui : “On ne peut rien dire de sérieux sur l’an 2000.” »

BHL n’a rien oublié de ce déjeuner, sur lequel il est revenu dans l’un de ses ouvrages, *Le Lys et la Cendre*[1] : « Je lui mis, pour ainsi dire, la tête de Ranucci sur la table. Tout cela de manière extrêmement policée, mais très carrée. Et Giscard l’a très mal pris. J’ai senti qu’il avait manifestement cette mort sur la conscience. Reste le souvenir d’un monsieur très bien élevé, un peu absent, qui semblait focaliser sur la seule idée de bien nous regarder tour à tour, le même nombre de secondes pour chacun, avec une régularité d’horloge. »

BHL et VGE ne se reverront plus. Certains ont tenté de les raccommoder, en vain. C’est le cas de la photographe Marie-Laure de Decker.

Femme de tête dotée d’une silhouette sculpturale, cette reporter de *Paris Match* fascine Giscard et électrise

1. Paru aux éditions Grasset en 1996.

Mitterrand, qui rêve de la conquérir. Membre en 1975 du groupe des experts du parti socialiste et par ailleurs directeur d'un petit magazine, *L'Imprévu*, Bernard-Henri Lévy envisage une interview de François Mitterrand :

« Je vous la donne à une condition : que Marie-Laure de Decker fasse les photos !

— Soit. Mais, si vous voulez, je viendrai avec elle.

— Non, non. Vous me l'envoyez… Vous faites l'interview et Marie-Laure de Decker vient sans vous ensuite pour les photos. »

Avec Mitterrand, la force de l'intimité

François Mitterrand et BHL sont liés d'amitié depuis 1972. Le rapprochement s'est fait pas à pas : une partie d'échecs entre deux joueurs et séducteurs. L'homme politique voit en l'intellectuel un prophète du désastre qui fait de la démocratie et des droits de l'homme une quête universelle. Engagé très tôt à ses côtés, BHL est investi une première fois pour les élections législatives de mars 1973, à Coutances. Promu à vingt-cinq ans confident par la grâce d'une amitié qui ne s'est jamais éteinte, le philosophe est de tous ses combats. « Quelques mots échangés un jour, il y a un demi-siècle, une correspondance, puis d'innombrables moments partagés, nous ont conduits à cette intimité rare et forcément précieuse », confesse-t-il. Une amitié soudée par de mêmes engagements et une même quête pour l'absolu. François Mitterrand est de tous les événements qui scandent la vie de cet ami : anniversaires, fiançailles et mariages – il est le témoin de l'un d'eux, en 1980. En effet, le 9 mai 1980, Bernard-Henri Lévy épouse une jeune éditrice, Sylvie Bouscasse – François Mitterrand est au premier rang dans l'église, témoin de mariage du jeune couple.

BHL fascine Mitterrand devenu chef de l'État. Haletant, le philosophe ne vient jamais le voir les mains vides : une guerre à mener, une famine à éteindre, un État terroriste à rayer de la carte… Inépuisable, il arrive tout droit et éternellement d'Afghanistan, de Libye ou du Kurdistan, de quelque maquis ou guerre civile dont il revient avec son lot de récits et fait livres ou films. À l'Élysée, le bureau du Président devient estrade : un avocat à la barre qui exalte sans relâche le devoir d'ingérence. De longues années durant, Bernard-Henri Lévy s'emploie à présenter à François Mitterrand une multitude de personnalités. Pierre Bergé, notamment.

Les histoires d'adoration tournent parfois mal : Mitterrand donnera plusieurs fois congé à l'amitié absolue, notamment après que le philosophe eut commis en 1981 plusieurs articles sévères sur l'Union de la gauche et ses premiers pas à la tête de l'État. Alors le Président pique une colère à la lecture d'une interview de l'essayiste Émile Malet, signée de BHL dans les colonnes de *Match*, au titre assassin, « Le gouvernement le plus pétainiste de France depuis 1915 ». Le philosophe se remémore la scène : « Mitterrand me reçut dans son bureau où je le découvris le numéro de *Match* étalé devant lui, raturé, annoté de sa main. Nous avons passé deux heures à discuter pied à pied. Notamment de cette France crypto-vichyste, et plus encore vichysso-résistante, que je dénonçais dans l'un de mes ouvrages, qu'il avait épluché. »

BHL subodore-t-il ce que les Français découvriront bien des années plus tard avec le livre de Pierre Péan, *Une jeunesse française*[1] ? « Oui, ce jour-là, dans la façon dont il se défend de manière virulente, à son côté cassant et glacial, qui me fait penser que cet homme a des secrets enfouis.

1. *Op. cit.*

Je me souviens d'avoir pris en notes cette conversation, sitôt après l'avoir quitté. Des notes consignées dans de petits carnets que j'ai conservées et que j'ai relues bien des années après. Le caractère étrange de cette conversation, cet acharnement à me reprocher de voir des fascistes partout, jusque dans les rangs de la Résistance. Bref, il y avait un truc qui me dérangeait et que je n'ai jamais réussi à chasser de mon esprit. »

La relation entre les deux hommes n'en reste pas moins amicale. Le lendemain de cet échange, BHL est convié à déjeuner à l'Élysée. La conversation est amicale, et les choses s'apaisent. Avec un autre que lui, la liquidation affective eût été sans doute radicale. Si le philosophe échappe au fil de l'épée, c'est en raison de la place qu'il occupe dans le cercle des fidèles. Ni dévot ni sautillant, mais d'une intelligence au laser qui dit les choses.

La Bosnie

Chercher la vie sous l'imprécation : noble dessein. À soixante et onze ans aujourd'hui, BHL a toujours un pied sur une terre de conflit. Il lui faut inlassablement une cause à défendre, le résistant d'une dictature oubliée à soutenir, une Europe en lambeaux à recoudre, un colonel afghan pour lequel aller se faire trouer la peau… Combien de fois a-t-il joué les messagers aux quatre coins de la planète ? L'épisode bosniaque en est l'exemple.

Alors que Sarajevo est noyée sous un déluge de feu en 1992, et parce qu'il sait sa proximité avec François Mitterrand, le Président bosniaque, Alija Izetbegović, le charge d'un message. Comme le feront plus tard le commandant afghan Massoud, les leaders de l'opposition libyenne ou les chefs de la résistance kurde avec Jacques Chirac, Nicolas Sarkozy et François Hollande. Le rôle d'une vie.

«J'ai longuement cherché les codes d'accès au cerveau de François Mitterrand quand éclate le conflit bosniaque. Comme un bandit qui sait qu'il a un temps donné pour craquer le code du coffre. Et à un moment j'ai trouvé : je m'entends lui dire dans le silence de son bureau :

«"Cet homme acculé, sous les balles et les bombes, me fait penser à Allende, pris au piège dans son palais de la Moneda, juste avant l'assaut des soldats de Pinochet.

— Que me dites-vous ?"

«Et là, j'ai vu son regard se figer, puis s'élever. Le drame d'Allende lui revenait soudainement telle une lame de fond qui remonte à la surface. Il s'est dirigé vers la fenêtre en silence. Je l'ai senti ébranlé. J'avais gagné.»

Deux jours plus tard, François Mitterrand s'envole pour une visite surprise à Sarajevo, les 27 et 28 juin 1992. Il met la question bosniaque au cœur de la diplomatie européenne. Et Bernard-Henri Lévy se trouve au centre du jeu en France, où une partie de l'intelligentsia brocarde le «BHL Park» : «Des parasites vivant des malheurs du monde.» Les plus sévères vont jusqu'à accuser le philosophe d'avoir agité le landerneau médiatique dans le seul but de faire la promotion de son film *Bosna !*, présenté à ce Festival de Cannes de 1994, dans lequel François Mitterrand affirme n'avoir jamais su l'existence des camps de concentration, alors que le Président bosniaque l'en aurait informé, affirme-t-il. Le chef de l'État et l'Élysée répliquent par un communiqué qui contredit sèchement l'auteur. «Je ne pardonnerai jamais à François Mitterrand de n'avoir pas voulu entendre qu'il y avait des camps de concentration en Bosnie, dit-il. "Des rumeurs", prétendait-il, alors que je disposais de preuves accablantes.»

En mémoire de la Légion d'honneur que François Mitterrand avait remis à son père, BHL décide d'enlever au montage de son film une photo qui lui avait été transmise par les autorités bosniaques, montrant François Mitterrand en présence des dirigeants et bourreaux serbes Radovan Karadžić et Ratko Mladić, deux criminels de guerre déférés dix-huit ans plus tard devant la Cour pénale internationale pour le massacre de Srebrenica.

Dans ses appartements de la rue du Cirque, à Paris, le Bernard-Henri Lévy de 2020 semble en règle avec le BHL de toujours : il ne regrette rien. Tout juste soupire-t-il de tous les efforts qu'il a déployés. De ces innombrables séjours à Sarajevo sous les bombes. De ces conciliabules à n'en plus finir avec François Mitterrand, qu'il a accueilli sur le tarmac d'un aéroport bosniaque emmitouflé dans une parka, quand il s'y est rendu la première fois. Des souvenirs encore, comme des photos sépia : les deux seules visites à l'Élysée d'Alija Izetbegović, un Président bosniaque qu'il avait amené à Mitterrand, comme on brandit un trophée. Le philosophe avait affrété un avion payé sur ses deniers. Matignon et le Quai d'Orsay n'avaient pas été mis dans la confidence, seul le cabinet du président de la République était dans le secret.

Mariage assuré

Au cœur de cette crise, le 19 juin 1993, BHL épouse Arielle Dombasle. La veille du jour J, le philosophe est à Sarajevo : aéroport fermé, routes bouclées, une ville claquemurée. Tandis qu'une centaine d'invités prennent trains et avions pour rejoindre Saint-Paul-de-Vence, où va se dérouler la cérémonie, le marié reçoit par fax à Sarajevo les croquis de la robe de cérémonie de sa future épouse. Il appelle l'acteur Roger Hanin, sur une ligne téléphonique de l'armée française.

« Alors, fils, tu es où ? Tu sais qu'Arielle s'inquiète !

— À Sarajevo ! Et dans l'incapacité de rejoindre Saint-Paul-de-Vence.

— C'est pas possible, c'est un film ! J'appelle François ! »

Roger Hanin joint le chef de l'État. Il est 10 heures du soir quand Bernard-Henri Lévy parvient à lui parler. À l'appareil, un Mitterrand caustique : « Comme je suis heureux de vous entendre. Vous vous mariez demain, paraît-il. Sachez que vous avez très, très bon goût. Elle est ravissante… » Mitterrand, qui sait tout de la situation, change de ton :

« Écoutez, j'ai compris. Où êtes-vous, que se passe-t-il ?

— Je suis au quartier général des forces françaises à l'aéroport de Sarajevo.

— Ne bougez pas. Le général qui est sur place va vous joindre dans l'heure. »

Quelques minutes, et un galonné se présente – « J'ai cru comprendre que vous aviez une obligation » –, qui organise le rapatriement de BHL par le seul avion autorisé à décoller de Bosnie vers une base militaire de Toulon. Puis c'est un taxi pour Saint-Paul-de-Vence.

« Le temps de mettre un costume, de me raser, d'embrasser ma femme… », et le voilà endimanché devant un parterre composé de patrons de presse, d'industriels et d'un jeune député-maire, Nicolas Sarkozy. Arrive alors une immense coupe en cristal apportée par deux motards, toutes sirènes hurlantes : le cadeau de mariage de François Mitterrand.

L'amitié de Jacques Chirac

Il est un autre président de la République auquel le philosophe voue une affection particulière : Jacques Chirac. La rencontre a lieu en 1979, dans un avion qui les ramène de Strasbourg, où BHL vient d'annoncer la création de l'ONG Action contre la faim. Assis côte à côte, les deux hommes entament une longue conversation. Le philosophe raconte la scène dans les colonnes du *Point* en septembre 2019, à la mort de Jacques Chirac :

« Nous sommes assis côte à côte, trop serrés, également encombrés de nos jambes, dans l'avion d'Air Inter qui rentre de Strasbourg et qui, tournant interminablement, pour cause d'embouteillage, dans le ciel d'Orly, nous laisse le temps d'une conversation. Le gauchisme d'où je sors… Le gaullisme qu'il continue… Sa détestation de Raymond Barre… Les amours de Giscard… Si je sais que Conan Doyle était cocaïnomane… Je le trouve follement sympathique. Je m'aperçois avec stupeur que nous sommes d'accord sur à peu près tout. Et comme je me sens tenu, toutes les trois phrases, de faire précéder mon "nous sommes bien d'accord" d'un prudent et un peu sot "malgré tout ce qui nous sépare", le voilà qui, aux bagages, alors que son chauffeur a déjà récupéré son sac, revient sur ses pas et, l'air penaud, plein d'une gaucherie qu'accentue une claudication récente, me pose la question la plus simple, la plus normale, mais à laquelle je me trouve absolument incapable de répondre : "Dites voir, monsieur Lévy, qu'est-ce qui, au juste, nous sépare ?" Dix ans plus tard encore. Mairie de Paris. Nous déjeunons avec le P-DG d'Air France, Jacques Friedmann ; l'homme de sa vie, François Pinault ; et André Lévy, mon père, qu'il a, deux ans plus tôt, rapproché de François Pinault. Il est en territoire ami. Donc lui-même. Avec un côté Balzac pour l'appétit, Stendhal pour le goût du bonheur et un zeste de Malraux (je n'ai jamais cru à sa réputation d'inculture !) pour la nostalgie de la grandeur et la tentation de l'Orient. À un moment, pourtant, la conversation vient sur Le Pen ; et le ton, soudain, se durcit. "Jamais, vous m'entendez, jamais, dans aucune sorte d'élection, les gaullistes ne feront d'accommodement avec ces gens. Pourquoi ? Parce que nous y perdrions tout. L'honneur, naturellement. Mais aussi l'élection." Eh oui ! La formule, souvent attribuée à d'autres, est de lui. »

Un soutien renouvelé

Dans cette carlingue, un lien se noue, une relation intermittente, mais solide, dont Bernard-Henri Lévy a la confirmation sept ans plus tard…

Au début des années 1980, André Lévy, père du philosophe, à la tête d'un groupe de négoce international de bois, à l'origine de sa fortune, rencontre des difficultés qui mettent en péril son empire. Venu à la rescousse, BHL s'en va tirer les sonnettes de François Mitterrand à l'Élysée et de Pierre Bérégovoy à Bercy. Ni l'un ni l'autre ne lèvent le petit doigt pour lui venir en aide. Il faut attendre l'année suivante et la nomination de Jacques Chirac à Matignon pour que l'industriel François Pinault, ami du couple Chirac, organise une rencontre qui va dénouer l'affaire en vingt-quatre heures. « Il suffisait pour cela de mettre d'accord un pool de six banques, ce que fit Jacques Chirac sans hésiter », se souvient l'héritier, qui évoque la mémoire d'un homme auquel il doit la survie d'un patrimoine familial sauvé de la banqueroute.

Une visite pour aider Massoud

Chirac, toujours… 1998, BHL revient d'Afghanistan. Dans ses bagages, un reportage (resté célèbre) sur une figure iconique de la résistance afghane, le commandant Massoud, que publie *Le Monde*. « Une scène gravée à jamais dans ma mémoire. Au fin fond des montagnes afghanes, où il est entouré de ses lieutenants, je m'engage à le faire inviter à Paris par la France et à lui faire rencontrer le président Chirac à l'Élysée. »

Le lendemain, le philosophe est dans le bureau du Président. Un Chirac attentif et chaleureux, qui fait le tour de son bureau et vient s'asseoir tout près de lui. Se lève sans cesse et se rassoit, un bol de cacahuètes au bout du bras. Un Président qui joue les serveurs de bistrot, un « Perrier rondelle » à la main, pour son invité. Qui, prévenant, fait mine de s'écarter quand le téléphone de BHL sonne – « Prenez, ne vous gênez pas, c'est peut-être important. » Et qui conclut l'entretien : « Dites au commandant Massoud qu'il est le bienvenu en France. Et voyez François Pinault… » L'industriel propose sans hésiter de mettre son jet à disposition pour aller chercher la figure de la résistance afghane dans ses montagnes. Las, des combats sur place empêchent le vol.

Quelques années encore… Nous sommes en 2001, et le leader afghan n'a toujours pas vu l'Élysée, malgré l'invitation réitérée de Jacques Chirac. Quelques mois avant les attentats du 11 Septembre, BHL reçoit un appel du chef de guerre qui se dit prêt à se rendre à Paris. « J'étais à l'époque en reportage pour *Le Monde* dans le Sud-Soudan. J'appelle Pinault, contacte Chirac et mets en branle l'opération. Mais le lundi matin, catastrophe : Lionel Jospin, qui est Premier ministre – nous sommes en pleine cohabitation –, comprend le bénéfice électoral que peut tirer Chirac d'une telle visite à l'approche de l'élection présidentielle. Aussi se rend-il à l'Élysée où il met Chirac en garde, expliquant notamment que la réception de Massoud risque d'avoir des répercussions pour les ressortissants français vivant en Afghanistan. Et qu'il prend là une immense responsabilité. Chirac a pris peur et a tout stoppé. J'en ai averti Massoud, la mort dans l'âme, avant de le faire inviter à Strasbourg par le Parlement européen. »

Mission Afghanistan

Quoi d'autre dans son grenier ? BHL revisite sa boîte à souvenirs comme on remonte le mécanisme d'une horloge qui ne demande qu'à trotter. Lorsque surviennent les événements du 11 septembre 2001, le philosophe reçoit des messages comme des feux rouges clignotants, de différentes sources aux confins de l'Afghanistan et du Pakistan : « Tous me disent que ce voyage de Massoud en France avait pour but d'informer Chirac de l'imminence d'attentats de grande ampleur fomentés par Ben Laden et le mollah Omar. » Des menaces dont il a la preuve à l'époque et qui lui reviennent comme un leitmotiv.

Quelque temps après ces rendez-vous manqués avec Jacques Chirac et la tragédie des tours jumelles, Bernard-Henri Lévy se retrouve une nouvelle fois à l'Élysée. En pénétrant dans le bureau, son regard questionne son locataire : Chirac affiche un drôle d'air, entre gêne et nervosité. Juste une histoire de degrés sur l'échelle de son humeur ? La main que le Président lui tend est un peu fuyante. Perrier, bol de « cahuètes »... Il tire un fauteuil et s'installe au plus près du philosophe : « Écoutez, Bernard, la France est en dette vis-à-vis de l'Afghanistan. Ce pays me passionne, m'éblouit par sa culture et par la puissance de l'art afghan. Je voudrais réparer. Accepteriez-vous une mission ? D'être mon représentant personnel en Afghanistan ? Pour voir ce que l'on peut faire afin de reconstruire ce malheureux pays. Acceptez ! » Mains jointes en prière, Chirac attend. BHL accepte.

En novembre 2001, la guerre déchire l'Afghanistan, et l'émissaire de Jacques Chirac s'envole pour Kaboul, enrubanné du titre ronflant d'« envoyé personnel » du président de la République. Quelques semaines plus tard, le philosophe est de retour à Paris avec un rapport sur la situation afghane. Dans ses bagages, également, un manuscrit : le récit du destin tragique du journaliste Daniel Pearl.

Un ministère ?

Dans l'immédiate foulée de cette mission, Jacques Chirac et BHL multiplient les rencontres : la perspective de l'élection présidentielle de 2002 et le risque Jean-Marie Le Pen ont remplacé le commandant Massoud dans leurs échanges. Le philosophe, qui a changé de registre, joue les conseillers politiques pour celui qui devrait affronter le président du Front national lors du débat télévisé de l'entre-deux-tours. Chirac cherche des munitions, et le philosophe lui en fournit. Finalement, le débat n'aura pas lieu.

Au lendemain de l'élection présidentielle, gagnée haut la main avec 82 % des voix et la mobilisation de tout le pays, gauche comprise, pour repousser la menace du FN, Jacques Chirac propose à Bernard-Henri Lévy le portefeuille du ministère de la Culture. L'homme à col blanc renversé décline et s'éloigne de celui qui va tenter à plusieurs reprises de le faire revenir sur sa décision. « Réfléchis bien ! Les plats ne repassent pas deux fois… » BHL n'ira pas. Comme d'autres, parmi la société civile, son rapport à la politique est en phase avec l'approche distanciée et ludique, zappeuse et caritative, de ces êtres jaloux de leur autonomie. La petite histoire veut que deux industriels, amis du philosophe, François Pinault et Jean-Luc Lagardère, se soient rendus en délégation à son domicile afin de le raisonner, en vain : BHL leur confia qu'il préférait sa vie de nomade et d'intermittent de la politique aux servitudes d'un ministère. BHL hors jeu, Jacques Chirac demande à son premier ministre, Jean-Pierre Raffarin, de trouver une personnalité qui lui ressemble. Il en fait succinctement le portrait-robot :

« Un intellectuel sympa avec des cheveux longs... »

Raffarin réfléchit.

« Luc Ferry !

— Bonne idée ! » s'écrie le Président, qui nomme l'intellectuel à l'Éducation nationale, avant d'installer Jean-Jacques Aillagon à la Culture, poste qu'il avait offert sur un plateau à son ami philosophe.

La rencontre avec Sarkozy

Février 1983. Visage bronzé et chemise blanche déboutonnée, silhouette identifiable entre mille : BHL revient d'un séjour au Maroc quand il fait la rencontre de Nicolas Sarkozy à la mairie de Neuilly, que celui-ci vient d'investir. C'est Thierry Gaubert, l'un de ses porteurs d'eau, qui l'a convaincu d'accepter l'invitation. Grosse cravate et cheveux longs, Frédéric Lefebvre – « Travolta », ainsi surnommé – est également de ceux qui font les plans de table du couple Sarkozy. Au bout de leurs hameçons, une noria de célébrités disparate (Johnny Hallyday, Christian Clavier, Philippe Sollers, Sean Penn)... qu'il rameute.

Et ça « matche » entre BHL et « Sarko », qui se lient presque instantanément d'amitié. « Des liens solides, constants, qui ne se sont jamais démentis, ni altérés, malgré les désaccords et le fait que je n'aie jamais voté pour lui », souligne le philosophe. Un bien drôle d'attelage. Deux matamores qui communient dans le même culte de la bravoure, vénèrent la même France, celle de Bouvines et de l'Affiche rouge. Deux hommes qui se ressemblent, chez qui tout cohabite de plain-pied : velléités et sens des réalités, pudeur et gouaillerie, sensibilité et cruauté. Deux grands séducteurs aussi, qui aiment conquérir des foules féminines et harponner des salles entières. Deux téméraires enfin, qui aiment s'exposer.

À chacun ses risques : BHL, fier sans gilet pare-balles sur un pont à Sarajevo. Sarkozy, vaillant sur les rings des plateaux télé où il concasse ses rivaux. Les deux hommes font la paire. Quand le philosophe porte sur le politique un regard de fascination interrogative, le politique a sur le philosophe l'œillade du fan que le moindre rot d'artiste suffit à faire se pâmer.

L'ascension accompagnée

BHL a pour ainsi dire accompagné toute l'ascension politique du maire de Neuilly. «J'ai vécu et partagé les hauts et les bas, les sacres comme les traversées du désert», dit-il. L'édile des Hauts-de-Seine a trouvé son compagnon de route. Deux serre-livres que rien ne sépare.

BHL n'est jamais bien loin quand Nicolas Sarkozy s'en va batailler sur les tréteaux de télé. Ministre de l'Intérieur en 2002, il y débat un matin avec Tarik Ramadan. En coulisses, le philosophe lui a fourni des munitions. Pour s'imposer sur la scène politique, il faut une allure immédiatement mémorisable, des emblèmes intangibles : ce n'est pas le cas de Nicolas Sarkozy, qui s'en remet à sa fougue et aux éléments de langage de BHL. Rencontres avec des personnalités remarquées, ouverture des écoutilles, sniff d'air du temps… le philosophe est là, qui lui sert de guide et presque de tuteur.

Les deux hommes partent en vacances ensemble, font du ski, dînent, déjeunent, se rejoignent dans le midi de la France. Deux «bons copains» qui se confient les choses : les femmes, la littérature et la politique sont alternativement au menu. Le dernier sujet est au cœur de leurs échanges quand Nicolas Sarkozy se voit confier le ministère du Budget et de la Communication par Édouard

Balladur, en 1993, son premier portefeuille. BHL l'encourage à prendre le poste.

Inversement, c'est vers Nicolas Sarkozy que le philosophe se tourne quand Édouard Balladur met son veto à sa nomination (par François Mitterrand, seconde cohabitation oblige) à la tête du conseil de surveillance d'Arte. Ni une ni deux, l'ami de Neuilly intervient. De ce jour, le philosophe hérite d'une fonction qu'il occupe depuis vingt-cinq ans : le mandat le plus long de l'audiovisuel public en France !

Quelques mois plus tard, alors qu'ils déjeunent en bordure des pistes de l'Alpe d'Huez, en compagnie d'Alain Carignon, Nicolas Sarkozy insiste pour que BHL obtienne de son conseil la tête du patron d'Arte, le fabiusien Jérôme Clément. Trop barbu, trop socialo, trop à gauche… « Bernard, si tu ne lâches pas Jérôme Clément, on te pousse dans le ravin. » On rigole. Le lendemain, le « gaucho » d'Arte est confirmé dans ses fonctions.

Le dilemme de 2007

Caution ou cocu ? Bernard-Henri Lévy confie avoir mal vécu la présidentielle de 2007, écartelé entre l'amitié qu'il porte à Nicolas Sarkozy, dont il ne veut pas être l'étendard, et son adhésion à Ségolène Royal qu'il a rejointe, « à un point dément, dans la mesure où j'étais au cœur du cœur nucléaire de son dispositif de campagne ».

« Et toi ? Quand comptes-tu me soutenir publiquement ? » s'impatiente son ami, qui ignore tout. André Glucksmann ne vient-il pas publiquement de se rallier à son fanion dans une tribune publiée dans les colonnes du *Monde*, tandis que le Tout-Paris des arts, du show-biz et des affaires processionne à sa porte ? « Allez, un peu de courage, sors de ton lit… »

BHL n'en fera rien. Le ton de la campagne de l'élu de Neuilly ne lui plaît pas. Nicolas Sarkozy y proclame les mérites de l'économie de marché et la compétition à tout-va, psalmodie le triomphe du CAC 40 et découpe la France en tranches ethniques ou religieuses, quand BHL exalte sans relâche la mythique républicaine. Il ne s'en cache pas dans les dîners en ville, où il dit sa détestation pour la tournure prise, qui lui rappelle les accents de la campagne « libérale, sectaire, atlantiste et communautariste » d'Édouard Balladur en 1995. « Plus que cela. Je trouvais la campagne de Sarkozy incroyablement droitière, avec des propos de tribune inacceptables sur Mai 68 ou le colonialisme. »

Au soir de la victoire, l'essayiste n'est pas des festivités du Fouquet's. Passé au fil de l'épée des fidèles écartés de ces agapes, BHL panse les plaies de la dame blanche, rue de Solférino.

Une brouille

La fâcherie entre les deux amis ne dure que quelques semaines : le temps d'un mot et d'un livre. BHL adresse quelques lignes au nouveau locataire de l'Élysée, où il le congratule pour son élection et lui annonce la sortie prochaine d'un livre sur la présidentielle, auquel il met la dernière main, *Ce grand cadavre à la renverse*[1]. L'ouvrage s'ouvre sur le verbatim de leur toute dernière conversation.

Les relations ne s'arrangent pas quand le philosophe publie une tribune au vitriol dans les colonnes du *Monde*, après le discours de Dakar et la réception en grande pompe de Kadhafi à Paris.

1. Paru aux éditions Grasset en 2007.

« Me faire ça, à moi ! » Il faut toute la diplomatie de deux familiers du Président, Alain Minc et Alain Carignon, pour que les choses s'apaisent. Les mois s'écoulent. Entre-temps, Nicolas Sarkozy a épousé Carla Bruni, et BHL a repris le chemin de ses croisades aux confins du Proche-Orient.

Arrive le moment de sa réélection à la tête du conseil de surveillance d'Arte. Le chef de l'État et le philosophe se retrouvent à l'Élysée pour la première fois depuis l'élection présidentielle et après des mois de brouille : « Me voilà face à ce Président auquel me lie une relation, somme toute, singulière… »

Toujours ce même escalier cérémonial, cette Roche de Solutré de la République. Ce vaste bureau dont il connaît chaque bibelot et où il a plaidé tant de causes. Nicolas Sarkozy qui l'accueille avec ces mots : « Bernard, tes histoires de boy-scout avec Jérôme Clément, ça ne m'intéresse pas ! Considère ta nomination comme acquise. Mais j'ai une seule question à te poser : quelle mouche t'a piqué ? Pourquoi *Ce grand cadavre à la renverse* ? Pourquoi ce bouquin ? » Cramponné aux accoudoirs de son fauteuil, le chef de l'État parle vite. Son genou bat la mesure. On est toujours médiocre quand on désire quelque chose : BHL n'attend rien. Pas même le hochet d'Arte. Il lui rappelle le courrier qu'il lui a transmis quelques mois plus tôt, un mot que son destinataire prétend n'avoir jamais reçu. Les deux hommes s'expliquent longuement. Le premier, Nicolas Sarkozy, défend sa cause avec énergie, explique qu'il n'est pas le réac de sa caricature. Le second, BHL, lui rappelle ses combats, intransigeant à l'égard de Kadhafi et des roitelets qui mettent le monde arabe à feu et à sang.

Réconciliation

BHL partage un trait de caractère avec Sarkozy : la vitesse. Quand il est à fond, il accélère. Il s'est fait successivement lanceur d'alerte en Bosnie, messager en Afghanistan, grand reporter de guerre au Soudan, artificier en Libye… Sur le front du monde de l'édition, il a attaqué le marché américain avec *American Vertigo* et signé un contrat de syndication avec le *New York Times* pour vendre ses articles dans la presse mondiale. À chaque instant, occuper l'espace. Avec le Président, il remet donc son costume de va-t-en-guerre et assure qu'il faut anéantir Bachar el-Assad, comme on a occis l'ancien dictateur irakien, Saddam Hussein.

L'affaire libyenne scelle leurs retrouvailles. De retour de Bengazi, il va au-devant de l'opposition libyenne qu'il convainc de venir à Paris. Il est quelques jours plus tard sur le perron du Palais, aux côtés du chef de l'État et d'une délégation libyenne.

Nicolas Sarkozy a rouvert au philosophe la porte de son bureau, et celle de son domicile. Les pérégrinations sexuelles de Dominique Strauss-Kahn, pris dans la nasse de la justice américaine dont il sortira finalement blanchi, sont alors au cœur de leurs échanges. Quoi faire pour l'aider, interroge BHL, qui s'apprêtait à le rejoindre à l'horizon de la campagne présidentielle de 2012 ? Le philosophe se souvient d'avoir entendu Nicolas Sarkozy évoquer cette affaire « avec compassion et… jalousie ».

Macron aussi

À l'été 2019, le philosophe se mobilise pour un autre de ses amis, le P-DG d'Arte, Jérôme Clément. Quand, à l'automne 2018, le ministre de la Culture du gouvernement d'Édouard Philippe, Franck Riester, décide de faire rentrer la chaîne franco-allemande dans le giron de la future holding de l'audiovisuel public, aux côtés de France Télévisions et de Radio France – un non-sens à ses yeux –, il inonde le chef de l'État, Emmanuel Macron, de SMS. Le Président l'entend et désavoue son ministre.

Peut-on résumer cet homme à la politesse qu'il affiche en toute occasion ? À l'énergie sincère qu'il met en tout depuis plus d'un demi-siècle ? À son goût prononcé pour les jeux d'influence ? Certainement.

Ajoutons-y le sens de la fidélité. On l'a vu voler à la rescousse de Nicolas Sarkozy, mis en examen dans le cadre de l'enquête sur le financement de sa campagne de 2007. Interrogé sur Europe 1, il assure n'avoir jamais douté des motivations sincères de ce dernier quand il s'est lancé dans l'aventure libyenne. « Vous n'avez aucun doute ? » insiste Patrick Cohen au micro de la matinale. « Non ! » répond Bernard-Henri Lévy d'une voix franche.

24

Alain Minc, le visiteur puissance mille

Dimanche 7 mai 2017. « Le Président n'est plus, vive le Président ! » Dans ses bureaux parisiens, avenue George-V, Alain Minc salue à gorge déployée l'élection d'Emmanuel Macron, un homme au firmament auquel il vient d'adresser un long texto enrubanné d'éloges.

« Le roi est mort, vive le roi ! », disait-on jadis pour marquer la permanence du principe monarchique. Réflexe de caste : il en va d'une certaine manière de même avec l'ENA, dont Alain Minc et Emmanuel Macron sont issus. C'est l'un des siens que l'essayiste et conseiller de l'ombre d'une noria d'hommes politiques et de capitaines d'industrie assomme de compliments, l'index fébrile. Quarante ans que cet intellectuel touche-à-tout, homme d'influence, d'affaires et de médias, textoteur compulsif, fait commerce de ses conseils, papillonnant sans relâche aux quatre coins des échiquiers de la classe politique et du CAC 40 : deux mondes, deux sphères, qu'il balise de longue date.

La quintessence du visiteur nocturne

Hors concours, Alain Minc incarne le visiteur du soir dans toute sa quintessence : il a réussi l'exploit de rentrer dans l'intimité d'une dizaine de Premiers ministres, de trois présidents de la République – Jacques Chirac, Nicolas Sarkozy et Emmanuel Macron –, et d'une légion de hauts fonctionnaires et de grands patrons dont il a accompagné l'ascension. Conseiller du roi : le rôle d'une vie. Alain Minc est un cas d'espèce. Bientôt quarante ans qu'il conseille tous azimuts, en jouant de tous les registres, sans jamais délivrer la même partition, ni afficher le même visage. *Poker face*… L'Histoire vibre à travers les souvenirs d'un homme devenu le symbole absolu du visiteur, qui a le sentiment de participer depuis plus de trente ans à la vie de la France. Dans ce palais régi par des tonnes d'usages et de protocoles, Alain Minc est un peu chez lui.

Au pays des petits coups bas entre meilleurs ennemis, l'inoxydable a survécu à toutes les révolutions de palais. Une fois de plus, l'élection présidentielle est un pari gagné pour cet agitateur d'idées, dont le nom noircit, mandat après mandat, les agendas du secrétariat présidentiel.

Le fou des rois aux diagonales imprévisibles

Celui qui s'est mis très tôt dans les pas de Nicolas Sarkozy, édile de Neuilly, qui a pisté François Hollande avant même qu'il ne songe à l'Élysée et fait la courte échelle à Emmanuel Macron, quand ce dernier biberonnait à la banque Rothschild, s'est glissé tout jeune dans les arcanes et les jeux de Cour qui corsètent notre vie politique. Pompier de service, il œuvre dans l'urgence et sans relâche, avec chaque fois un credo sur mesure, selon les époques et ses interlocuteurs. Du grand art. Exaltant ici la mystique républicaine, psalmodiant, là, les mérites de l'économie de marché dont il est l'un des chantres, atomisant plus loin l'ENA et l'Inspection générale des finances, deux symboles de la haute fonction publique dont il est pourtant issu, mais qu'il peut accuser de tous les maux si tel est l'air du moment…

Une louche de Thatcher à l'un, une cuillerée de Jaurès à l'autre, une pincée de Mendès au troisième : fou du roi en diagonales imprévisibles, Alain Minc dispense des prescriptions à la carte. Ses diagnostics sont pesés au trébuchet, ses triples saltos toujours bien exécutés, et l'ensemble laisse en général le Président baba.

Le palais de l'Élysée n'a plus guère de secrets pour ce visiteur hors classement. Il en franchit le seuil comme d'autres poussent les grilles d'un square d'arrondissement, saluant les gendarmes à l'entrée, dont les visages lui sont familiers. Il s'enquiert de la forme du chef de l'État auprès de l'un de ses conseillers, croisé au détour d'un couloir. Tutoie le plus souvent le maître des lieux avec une familiarité inhabituelle. Quand d'autres feuillettent des albums d'histoire qui revisitent la Ve République, Alain Minc se contente de reprendre sa vieille collection d'agendas : des calepins parcheminés où il a couché ses dizaines et dizaines de visites aux différents locataires d'un lieu devenu pèlerinage.

La politique, une vie !

Silhouette affûtée, de petite taille, démarche alerte et regard qui vrille, Alain Minc n'aime pas qu'on l'étudie. Au point de se raidir dès qu'il s'agit de livrer la plus petite parcelle de lui-même. Lui, en revanche, n'a pas son pareil pour lire dans le tréfonds de ceux qu'il aime disséquer, engoncé dans le fauteuil de son bureau où il administre ses conseils. On dit que pour avoir un avenir en politique il faut y penser tout le temps : Alain ne pense qu'à ça, la politique.

Affable et bavard, capable de disserter inlassablement – et à haute altitude – sur les grandes questions du moment, qu'il s'agisse de politique, d'économie, de littérature ou de philosophie, aussi prompt à brosser le portrait des puissants qu'il épaule qu'à résoudre des problématiques à moult équations, Alain Minc est le pur produit d'une élite, d'une «étatocratie», solidement installée au cœur du pouvoir : l'énarchie et son appendice, sa pouponnière, l'Inspection générale des finances.

Symbole contesté de l'élitisme français, l'ENA constitue une exception très française par la place qu'elle occupe. Imagine-t-on que tous les Premiers ministres britanniques soient diplômés de Cambridge ou d'Oxford, que les locataires de la Maison Blanche soient en majorité issus de Stanford ou de l'académie militaire de West Point? Ou encore que les chanceliers allemands aient suivi, sans exception, leur scolarité dans le même institut d'enseignement administratif? Impossible.

Macron, la rencontre précoce

Emmanuel Macron à l'Élysée, c'est pour Alain Minc l'assurance d'un retour sur scène.

Il n'a pas oublié son premier contact avec le Président nouvellement élu, alors jeune inspecteur des finances. À la question : «Où vous voyez-vous dans trente ans?», le très assuré Macron avait répondu : «Président de la République!» «Vous commencez bien mal notre conversation, jeune homme!» lui avait rétorqué Alain Minc, qui évoque «une personnalité au débit rapide et enthousiaste, au verbe précis, habile également dans l'autodérision. J'ai vite compris que ce garçon voulait faire de la politique. Mais, pour atteindre ce but, il lui fallait être indépendant sur le plan financier. Je lui ai donc conseillé de gagner de l'argent, et vite».

Et où peut-on espérer en gagner, quand on est issu de la haute fonction publique ? Dans la banque d'affaires. De la précocité, du talent, de l'ambition : tout cela plaît à Alain Minc, qui recommande ce jeune inspecteur des finances, comme une perle rare, à François Henrot, le bras droit de David de Rothschild.

Qui connaît Emmanuel Macron dans les étages de ce Vatican de la finance ? Personne. Et encore moins David de Rothschild, dont le téléphone sonne au printemps 2008. « Vous n'êtes pas le premier à m'en parler, cher Alain, et c'est bon signe », réagit le banquier. Jacques Attali et Serge Weinberg lui ont déjà signalé ce « cerveau », remarqué parmi les rapporteurs de la commission Attali, où il a impressionné ses pairs.

Rothschild comme marchepied

Nous sommes à la mi-mai 2008. Simone Huriot, la précieuse assistante de David de Rothschild depuis un demi-siècle, accueille Emmanuel Macron au septième étage de la banque. Puis elle l'introduit dans le bureau imposant du maître des lieux.

Le contact entre les deux hommes est d'emblée chaleureux. Le vieux banquier a une familiarité respectueuse avec ce garçon de quarante ans son cadet, qui s'épargne les ronds de jambe et se montre d'emblée brillant et sans détour. De fait, Emmanuel Macron n'a rien à prouver : il n'attend de son passage chez Rothschild ni carrière, ni fortune, ni honneurs. Cette banque n'est qu'une rampe de lancement.

Le 1er septembre 2008 (soit dix jours avant la chute de Lehman Brothers aux États-Unis et le début de la crise financière), Emmanuel Macron s'installe dans un bureau d'une prestigieuse maison, dont ni le nom ni l'emblème à cinq flèches ne figurent à son fronton, dans une allée cossue de la plaine Monceau. D'abord comme banquier d'affaires, puis au titre d'associé-gérant.

En l'espace de quelques mois, le nouveau gagne son surnom de «Mozart de la finance». S'il connaît aujourd'hui intimement une majorité des très grands patrons, c'est parce qu'il a su s'appuyer sur la réputation de cette illustre maison pour s'ouvrir des portes. Ses deux «parrains», Jacques Attali et Alain Minc, ont également veillé sur lui en l'épaulant dans son ascension.

Écoutons le second, qui l'a vu bêcher le jardin de ses ambitions : «Emmanuel Macron est un homme pressé qui navigue depuis son plus jeune âge sur cette ligne de crête entre le rêve et le réel. C'est un torrent qui déborde.»

L'ambition politique pointe

À l'hiver 2015, les deux hommes évoquent pour la première fois l'horizon de l'élection présidentielle. Emmanuel Macron est alors ministre de l'Économie, et l'essayiste a un avis tranché sur le sujet : attendre 2022. C'est également l'avis de Bernard Tapie, qui appelle Alain Minc : «J'ai un message à faire passer à ton copain Macron. Je l'ai vu à Marseille et je l'ai trouvé formidable! Il doit prendre la ville et après rien ne l'arrêtera. Gaudin sera d'accord. Les bourgeois seront contents. Les socialistes essaieront de sauver trois meubles. Et le Petit Prince aura été l'élu des quartiers nord. Un boulevard...»

«Lumineux», juge l'essayiste, qui se rend à Bercy où il rapporte au jeune ministre sa conversation avec l'ancien patron de l'OM : «Un très bon politique, commente en souriant Emmanuel Macron, mais c'est non, je ne le ferai pas comme ça. Marseille, ça me fait chier! Tu vis en lisière du système, en dehors de la marmite. Dis-lui que je veux, que je vais aller vite. Sans passer par la case municipale. C'est maintenant ou jamais ! »

Six ans ont passé, et Alain Minc confesse avoir tenté de le dissuader de se lancer à l'assaut de l'Élysée – « trop jeune, trop tôt » –, convaincu qu'à tout juste trente-huit ans il prenait de gros risques. Mais il admet s'être « totalement planté. J'avais tort ».

Le conseiller peut aussi se tromper

Entre-temps, Alain Juppé s'effondre, François Hollande se retire, Emmanuel Valls est battu, François Fillon se prend les pieds dans le revers de son costume et François Bayrou devient raisonnable : « Cinq éléments un peu lourds », convient l'essayiste.

Alain Minc, qui admet avoir manqué de flair. Il a longtemps tablé sur une victoire d'Alain Juppé, auquel il s'est rallié après le carambolage de François Fillon. Alain Minc et son côté groupie : à soixante-dix ans, il lui faut encore et toujours un héros à admirer, un chef pour lequel se faire trouer la peau au champ d'honneur d'une campagne électorale, un dossard à rallier, une casaque sur laquelle miser. Il a manqué de perdre gros quand le maire de Bordeaux a fait pschitt.

Mais le talent et l'instinct du joueur sont en lui. « Toute élection est un pari », dit-il. Pari risqué. L'essayiste corrige le tir en ralliant Emmanuel Macron à quelques semaines de la campagne présidentielle. Alors qu'il est en route pour Europe 1 où il est invité, Alain Minc téléphone au candidat d'En Marche ! : « Écoute-moi, tu vas être surpris et, j'espère, content... » Surpris, oui. Content également : Alain Minc promène l'encensoir, l'inonde d'éloges. À peine a-t-il quitté la radio qu'il reçoit ce SMS : « Merci et... enfin ! »

L'équilibriste

Ainsi va Minc… Apôtre du libéralisme, symbole de l'élitisme républicain, oracle parfois sévèrement démenti. À l'aise par tous les temps, capable de virer de cap au premier coup de vent. Combien de fois l'a-t-on vu rebondir et retrouver de l'équilibre quand on le pensait définitivement hors jeu ?

Sous le sourire d'enfant, un regard animal. Patron solitaire de sa société, AM Conseil, administrateur de multiples entreprises, conseiller au forfait d'une kyrielle de grands patrons et auteur de sellers plus ou moins best, l'homme est inclassable. Peu importe la couleur politique du monarque, hier Chirac et Sarkozy, aujourd'hui Macron… Alain Minc n'a qu'un objectif en tête, conserver ses connexions avec le Château et un lien avec son locataire. Visiteur d'un soir, visiteur à vie. Il n'est pas un gouvernement depuis trente ans dont il n'ait participé, de près ou de loin, au casting.

Quelques coups d'épée dans l'eau

Tout architecte est à la merci du donneur d'ordre : pas Alain Minc, qui a pour fâcheuse habitude de dire tout haut ce qu'il pense au(x) Président(s), avec une franchise de ton décapante. En matière de casting, l'agitateur d'idées tire sur la comète plus souvent qu'il ne parvient à imposer ses choix. Lui-même l'avoue avec une autodérision rafraîchissante : il énumère sans rechigner la liste de ses coups d'épée dans l'eau.

L'entrée avortée de Ségolène Royal au gouvernement d'Édouard Philippe, dont il se fit l'avocat dans le bureau d'Emmanuel Macron, en fait partie. Bien des mois avant que Nicolas Hulot n'annonce son départ du gouvernement fin août 2018, Alain Minc adresse ce texto à Emmanuel Macron : « Il y a un geste fort à faire en direction de la gauche, qui ne coûte que 150 000 euros par an. Pas plus. Hulot va partir, et le meilleur signal à donner à la gauche, c'est Ségolène ministre de l'Écologie. »

S'il se défie de Nicolas Hulot, un feu follet incontrôlable qu'il juge incapable de tenir un ministère, Alain Minc entretient des relations non moins fraîches avec l'ancienne candidate à la présidentielle. Le banquier d'affaires Matthieu Pigasse a bien tenté de les réconcilier lors d'un déjeuner au début de la campagne de 2007, mais la rencontre a viré au jeu de massacre, après que l'essayiste, à peine assis, eut lancé à l'ancienne ministre de François Mitterrand : « Qu'est-ce que cela vous fait de déjeuner avec un imbécile ? » – allusion aux propos incendiaires que Ségolène Royal tenait régulièrement à son sujet.

C'est pourtant à elle qu'Alain Minc repense le jour où Nicolas Hulot annonce sa démission au micro de France Inter : « Je pensais que quelqu'un qui a obtenu 47 % des voix des Français, quels que soient les aléas de la vie, est durablement inscrit dans notre paysage politique. Indiscutablement, Ségolène aurait fait une très bonne ministre. Certes, c'eût été un problème pour Édouard Philippe. Mais une formidable carte pour Emmanuel Macron. » Las, pour l'essayiste : Macron balaye l'idée d'un revers de phrase : cent quarante signes d'un SMS frotté à l'ail d'un tempérament à bien des égards volcanique : « Oublie ça. Elle va me faire chier ! » Réponse de l'éminence grise : « Non, elle va faire chier Philippe ! »

« Macron n'a pas hésité, et il a eu tort. » Ce revers parmi quelques autres, dont il dresse l'inventaire avec amusement, ne l'a pas entamé. Regard en coin ironique : « C'est la loi de ce sport… », dit-il. Convenons-en : accepter de raconter de la sorte ses déconvenues, c'est un signe de sagesse et d'humilité. Même si l'orgueil lui souffle souvent qu'il voit juste. Que s'il insistait, s'il bataillait… Que si on l'écoutait un peu plus… Mais a-t-on idée de vouloir sauver la France chaque matin ?

La pythie voit loin

Malgré ces revers, notre faiseur de rois aux quatre cents coups repart toujours au combat. Dans les dîners en ville et les allées du pouvoir, on le regarde comme un marabout jouant de ses sortilèges au Palais et délivrant ses remèdes dans les colonnes de quelques grands quotidiens. Bien avant que la crise des Gilets jaunes n'éclate, notre « juppéo-macronien » publie une tribune dans les colonnes du *Figaro* où il exhorte Emmanuel Macron à sortir de son bureau pour aller à la rencontre des Français : l'oracle s'inquiète d'une « giscardisation » du pouvoir.

Le bon docteur Minc a-t-il été entendu ? Sept mois plus tard, le président Macron quitte le Palais pour un « road trip » politique qui l'entraîne sur les routes avec son Grand Débat.

Au printemps 2019 notre « spin doctor » se déterre un autre os à ronger : les GAFA, ces géants du Net (Google, Apple, Facebook, Amazon) dont il stipendie la fiscalité « scandaleuse ». Alain Minc contre Jeff Bezos ? Le combat paraît déséquilibré. L'essayiste enfile les gants et s'en va militer à l'Élysée pour l'instauration d'une taxe, à l'origine d'un bras de fer entre Paris et Washington. Nous sommes en 2020, et Alain Minc peut se féliciter : la mise au pas des GAFA est en marche.

Texto and Co

Comme c'est souvent le cas avec Emmanuel Macron, ces sujets s'évoquent le plus souvent par texto. Si le cercle de ses visiteurs est restreint, celui de ses «textoteurs» est considérable : une nébuleuse de personnalités de tous horizons – politiques, artistes, journalistes, chefs d'entreprise... – qui se targuent de disposer de son 06. «Macron m'a fait découvrir une chose : le dialogue à distance. C'est avec lui incroyablement rapide, concis et efficace. Et rigolo souvent», confirme Minc.

Ainsi les plus avisés ont-ils appris à décrypter le fond de la pensée de ce Président technophile au fil de ces messages qui tombent comme à Gravelotte et qu'il accompagne parfois d'émoticônes : «Quand il ne répond pas, ce n'est pas bon signe», confie l'un de ceux qui lui adressent fréquemment des SMS sur tel ou tel dossier. «Cela veut dire qu'il a entendu le message, mais qu'il n'est pas d'accord avec son contenu.»

D'une vivacité de sauterelle et d'une impatience sensible à ceux qui ne le suivent pas, ce Président a fait du smartphone une arme de communication redoutable. La réforme de l'impôt sur le revenu, avec l'instauration du prélèvement à la source, en est un exemple.

En août 2018, Alain Minc et Emmanuel Macron échangent à ce propos par SMS. Hostile à ce volet de la réforme, Minc résume son message : «Il y a trois risques. Un risque macro-économique, avec une baisse de la consommation inévitable. Un risque technique, avec la mise en place d'une usine à gaz qui nécessiterait quatre pages de notices dans les journaux pour expliquer aux Français comment ce prélèvement à la source va être mis en œuvre. Et un risque structurel, car toi comme moi savons, en tant qu'anciens inspecteurs des finances, combien Bercy peut se planter. »

Alain Minc multiplie les signaux d'alarme, jusqu'à cette ultime supplique, qu'il adresse mi-août au Président, en vacances au fort de Brégançon : « Pour l'apaisement de ma conscience, je te redis une dernière fois les choses. Je te demande de me répondre que tu n'es pas d'accord. » La seconde qui suit tombe ce SMS : « Tu vas être surpris, je suis plutôt d'accord avec toi. Tu as raison, c'est très difficile, mais je contrôle tout. » Clap de fin : Minc a perdu la partie.

Colomb dans le viseur

De l'aplomb, il en faut pour dire au chef de l'État que son ministre de l'Intérieur, Gérard Collomb, n'est pas à sa place ! Et ce bien avant qu'il ne démissionne de son poste, à l'été 2018.

C'est ce que martèle Alain Minc à Emmanuel Macron dès les premiers pas du maire de Lyon place Beauvau. « Depuis le début, j'ai pensé qu'il ne remplissait pas le job. Ministre de l'Intérieur, vous êtes le *bodyguard* de la société française. Or Collomb n'avait pas les habits pour », tranche-t-il. Sans détour, il adresse au président de la République ce message : « Collomb doit partir ! »

À l'affût des noms

Du flair, un carnet d'adresses à nul autre pareil… Chaque remaniement, chaque nomination à la tête d'une grande administration voit Alain Minc fourrager dans un agenda où est consignée une myriade de contacts : la crème de la crème. Toujours un nom à pousser, un poulain à mettre en piste quand un poste est à pourvoir. Il a mis ainsi sur orbite nombre de jeunes perdreaux, après qu'il les a dénichés, qu'il leur a donné la becquée, puis qu'il les a bagués. Ainsi du P-DG de Carrefour, Alexandre Bompard, un ancien patron des sports de Canal+ passé par le cabinet de François Fillon, au ministère des Affaires sociales.

Quand tombe, à l'été 2017, la nouvelle du limogeage du chef d'état-major des armées, Pierre de Villiers, il se met en chasse, propose une volée de noms à Emmanuel Macron, avant que ce dernier désigne François Lecointre, un général cinq étoiles qui lui a été amené par François Sureau.

La crise d'Air France avec le départ de son P-DG, Jean-Marc Janaillac, en mai 2018, donne une nouvelle fois à Alain Minc l'occasion de se signaler. Il atomise les visées du patron d'Accor, Sébastien Bazin, qui envisage de reprendre les parts que détient l'État dans le capital de la compagnie aérienne pour y prendre pied : un projet enterré par l'Élysée après que l'éminence grise de l'avenue George-V se fut mise en branle.

Parenthèse et retour dans le passé : Sureau, Ulrich, Orsenna

Un mot sur François Sureau, ce pilier de la macronie : une voix qui s'impose, qui rassure, qu'Emmanuel Macron écoute plus que beaucoup d'autres. Toute l'intelligence dans une vision ou un propos.

La rencontre entre les deux hommes remonte à l'époque où Brigitte Macron enseignait à Saint-Louis de Gonzague, le lycée des jésuites parisiens. Le fil n'a jamais été rompu avec cet avocat, ancien conseiller de François Hollande. L'homme est à Emmanuel Macron ce qu'ont été Maurice Ulrich à Jacques Chirac et Erik Orsenna à François Mitterrand : un phare dans la nuit.

Croquons le premier. Soixante-seize ans, allure bonhomme, le cheveu rare et blanc, presque transparent, toujours tiré à quatre épingles : le « sphinx » (ainsi surnommé à l'Élysée) a tout du papy gâteau. La voix est grave, le verbe prudent – jamais un mot plus haut que l'autre. Pas un gramme de graisse dans les idées : une pensée affinée, chez ce couturier de la politique qui débrouille pour Jacques Chirac les dossiers les plus sensibles depuis son bureau perché dans les combles du Palais. Beaucoup se font avoir par cet homme affable et flegmatique : ce cardinal qui murmure à l'oreille du pape est une fine lame.

Hors organigramme et sans attribution particulière à l'Élysée, l'ancien diplomate s'occupe aussi bien de la Corse et des liens avec la hiérarchie policière que des relations avec le Moyen-Orient. Maurice Ulrich a dirigé un temps Antenne 2 et a, à ce titre, été obligé, en 1981, de licencier, la mort dans l'âme, Jean-Pierre Elkabbach.

Nombre de ses visiteurs ont été captivés par la personnalité discrète de ce conseiller rétif à toute prétention de rôle ou d'influence : une posture. Il fut de ceux qui savaient tout, ou presque, du Chirac secret. Tout conseiller au Palais est à la merci du donneur d'ordres. Le petit peuple de l'Élysée se souvient de son pas lourd dans les allées du parc, déambulant aux côtés de Jacques Chirac qu'il tient par le coude : un Président à l'écoute dont le vieux sage – disparu en novembre 2012 – est le guide empressé et bavard.

La figure d'Erik Orsenna (de son vrai nom Éric Arnoult) hante le Palais depuis bientôt quarante ans. Il est au Château ce qu'un chat est à son logis. Erik Orsenna a tout juste trente-sept ans quand il y pénètre pour la première fois, dans le sillage de François Mitterrand, dont il fut à la fois le conseiller culturel (de 1981 à 1983) et, plus officieusement, le scribe : à l'écritoire derrière tant et tant de discours et de textes de l'ancien Président défunt, il n'est aujourd'hui jamais loin d'Emmanuel Macron.

Erik Orsenna a refusé à plusieurs reprises des postes de ministre : sous la présidence de François Mitterrand d'abord, celle de Nicolas Sarkozy ensuite. Il n'a pas davantage souhaité endosser l'habit quand Emmanuel Macron lui a proposé le portefeuille de la Culture lors du dîner de la victoire à la Rotonde. Il est de ceux, très rares, qui parlent cash au chef de l'État. Dans les premiers jours de la crise des Gilets jaunes, c'est lui qui l'alerte de son caractère inflammable. Qui l'implore de sortir de sa tour d'ivoire pour aller à la rencontre des Français, de jouer les corps intermédiaires contre la rue. C'est lui, enfin, qui lui amène le patron de la CFDT, Laurent Berger : un leader syndical dont le chef de l'État fait un allié. À soixante-treize ans, l'écrivain et académicien ne semble pas près de dételer.

Fin de la parenthèse.

Une équipe d'amateurs

« C'est tout de même une bande d'enfants », s'esclaffe Alain Minc, qui s'étonne à l'été 2017 de l'inexpérience et de la jeunesse de la start-up Macron : pas une vieille barbe, pas un briscard. Mais quand l'essayiste propose le nom du très madré Jean-Paul Delevoye, un ancien militant gaulliste de soixante-dix ans blanchi sous le harnois du RPR, Emmanuel Macron dit non. « Lorsque Emmanuel Macron s'installe à l'Élysée, je ne cesse de lui recommander d'étoffer son équipe. Il ne veut pas. Il aime le côté commando de la jeune garde qui l'entoure. Mais on peut soupçonner Macron de tout, sauf de manquer d'intelligence. Il lui a fallu un an pour admettre son erreur et l'urgence qu'il y avait à épaissir son entourage en y agrégeant quelques collaborateurs chevronnés capables de tenir un peu mieux la boutique. »

Au mois d'avril 2019, dix-sept collaborateurs, parmi la troupe qui a fait la campagne, quittent l'Élysée. Parmi eux, Ismaël Emelien (ce conseiller mis en cause dans l'affaire Benalla), le responsable de la communication du Palais, Sylvain Fort, et Sibeth Ndiaye, qui rejoint Matignon où elle prend le porte-parolat. Avant de voguer depuis vers d'autres eaux.

D'un quinquennat l'autre : Sarko aussi

Alain Minc a joué un rôle plus grand encore sous la présidence de Nicolas Sarkozy, dont il est un intime. Plus de trente-cinq ans que les hommes naviguent de concert, depuis qu'ils se sont reniflés la première fois dans une salle à manger de la mairie de Neuilly, quand « Sarko » en était l'édile. Deux purs produits de la méritocratie française, qui s'accordent en tout. Qui acclament depuis leur plus jeune âge les mérites de l'économie de marché, exaltent la compétition à bride abattue et psalmodient le catéchisme libéral.

Si Emmanuel Macron restera sourd aux recommandations du roi de l'entregent, Nicolas Sarkozy l'installa, lui, en proche conseiller. Il y a de l'obstination appliquée dans la démarche de ce consultant de luxe. Fine gâchette au service du roi, Alain Minc s'est transformé en chasseur de têtes dans les premières semaines de son sacre, qui le voient en 2007 puiser dans les viviers de la mitterrandie et de la société civile les oiseaux rares qu'il aura repérés : ces prises de guerre dont Nicolas Sarkozy se rengorge.

C'est lui qui souffle le nom de Bernard Kouchner pour le Quai d'Orsay, alors que l'ancien maire de Neuilly penche pour Hubert Védrine, un choix qu'il annonce à l'essayiste au retour de ses quelques jours passés sur le yacht de Vincent Bolloré :

«J'ai convoqué Védrine à 11 heures pour lui proposer le poste.

— Tu es fou !

— Ah bon, à ce point ?

— Védrine est neutraliste, pro-occidental et pas à l'aise avec la Russie. Il a été ministre des Affaires étrangères en cohabitation, c'est-à-dire seul maître à bord, sans réel patron. Alors qu'avec Kouchner, tu auras quelqu'un que tu pourras contrôler.

— Mmm...

— On te dit homme de clan ? Propose à Védrine la place Vendôme ! En nommant à la chancellerie un mitterrandien historique qui a été secrétaire général de Mitterrand, tu donnes un signal fort.»

Nicolas Sarkozy acquiesce et propose le jour même à l'ancien chef de la diplomatie française le portefeuille de la Justice, maroquin qu'il décline. Dix jours plus tard, Bernard Kouchner s'installe au Quai.

Pour le portefeuille de la Culture, l'essayiste a aussi son idée : Erik Orsenna. Nicolas Sarkozy, lui, veut Frédéric Mitterrand. Piqué au vif, Alain Minc s'en va démolir l'idée d'une nomination du neveu de François Mitterrand dans le bureau de Nicolas Sarkozy : «Un ministre de la Culture, c'est soit un type pas forcément très cultivé, mais un politique de premier rang, type Edgard Faure. Soit un haut fonctionnaire immensément respecté par le système, type Paul Delouvrier. Soit un intellectuel capable de remplir cette fonction et donc immensément respecté, lui aussi, type Fernand Braudel. Or, que je sache, Frédéric Mitterrand n'appartient à aucun de ces trois profils.»

Aux pratiques de la politique, où on exécute en silence, Alain Minc oppose des méthodes plus directes. Mais ce qu'il dit ce jour-là ne suffira pas à dissuader Nicolas Sarkozy de nommer Frédéric Mitterrand rue de Valois… en 2009, soit deux ans après son entrée en fonction. Des mots prudents habillent la déception de l'entremetteur : « Indépendamment du fait que le frétillant Frédéric Mitterrand l'amusait, Nicolas Sarkozy a sans doute voulu faire plaisir à Carla, qui avait pris feu et flamme pour celui qu'elle trouvait très drôle. Pas moi. Rigolo non ? »

« Rigolo », le mot revient tout le temps dans la bouche d'Alain Minc. Commentateur inépuisable de la vie nationale, ce bibelot de concours passé par l'ENA (promotion « Léon Blum », celle de Martine Aubry) peut avoir aussi la dent dure. Sous ses dehors affables, cet homme d'influence peut basculer d'une seconde à l'autre dans un mépris polaire pour une promesse non tenue ou un service non rendu.

Nominations à tout-va

À l'été 2007, en pleine composition du gouvernement Fillon, Alain Minc est, on l'a vu avec les exemples précédents, de tous les conciliabules. Quand Nicolas Sarkozy lui demande ce qu'il pense de Michel Barnier pour le poste de ministre de l'Éducation nationale, il lui oppose le nom de l'un de ses protégés, Xavier Darcos. Celui-ci l'a appelé dès l'aube. Doit-il rester à Paris ou prendre l'avion pour quelques jours de vacances ? « C'est un peu tôt, attends et je te rappelle », lui répond son soutien. La minute suivante, Alain Minc est au téléphone avec Nicolas Sarkozy : « Tu as avec Darcos un mec compétent, loyal, fait pour le job. Et tu veux prendre un type que l'on aime tous bien, mais qui n'a aucune expérience ? Ne fais pas ça. » Silence au bout du fil, puis : « Je crois que tu as raison… » C'est ainsi que Xavier Darcos décroche le portefeuille dont il rêve.

À cette même époque, Alain Minc se démène pour que le patron de la Banque d'Italie, Mario Draghi, hérite de la gouvernance de la Banque centrale européenne : il réussit à convaincre Nicolas Sarkozy de se rendre à Bruxelles pour y défendre sa candidature. Casque bleu un autre jour, il s'emploie avec succès à raccommoder l'homme d'affaires chiraquien François Pinault avec le même Nicolas Sarkozy : un rabibochage impensable pour tous les observateurs au regard de ses liens d'amitié avec le P-DG de LVMH, Bernard Arnault, ennemi juré de François Pinault.

Inspirer des phrases chocs

Alain Minc : voilà donc un homme dont on ne se débarrasse pas facilement. À plus de soixante-dix ans, dont plus de la moitié passée dans les hautes sphères et dans le bureau du Président, l'homme peut légitimement s'enorgueillir d'un parcours qu'il doit autant à sa capacité de convaincre et à son entregent qu'à l'attention qu'on lui prête. Car quand ce chasseur de têtes ne dessine pas des organigrammes gouvernementaux, il rédige des punchlines pour son prestigieux client. Rendez à César…

Ainsi a-t-il des lumières dans les yeux au souvenir de cette phrase prononcée par Nicolas Sarkozy le 1er décembre 2011 à Toulon, lors d'un discours sur la crise financière resté dans les mémoires : « Je garantis jusqu'au dernier euro l'épargne des Français. » Soufflée par l'essayiste, cette phrase fut l'objet d'un bras de fer entre le cabinet du président de la République et les responsables du Trésor : un « mensonge » aux yeux d'une institution qui estime alors que l'État est dans l'incapacité de tenir un tel engagement.

Hommage à celui qui est à l'origine d'une phrase que Nicolas Sarkozy récite à la tribune sans en changer un iota.

« Ce sont là quelques exemples de ce que vous pouvez être amené à faire quand vous êtes un visiteur du soir. C'est-à-dire établir des contacts, tisser des liens humains, élaborer des stratégies de nature à faire avancer des choses qui ne se feraient pas aussi facilement et de manière aussi fluide sans cette relation privilégiée », commente sobrement l'homme, qui défend chaque mètre de sa trajectoire dans les allées sinusoïdales du monde politique, dont il admet le tracé accidenté – « les risques du métier ».

À bas la pub

L'un de ses faits d'armes sous ce même quinquennat est la suppression de la publicité sur les chaînes publiques : un arbitrage vécu comme un cataclysme par le monde de l'audiovisuel.

Noël 2008 : Paris et les agendas se vident, les ministères et les cabinets se dépeuplent. Et Nicolas Sarkozy s'apprête à s'envoler pour l'Égypte en compagnie de Carla Bruni, qui n'est pas encore son épouse. Le chef de l'État veut profiter de ces quelques jours de vacances pour préparer sa conférence de presse de rentrée, prévue le 8 janvier 2009. Dans cet Élysée déserté par une grande partie de ses conseillers, Alain Minc pousse la porte du Président qui s'apprête à faire ses bagages. « Il faut que je te parle… »

Sur son lit d'insomnie, la nuit dernière, il a eu une idée.

« Écoute-moi. Mitterrand a privatisé la télévision, tu peux être celui qui va la nationaliser. La télé est un sujet auquel les Français sont toujours extrêmement sensibles et attachés », lui dit-il. La télévision, cette grande affaire des sociétés modernes… L'essayiste en est convaincu : la suppression de la publicité sur les antennes de France

Télévisions bousculera la liturgie d'une conférence de presse dont les journalistes n'attendent pas grand-chose...

L'avantage avec Nicolas Sarkozy, c'est que, contrairement à ses prédécesseurs qui la regardaient peu, lui la dévore. Téléspectateur assidu, ami de Michel Drucker et d'une légion de professionnels du secteur, et accessoirement ex-mari de celle qui fut l'épouse de l'animateur Jacques Martin, « Sarko » connaît bien l'univers. « Qu'en penses-tu ? » Nicolas Sarkozy hausse le sourcil et le regarde : « Pas con... »

Utopie de la gauche : la suppression de la publicité sur les chaînes publiques appartient à ces tabous auxquels personne n'a osé s'attaquer à ce jour. Les milieux intellectuels ne cessent de la réclamer en vain depuis plus de trente ans. Seul Michel Rocard avait émis l'idée en 1989, avant que François Mitterrand n'y mette son veto.

De retour d'Égypte, Nicolas Sarkozy en fait l'annonce, provoquant un séisme dans le monde de l'audiovisuel. L'effet de surprise est total. Personne n'a été prévenu. Assis devant sa télé, dans son bureau, au huitième étage du siège, le P-DG de France Télévisions, Patrick de Carolis, reste sans voix.

De l'autre côté de la Seine, dans ses bureaux de l'avenue George-V où il assiste devant son poste à la conférence de presse du chef de l'État, Alain Minc jubile : à peine tombée, l'annonce lui est créditée dans les cercles élyséens et les rédactions les mieux informées. L'intéressé s'en gargarise sans le moindre filtre dans les déjeuners en ville, où il s'attribue le « coup ». Ceux qui fulminaient hier contre ce champion du court-circuit jettent sur lui un regard de fascination interrogative : comment a-t-il fait ?

Amis ou ennemis, tous lui accordent ce crédit : de l'obstination. Alain Minc a quelque chose d'un ballon de rugby

– ovale, on ne sait où il va rebondir. Un coup à gauche, un coup à droite. Il arrive même qu'il atterrisse pile-poil dans les bras de ceux qui n'en voulaient pas. Et qu'il faille le garder, si convaincant, si sympathique. Un ami de l'essayiste : « On est toujours médiocre quand on désire quelque chose, et Alain n'attend rien. Ni postes ni honneurs. C'est sa grande force. »

Aucun donnant-donnant

De son attraction pour l'Élysée dont il fait un pied-à-terre et de son locataire, un familier, on a parlé. Mais sait-on que cet homme n'a jamais voulu jouer de ce privilège pour obtenir quelque chose ? Si dans l'épopée sarkozyste Alain Minc revendique un rôle éminent, il n'en a tiré à titre personnel aucun avantage. Ainsi, lorsque Nicolas Sarkozy lui propose de rentrer au gouvernement au lendemain de sa prise de fonction, il refuse :

« Qu'est-ce que tu veux ?

— Rien, Nicolas !

— Rien ?

— Non, parce que, dans la vie, chacun a son snobisme. Et moi, mon snobisme, c'est de dire au type qui occupe le bureau du général de Gaulle : "Tu déconnes !" »

Ni portefeuille, ni missions, ni salaires : Alain Minc est un boulimique contrôlé qui préfère l'ombre à la lumière, les premiers rôles dans la coulisse, plutôt que les seconds sur l'affiche. Il préfère être l'ami et le conseiller du monarque que son obligé – traduction de l'intéressé, son « employé de maison ».

« Tu sais ce qu'Alain m'a dit ? Qu'il refusait d'entrer au gouvernement pour avoir la liberté de me dire que je déconne », lance Nicolas Sarkozy à Carla Bruni le soir de leur mariage à La Lanterne, au milieu d'une centaine d'invités, dont l'essayiste. « Il a bien raison », répond celle dont la presse people s'est emparée depuis son apparition à ses côtés, six mois plus tôt, dans les allées du parc d'Euro Disney. « Maintenant que je suis l'épouse du président de la République, ai-je le droit d'en dire autant ? »

Septième partie

Les inattendus

Dans la vaste galerie des visiteurs du soir venus rencontrer, conseiller voire influencer (ou croire le faire) les présidents de notre Ve République, ont déjà défilé les journalistes, les communicants, les politiques, les fans, les grands patrons, le philosophe Bernard-Henri Lévy, Alain Minc… et même Julien Clerc. Mais nos chefs de l'État ont rencontré et accueilli aussi des personnalités plus inattendues, voire auréolées d'un parfum de soufre. Récits et surprises.

25

Jean-Edern Allier arrive discrètement

C'est au pied de la grille monumentale qui donne sur l'avenue des Champs-Élysées (une structure en acier surmontée de l'emblème gaulois doré à la feuille, posée au fond du parc en 1900 par Émile Loubet) que se présente Jean-Edern Hallier un soir de novembre 1984. François Mitterrand l'a convié en toute discrétion. Seul son secrétariat particulier a été informé de sa venue, son nom ne figure pas à l'agenda du chef de l'État. Une des assistantes du Président l'a convoqué par téléphone d'une voix pompeuse quelques jours auparavant.

À l'interrogation du planton qui le dévisage, l'écrivain et polémiste décline son identité. Le sait-il? C'est la dernière fois qu'il franchit le seuil de l'édifice. Politesse attentive, chemise blanche sur cravate ajustée, façon notaire de province, et mèche espiègle : celui qui s'emploie depuis des mois à fracasser Mitterrand sur tous les modes – dans les dîners en ville, sur les estrades, dans ses écrits –, s'est mis sur son trente et un. L'invitation du chef de l'État l'a surpris, il ne s'attendait pas à une telle démarche venant de l'homme qu'il accepte de nommer son «dépit amoureux», mais dont il s'emploie à saccager méthodiquement l'image et la réputation. Le Président est imprévisible.

Les formalités effectuées, c'est d'un pas nonchalant et non sans une forme de jubilation que Jean-Edern Hallier pénètre dans le sanctuaire dont il a été banni. Il n'a pas remis les pieds ici depuis la garden-party de mai 1981. À l'époque où il roulait pour Mitterrand. L'auteur iconoclaste de la *Lettre ouverte au colin froid* se souvient de sa remontée des Champs-Élysées le 10 mai, après que le Président de gauche élu avait déposé une gerbe sur la tombe du Soldat inconnu. À l'Étoile, l'écrivain s'était engouffré dans la voiture de Roger Hanin, aux côtés de Michel Vauzelle et de Jean Glavany, pour rejoindre l'Élysée, où un déjeuner de deux cents couverts était servi au gotha de l'Internationale socialiste, à une brochette d'intellectuels, aux amis de la Nièvre, ainsi qu'à l'équipe de campagne du nouveau souverain.

«Je suis avec ces messieurs», avait-il jeté, péremptoire, aux huissiers postés à l'entrée du vestibule qui avaient esquissé un geste de la main, tels des physionomistes repoussant un indésirable à l'entrée d'un palace, avant de le laisser passer. Celui qui sera quelques mois plus tard le pourfendeur de Mitterrand était devenu «le premier pique-assiette du nouveau régime», raconte le journaliste de l'AFP, Jean Favier, témoin de la scène[1].

Un jardin historique

Un gendarme l'accompagne, qui lui fait maintenant traverser le jardin. La perspective est glorieuse : un bassin à jets et des arbres ployés précèdent la pelouse. On aperçoit, au fond, les trois fenêtres du bureau présidentiel. Cet espace vert est de taille moyenne, un hectare et demi au

1. Pierre Favier, Michel Martin-Roland, *La Décennie Mitterrand*, Seuil, 1990-1998.

cordeau. Agrémentant les loisirs du comte d'Évreux, qui fit construire le Palais en 1722, ce jardin maintes fois redessiné n'a pratiquement rien conservé de son allure initiale. Georges Pompidou, dans ses mémoires, dit avoir aimé arpenter cet îlot de verdure en compagnie de son épouse, Claude : « Quand tout le monde est parti, on peut se promener dans ce parc. C'est comme un hameau refermé sur lui-même. Un soir, cependant, une jeune sentinelle voyant deux ombres crie, qui va là ? C'est nous, répondis-je benoîtement. »

L'écrivain remonte l'allée que jalonnent des lampadaires roides, semblables à des sentinelles éclairées, et trois grands platanes, plus que bicentenaires, vestiges du passé. Le parc n'abrite pas de statues : seuls des moutons, de François-Xavier Lalanne, et *Les Jumelles*, de Jean Carton, nichées près des arbres, sont posés là depuis trois décennies. Érables, sycomores, cyprès, marronniers et tilleuls se partagent l'espace de part et d'autre de la sage pelouse. Le tout dans un silence à peine rompu par le passage des voitures dans les avenues qui ceinturent le Château.

Le poids du lieu

Une centaine de mètres à pied, et « Jean-Edern » pénètre dans le hall d'entrée, désert. L'Élysée : ses boiseries séculaires, ses longs couloirs solennels et, dans les hauteurs de l'édifice, jusqu'aux combles, une enfilade de coursives labyrinthiques peuplées de bureaux cages à poules où s'entasse une armée de conseillers.

Au rez-de-chaussée, un huissier prend le relais et l'entraîne vers le grand escalier qu'il gravit jusqu'à l'étage et au petit salon. Lui qui fait publiquement profession d'indifférence face aux ors de la République, qui dégueule toute sa rage à longueur d'articles sur « ces dévots qui s'en vont baiser l'anneau du monarque », qui « font piteusement allégeance », est saisi par la solennité du lieu. Dans une sorte de recueillement, il se surprend à remmailler son nœud de cravate devant un miroir, comme tant d'autres avant lui à cet endroit. Avec ses boiseries dorées Napoléon III et son lustre imposant, ce petit salon est d'un luxe écrasant.

Un « cocu du 10 mai » ingérable

L'une des trois secrétaires particulières du chef de l'État passe une tête, qui vient le flairer. Elle lui annonce, avec ostentation, que le « Président » va le recevoir : comme une aumône à Noël, lit-il dans son regard qui le toise.

Cette vestale sait tout des agissements de l'écrivain, de son acharnement à déboulonner de son trône celui qu'elle sert depuis tant d'années avec une piété monacale. Persuadé que François Mitterrand lui doit son élection, « Jean-Edern » n'a eu de cesse de faire son siège au lendemain du 10 mai, lui réclamant en retour de son engagement sacerdotal durant la campagne la direction d'une chaîne de télévision ou un poste d'ambassadeur. Mais le chef de l'État, qui se défie du trublion, lui a refusé ces hochets, le réduisant à cette caricature enragée. Il n'a pas décoléré.

La pilule est amère. Humilié, le « cocu du 10 mai », tel qu'il se dépeint, n'a jamais digéré. Il s'est mis en tête de faire chuter le grand homme auquel il voue désormais une haine rancie. Trois années qu'il multiplie les propos pamphlétaires, frappe au cœur, menace, insulte, diffame, enchaîne les coups tordus. Qu'il fait rougeoyer les braises de sa vindicte d'une plume trempée dans le vitriol. Bref, qu'il dégoupille. Notamment dans les colonnes de son journal, *L'Idiot international*, un hebdo qu'il inonde, semaine après semaine, de brûlots : un geyser d'accusations et de révélations poisseuses sur la face cachée de Mitterrand.

Et tout s'est emballé, à l'hiver 1983. En quelques mois, Jean-Edern Hallier, que rien ne semble pouvoir museler (ni les menaces de poursuites ni les sommations de l'Élysée et les redressements fiscaux), met la dernière main à un manuscrit aux accents ravageurs. Le dandy Rive gauche traversant l'Histoire en flâneur égotique s'est mué en une bombe à retardement qui inquiète le Château, où l'on a mobilisé une unité de quatre-vingts gendarmes, attachés à ses basques, sommés de ne pas le quitter d'une semelle.

Le pamphlétaire révèle dans cette ébauche de manuscrit non seulement l'existence de Mazarine, mais également le passé vichyssois du chef de l'État et moult goupillons invérifiables qui sentent le soufre. Jusqu'au cancer du souverain. Une grappe d'allégations innommables vient en prime, qui fait de ce pamphlet politique – distribué sous le manteau dans Paris, par son auteur, à quelques journalistes amis – l'une des charges les plus dévastatrices de la Ve République.

Cet ouvrage, dont les versions successives ont atterri sur le bureau de François Mitterrand par des voies détournées, ne trouvera un éditeur qu'à la mort du locataire de l'Élysée, en 1996 (avec des ventes record), la machine élyséenne étant parvenue à en bloquer la sortie de son vivant auprès des dix-sept éditeurs qui l'ont eu entre leurs mains.

Un Mitterrand glacial

Ce soir de novembre 1984, la dernière mouture du brûlot qui affole les maréchaux de la mitterrandie est posée en bonne vue sur le bureau présidentiel. La scène qui suit est rapportée par l'un des fidèles du Président défunt.

La voix, d'abord, un murmure, un filet…

« Alors, comme cela, vous me voulez du mal ? »

À la première interrogation de François Mitterrand, qui a quitté son bureau pour s'asseoir sur un canapé de velours couleur pourpre, Jean-Edern Hallier se dérobe. Comme pour mieux marquer sa distance à l'égard de l'écrivain, qu'il méprise de toute son âme, le Président n'a pas levé le nez quand il a passé le seuil de la porte. C'est une habitude chez lui : plongé dans un dossier ou une lecture, il paraît souvent, durant de longues secondes, ne pas s'aviser de la présence de ses visiteurs. Avant de lever les yeux et de se redresser.

« Loin de moi cette idée, monsieur le Président : mes écrits ne sont que la traduction d'un profond malentendu qui nous oppose. Et vous savez pourquoi. Vous avez devant vous un homme blessé », réplique l'endimanché. Tout juste concède-t-il, du bout des lèvres, « quelques excès et emportements », « un tempérament abrasif, [il] en convien[t]... ». Jean-Edern Hallier, qui a passé sa vie à approcher et séduire des gens inapprochables, à forcer l'indifférence, est mal à l'aise face à un Mitterrand altier et glacial. Et qui le met en garde, à mots à peine couverts.

« Est-ce bien digne de vous, tout cela ? » poursuit le Président, dont le regard se fait tison.

La distance s'accuse davantage, Mitterrand semble peu à peu s'absenter, et l'écrivain, qui perd au fil des minutes de son brio et de son arrogance, se ferme comme un obturateur.

« Je pense que nous n'avons plus rien à nous dire. » Le Mitterrand patelin devient le Mitterrand statufié, sépulcral, dont seuls les yeux continuent de s'animer.

L'entretien n'a duré qu'une vingtaine de minutes, et les deux hommes se quittent sur un « bonsoir » polaire. Ils ne se reverront jamais. Jean-Edern Hallier, qui croise à la sortie du bureau un autre visiteur, ne sait pas qu'il vient à cet instant d'être précipité dans l'abîme des écoutes.

26

Jean Montaldo entre au Palais

Jean Montaldo n'a eu que la rue à traverser pour s'engouffrer sous le porche de l'Élysée. Cette façade, il pourrait en dessiner chaque mètre carré les yeux fermés, ayant grandi juste en face. Au 84 de la rue du Faubourg-Saint-Honoré, précisément. Enfant, il apercevait de la fenêtre de sa chambre Yvonne de Gaulle, l'épouse du Général, un panier sous le bras revenant du marché. «Je la suivais, trottinant derrière elle, jusqu'aux étals de la rue Tronchet...»

Figure exotique du journalisme d'investigation, ou d'inquisition (selon les avis) pour les uns, pamphlétaire réac pour les autres, Jean Montaldo est inconnu du grand public jusqu'à la publication, au milieu des années 1990, de *Mitterrand et les quarante voleurs*, un livre écoulé à plus d'un million d'exemplaires, qui fait sa renommée et couronne une carrière que d'aucuns disent en eaux troubles.

À l'Élysée, sous Alain Poher

La carrière de ce journaliste passé par l'hebdomadaire d'extrême droite *Minute* et *Le Figaro Magazine* atteste qu'il n'a jamais été de gauche. *Minute* lui sert de marchepied. Il s'y fait une notoriété dans la dénonciation des scandales et des turpitudes de la France gaullienne, puis pompidolienne. Parmi ses faits d'armes : l'affaire Marković, du nom d'un garde du corps d'Alain Delon retrouvé assassiné dans une décharge et d'une célébrissime affaire qui défraya la chronique, on l'a vu[1].

L'Élysée, il y pénètre pour la première fois au lendemain de la mort de Georges Pompidou, durant l'intérim d'Alain Poher, alors le président du Sénat : une figure dont le journaliste a défendu les couleurs dans les colonnes de *Minute* et qu'il alimente.

« Jean-les-bons-tuyaux » a les faveurs d'un Président intérimaire au bureau duquel il accède, incognito, après qu'il a pénétré à l'Élysée par une porte dérobée donnant sur l'avenue de Marigny. Une fois dans le bureau d'Alain Poher, ce fournisseur furtif déballe sa livraison du jour : toute une quincaillerie d'informations radioactives, dont certaines, plus puantes que les autres, sont susceptibles de faire des ravages dans la classe politique.

Ami de Grossouvre

Un bon client que cet olibrius à la réputation de dynamiteur, qui rend quelques menus services aux giscardiens, avant d'aller les proposer, en 1981, au socialiste François de Grossouvre, qui lui ouvre grand les portes de son bureau, à l'Élysée.

Sa réputation a beau le poursuivre, Montaldo n'en est pas moins une source d'informations utile à l'heure où chiraquiens et giscardiens fourbissent des dossiers pour atteindre François Mitterrand. Outre le fait que l'aristocrate François de Grossouvre est un fidèle compagnon de

1. Voir note page 33.

route de François Mitterrand, il est aussi le détenteur de quelques lourds secrets.

Ça tombe bien, Montaldo est de la même graine. Le courant passe entre ces deux passe-murailles qui parlent le même langage : « François de Grossouvre tenait à faire ma connaissance en raison de révélations dont je disposais sur le parti socialiste marseillais. Plus précisément sur l'affaire Urba, cette bombe qui avait failli faire exploser le PS et éclabousser Mitterrand, un scandale qui n'aurait jamais éclaté au grand jour sans moi. »

François de Grossouvre, qui a dans ses attributions les relations avec les services secrets, ainsi que les chasses présidentielles, a été chargé par François Mitterrand de tenir le dynamiteur à distance : « Me savoir dans ses murs, à l'Élysée, ne lui plaisait pas. Il n'empêche, de Grossouvre est devenu un ami. N'étant pas parvenu à me démontrer, malgré ses liens avec les services secrets, que tout ce que je lui affirmais, concernant l'affaire Urba et de bien d'autres, était faux, il avait fini par me trouver fréquentable. »

Mitterrand ignore sa présence

Pas François Mitterrand, dont il ne franchira jamais le seuil du bureau. Le Président ignore même jusqu'à sa présence quand il est en conciliabules avec François de Grossouvre, deux étages plus haut. Quant au très puissant directeur de cabinet du président de la République, André Rousselet, il refuse de le rencontrer. « Je rasais les murs. À l'heure où l'Élysée se vidait et où je ne risquais pas de croiser quelqu'un qui aurait pu me reconnaître, je me présentais avenue de Marigny où un chargé de mission venait m'accueillir, avant de m'entraîner dans les étages vers un petit bureau où de Grossouvre m'attendait. Un bureau, ironie de l'histoire, occupé autrefois par Marie-France Garaud : une dame aussi secrète que l'était de Grossouvre. »

Un 357 Magnum et une salle de bains

Un soir, alors qu'il entre dans ce bureau, Jean Montaldo trouve le conseiller la tête renversée en arrière en train de se mettre du collyre. « Une conjonctivite... », dit-il.

Le journaliste propose de l'aider, fait le tour du bureau et découvre, posé sur le rebord, un 357 Magnum Manurhin. « "On est aussi puissamment armé, à l'Élysée ?" lui ai-je dit, tout en m'interrogeant plus sérieusement sur la présence d'une arme d'un tel calibre chez un homme qui n'avait aucune raison d'en porter. » C'est cette même arme que l'on trouvera posée sur la poitrine du conseiller le 7 avril 1994, après qu'il se sera tiré une balle dans la gorge.

Plus tard, c'est au domicile de François de Grossouvre, quai Branly – dans l'immeuble même où François Mitterrand a installé Anne Pingeot et Mazarine –, que les deux hommes choisissent de se rencontrer, après que Christian Prouteau eut alerté André Rousselet des allées et venues de Jean Montaldo à l'Élysée. Un soir, François Mitterrand débarque à l'improviste. « Je vois encore de Grossouvre m'enfermer dans la salle de bains. Et de l'autre côté de la cloison, un président de la République et l'un de ses conseillers les plus proches échanger sur une question privée que je tairai. »

La blessure du conseiller

Si le souvenir de cette scène le fait sourire, celui d'un François de Grossouvre « abandonné par Mitterrand » lui soulève le cœur. « Je n'ai pas oublié son désespoir.

Mitterrand l'avait banni et l'entourage le tenait à distance comme un pestiféré. »

Invité à dîner un soir, quai Branly, le journaliste débarque avec son dernier livre sous le bras : un pamphlet au vitriol dont le Président est la cible. François de Grossouvre le lui prend des mains et le pose en évidence sur la cheminée. « Je me souviens de lui avoir suggéré de le planquer et je l'entends encore me répondre sèchement : "Il n'en est pas question. Je tiens même à ce qu'il sache ce que je pense de lui !" C'est durant ce même dîner que je l'ai vu pour la première fois me parler de Patrice Pelat, qui venait d'être inculpé dans l'affaire Pechiney, des agissements de proches de Mitterrand, des premières écoutes téléphoniques et de quelques coups tordus. Il prenait d'énormes risques en me racontant tout cela. »

Suicide ou pas suicide ?

Bien des années après, le journaliste continue d'affirmer que la mort du conseiller était « écrite ». Que son suicide est « une fable ». À l'écouter, il y a du complot dans l'air, un guet-apens, un porteur de fiole empoisonnée qui se faufile à la nuit tombée. « Détenteur de mille et un secrets, dont certains capables de faire sauter Mitterrand, de Grossouvre se savait une cible. Il m'a dit un jour : "Si je meurs, c'est que l'on m'aura tué. Et je vous demanderai de vous démener pour dire la vérité." »

Les deux hommes avaient un livre en projet, à paraître chez un grand éditeur parisien, dont Jean Montaldo lui avait présenté le directeur. Cette figure du monde de l'édition était sortie estomaquée d'un déjeuner au cours duquel le conseiller de François Mitterrand avait raconté moult anecdotes (vraies, fausses ?) sur le Président et son entourage. Entre autres, celle de Michel Charasse faisant soi-disant venir nuitamment à l'Élysée des filles par minibus quand il était de permanence.

À la mort de François de Grossouvre, son appartement a été vidé. Sa femme a été priée de le quitter et le ménage fait. « Autant je suis convaincu du suicide de Pierre Bérégovoy, autant je suis convaincu de l'assassinat de François de Grossouvre », soutient Jean Montaldo qui parle d'« éléments à charge terribles ». « On l'a trouvé assis sur un canapé, le 357 Magnum à ses côtés. Une balle l'avait pénétré sous la mâchoire. Curieusement, son épaule gauche était luxée. Curieusement aussi, il portait un hématome sous la joue gauche. »

A-t-on « suicidé » François de Grossouvre, ou l'ancien conseiller de François Mitterrand s'est-il donné la mort dans son bureau de l'Élysée, le 7 avril 1994, comme le veut la version officielle et l'a confirmé l'enquête ?

« Trop de vides, trop de précipitation, trop de tout…, fulmine l'écrivain. Personne ne s'explique l'enquête lacunaire effectuée par la police, ni la fouille en règle de son bureau à l'Élysée, ainsi que de son appartement, quai Branly, par la sécurité du Président. »

Affabulations ? Il évoque des lettres et un agenda personnel du conseiller disparus, des dossiers volatilisés, un bureau passé à l'eau de Javel… La nature de la blessure, le rapport d'autopsie ne souffrent pourtant d'aucune invraisemblance. La thèse d'un assassinat ne trouve aucun fondement, mais l'ancien compagnon continue d'imaginer un tueur à l'Élysée et une exécution sommaire. Rien, jamais, n'est venu étayer le soupçon. Le doute continue pourtant de hanter cet homme et de nourrir le fantasme.

27

Élizabeth Teissier, une astrologue à l'Élysée

Mitterrand ascendant Teissier ! Eh oui, le premier président socialiste de la Ve République a eu, dans ses visiteurs du soir, l'astrologue médiatique. Qui en fait le récit dans un ouvrage[1] rassemblant l'essentiel de ses échanges avec le chef de l'État. Cinq années durant, entre 1990 et 1995, l'ancien monarque la consulta. Au fil d'entretiens, tous enregistrés avec l'accord de Mitterrand, Élizabeth Teissier l'aiguille et le conseille. Tantôt sur les chances de survie d'Édith Cresson à la tête du gouvernement, en mai 1991. Tantôt sur le putsch à Moscou, au mois de mai de la même année. Ou sur la date la plus propice pour le référendum sur le traité de Maastricht. La guerre du Golfe la voit particulièrement sollicitée : « En dépit d'un caractère sceptique et rationnel », François Mitterrand est tout ouïe. Ainsi, en janvier 1991 :

« Il va falloir que j'intervienne. Quel est selon vous le meilleur jour ?

— Dans les jours qui viennent ?

— Dimanche, lundi, mardi…

— Il faudrait que je regarde cela, parce que je ne peux pas vous le dire à brûle-pourpoint. »

1. *Sous le signe de Mitterrand. Sept ans d'entretiens*, Éditions n° 1, 1997.

La question est à ce point pressante que le chef de l'État demande à l'astrologue de le retrouver à Latche. Ils auront également de longs échanges à propos de la mort de Pierre Bérégovoy : son suicide était-il inscrit dans les astres ? « Il s'agissait d'une question difficile », témoigne Élizabeth Teissier dans son ouvrage. « Ce que je puis dire, c'est que François Mitterrand ne cherchait pas de circonstances atténuantes ou une quelconque déculpabilisation. À ses yeux, Pierre Bérégovoy était la victime d'un complot ourdi par la droite et qui le visait, lui aussi. À travers son Premier ministre, on avait voulu atteindre le Président, il en était parfaitement conscient. »

Lors de la divulgation des enregistrements de l'astrologue – dont certains sont diffusés sur France Info – et de la publication de ce livre, Mazarine Pingeot rectifie toutefois sèchement. Elle indique que son père « n'a jamais attendu les avis d'Élizabeth Teissier pour prendre des décisions importantes ». Elle pilonne l'astrologue – « une marchande d'illusions » –, dont elle balaye l'influence supposée. Et d'ajouter : « Nous avons là quelques-unes des nombreuses figures exotiques dont François Mitterrand aimait parfois à s'entourer. Des comètes sans influence aucune qui faisaient partie du paysage et chez lesquelles il trouvait tantôt du réconfort, tantôt de la distraction. »

28

François-Marie Banier, l'iconoclaste

Avoir un neveu prénommé Frédéric écrivain, cinéaste, cultivé, mondain, peut être utile pour un Président, même s'il professe des idées politiques différentes (au point d'accepter de devenir, un jour, ministre de Nicolas Sarkozy). Notamment afin de rencontrer des personnalités inhabituelles, originales ou iconoclastes. Dans cette énumération, chacun mettra François-Marie Banier où il veut, lui qui figure parmi les prises du neveu frondeur.

Personnage disruptif, le photographe est invité à suivre le chef de l'État en fou du roi dans certains voyages officiels où on l'autorise à immortaliser les visites d'État aux quatre coins du globe. « FMB » fascine autant qu'il fait s'étrangler ceux qu'il épingle avec un aplomb sans limites en présence d'un Mitterrand qu'il divertit. Doté d'une phénoménale assurance, le personnage est imprévisible. Il semble qu'il n'ait jamais douté. À table, il administre des leçons devant des assistances sidérées. Chacun est passé à la sulfateuse. Son intelligence fascine, comme sa culture et son talent de conteur. Mais ses manières, sa désinvolture, sa férocité joyeuse, sa jubilation visible à décontenancer par des piques assassines, sa propension « à parler fort et briser les intimités installées » sont loin d'être du goût de ceux qui moquent un hystérique mondain, un pique-assiette qui abuse de la flatterie. Épaté par ses insolences de sale beau gosse, Mitterrand le tolère avec une machiavélique bienveillance.

Comme chez lui

« Rien ne semblait pouvoir l'arrêter. Il était à l'Élysée comme chez lui », se souvient Georges-Marc Benamou, un autre produit de la pouponnière mitterrandienne dont François-Marie Banier est l'une des plumes au magazine *Globe*. Cette autre coqueluche de l'ancien Président s'amuse à l'évocation du dandy échevelé qui pouvait pousser la porte du Président comme d'autres celle de leur chambre. Secrétaire et confidente de Mitterrand, Paulette Decraene était tombée sous le charme du jeune intrépide, devenu son ami. Le garçon a un tel aplomb que personne ne serait véritablement étonné de le voir déambuler dans les couloirs en pyjama : « Il se voulait grivois, il était embarrassant; drôle, il était gênant », cingle en revanche Pierre Bergé dans l'un de ses ouvrages[1]. Pour l'ancien mécène, « la qualité principale » de ce « pseudo-écrivain, mais vrai arriviste » n'est que « de séduire les vieux ».

Mauroy au pilori

Et d'humilier le reste du monde, manants ou puissants, vraisemblablement. FMB dans un dîner à l'Élysée, c'était un plongeon vers l'inconnu : « Il pouvait à tout moment l'éblouir ou le plomber », poursuit Georges-Marc Benamou. Nombreux sont ceux qui ont quitté la table présidentielle l'âme tuméfiée. Ainsi, alors que le directeur du

1. *Inventaire Mitterrand*, Stock, 2001.

Monde, Jacques Fauvet, dit à François Mitterrand, lors d'un déjeuner, tout le bien qu'il pense de Pierre Mauroy, le photographe le coupe et le sèche : « C'est étrange, vous m'avez dit exactement le contraire il y a quelques jours, me l'assassinant. Rappelez-vous, Jacques. » Mitterrand se fige : « Vous avez vraiment dit cela ? » Le déjeuner achevé, le Président entraîna le patron de presse dans son bureau, où il passa un sale quart d'heure.

Les jours s'en vont, je demeure. Pierre Mauroy doit-il sa chute à cet artificier mondain ? Bien évidemment, non. Interrogé à ce propos dans la presse, François-Marie Banier raconte pourtant que François Mitterrand l'aurait consulté sur sa prolongation à Matignon. Ce que rapporte aussi Gaspard Dhellemmes dans une biographie du photographe[1].

1. *La Vie démesurée de François-Marie Banier*, Fayard, 2017.

29

Robert Bourgi, si proche de Sarkozy

La question libyenne et le sort du colonel Kadhafi voient converger vers l'Élysée de Nicolas Sarkozy, à l'hiver 2011, une foule inquiète. Des émissaires du monde arabe, des chefs d'État africains, des amis du pays qui se soulève… tous conjurent le Président français de ne pas se lancer dans la guerre. Et tous ciblent celui qu'ils accusent d'en être le promoteur : l'« irresponsable » Bernard-Henri Lévy.

Robert Bourgi est de ceux-là. Dix ans ont passé depuis le conflit libyen, mais cet héritier de Jacques Foccart, vestige de la Françafrique, se fige à l'évocation de ses visites à l'Élysée où Nicolas Sarkozy avait endossé le costume d'un chef de guerre. « Nous roulions à tombeau ouvert vers le désastre. J'ai eu beau le lui dire, il dessinait des plans de bataille et déroulait le tapis rouge à l'opposition libyenne que BHL lui avait amenée. »

Françafrique

Robert Bourgi ? Un avocat d'origine libanaise qui œuvrait en sous-main. Le conseiller officieux de Jacques Chirac, puis de Nicolas Sarkozy, pour les questions africaines. Et un porteur de valises autoproclamé pour une flopée de partis politiques – du RPR au PS, de l'UMP au PC.

Difficile d'envisager linéairement la vie de cette figure exotique, mi-aventurier, mi-barbouze, dont les chemins se perdent dans les méandres d'une Françafrique aux relents de roman d'espionnage. Étonnant destin que celui de ce Méditerranéen au bagout inépuisable, dont la silhouette est aperçue aux quatre coins des capitales africaines au tout début des années 1980, continent dont il maîtrise comme peu la cartographie politique. Atavisme pasquaien, dont il est l'un des disciples, Robert Bourgi s'est plongé avec volupté dans les marigots de Dakar, Libreville ou Yaoundé.

Le grand public a découvert son visage à la faveur d'une affaire n'ayant rien à voir, celle des costumes de François Fillon : cet ensemble blazer et pantalon, signé du couturier parisien Arnys, que Robert Bourgi lui offrit à Noël 2014. Oubliés, ses états de service dans les allées d'une Françafrique dont il est le parrain : les médias n'ont alors retenu de lui que cette anecdote vestimentaire qui l'épingle et enfonce un peu plus l'ancien Premier ministre. « Nous étions, avec cette histoire de costumes, bien loin de la Libye… »

À l'Élysée, encore et encore

L'épopée libyenne ? Le rôle de sa vie. Et une cicatrice à jamais refermée. « Je me suis battu comme un lion pour inverser le cours de l'Histoire », dit-il, avant d'ajouter s'être fait « rouler dans la farine par ce philosophe qui a marabouté Nicolas ».

Combien de fois s'est-il présenté aux portes du Palais durant les mois qui ont précédé la guerre, au point que les gendarmes de faction ne lui demandaient même plus son identité ? Quinze, vingt, trente ? Lui-même ne le sait plus, qui s'emmêle au souvenir de ses innombrables plaidoiries dans le bureau du «chef». «Quand BHL a commencé à s'agiter, j'ai reçu de toutes parts des coups de téléphone de Présidents africains. Ali Bongo le premier, qui me disait : "Kadhafi, il est ce qu'il est, mais nous en avons besoin. Sa disparition entraînera des dégâts énormes."»

Lorsque le Palais se vide, en fin de journée, l'émissaire est dans l'antichambre du bureau présidentiel, à répéter ses gammes. «Je savais que, le soir, Sarko était plus disponible, plus attentif aussi. Je m'entends lui dire avec toute l'énergie qu'il me reste : "Attention, Nicolas, Sarajevo n'est pas Benghazi. Et BHL n'est pas Bonaparte. Les liens entre le continent africain et Kadhafi sont très importants. Il n'y a pas un chef d'État africain qui ne soit pas lié à lui. Qui ne soit pas non plus l'un de ses clients, d'une manière ou d'une autre : Kadhafi *out*, c'est une plongée dans l'abîme, un grand saut vers le vide. Tu vas…"» Nicolas Sarkozy lève la main : «Ne te fatigue pas, Robert, ma décision est prise. Cameron et moi nous sommes mis d'accord : on veut en finir avec ce Sabra.»

«J'ai compris, à ce moment-là, qu'à l'heure où je m'épuisais dans ce bureau, de premiers accrochages avaient sans doute lieu dans les lointains faubourgs de Benghazi. Je suis sorti de l'entretien effondré et terrifié.»

Un sujet tabou mais…

L'aventure libyenne est un sujet que l'homme n'a plus jamais évoqué devant Nicolas Sarkozy : «Une question à jamais taboue.» Sauf une fois, au soir de la garde à vue de l'ancien Président, en mars 2018, dans le cadre de l'affaire des financements libyens de sa campagne de 2007. «Je suis allé le voir à son domicile pour lui manifester mon soutien. Il portait sur le visage les stigmates d'un interrogatoire qui l'avait essoré. Lorsque, à ma grande surprise, il m'a posé cette question à propos d'une somme d'argent que l'un de ses proches aurait touchée des Libyens... »

« Robert. Est-ce que tu étais au courant de ces cinq cent mille euros... ?

— Nicolas, je suis le premier surpris. Si c'est vrai, je n'étais pas au courant d'une telle connerie[1].

— Oui, une grosse "connerie". Mais dis-moi, Robert, qu'est-ce que tu penses sincèrement du financement libyen ?

— Vaste sujet... J'ai aperçu Kadhafi à Dakar, à Abidjan, à Ouagadougou... Quand tu lui serrais la main, ça allait de un million à un milliard. C'était dans ses habitudes. Et si ta question est : est-ce que Kadhafi a financé une partie de ta campagne sans que tu le saches ? Je ne peux pas te le dire. Mais retiens une chose : Kadhafi était généreux, très généreux. Je ne peux pas imaginer qu'il n'ait pas essayé de donner de l'argent à des intermédiaires français. Pareil au Gabon. Tu rentres dans le bureau de Bongo, que tu sois africain, blanc, jaune... tu ressors avec ton enveloppe. C'est dans sa tradition bantou. La refuser, c'est l'offenser. Même chose pour Kadhafi : je ne l'imagine pas ne pas donner. Mais, s'il a donné, ça a dû s'évaporer...

— Qu'est-ce que tu veux dire par... s'évaporer ?

— C'est une expression... Quand l'un de ces chefs d'État donne cent à X, quatre-vingts disparaissent en route. Dans d'autres poches. »

Nicolas regarde Robert Bourgi avec insistance et lâche : « Là, je viens d'apprendre quelque chose... »

Actors Studio ? Neuf ans plus tard et au nom de l'amitié qui les lie, Robert Bourgi choisit de croire que Nicolas

1. Des allégations jamais confirmées par la justice et qui à ce jour n'ont fait l'objet d'aucune poursuite et condamnation.

Sarkozy ignorait tout des enveloppes qui ont pu circuler en 2007 au sein de son état-major de campagne… comme ailleurs.

La cuisine africaine de la France

À l'Élysée, où il a retrouvé fréquemment le Président, Robert Bourgi s'est donc occupé de la petite cuisine africaine de la France. Réflexe barbouze ? Pour que ses visites conservent un caractère confidentiel, l'émissaire prend un nom d'emprunt, Chambertain, qu'il décline à l'entrée. Un anonymat qui l'arrange : consultant hors cadre, il passe ses journées à court-circuiter la cellule africaine du Palais, dont il détricote certaines décisions. Combien d'ambassadeurs en poste sur le continent africain se sont vus promus ou démis de leurs fonctions après que « Chambertain » fut intervenu ? « Un certain nombre… », s'enorgueillit l'intéressé. Le plus célèbre d'entre eux ? Jean-Christophe Ruffin. Nommé ambassadeur du Sénégal en août 2007, sur une idée de Bernard Kouchner, le médecin et écrivain ne restera que seize mois en poste, après que, si l'on en croit Bourgi, le Président sénégalais, Abdoulaye Wade, eut demandé sa tête.

Aussitôt dit, aussitôt fait : « La politique africaine de la France repose sur trois piliers, Abidjan, Dakar et Libreville. Or Ruffin était devenu un problème. Ses sorties dans les médias, où il donnait les leçons de démocratie aux Sénégalais, avaient mis Wade en fureur. Alors je me suis chargé de lui. » Le limogeage du diplomate se serait décidé en cinq minutes dans le bureau de Nicolas Sarkozy, après que son visiteur l'eut exécuté. Peu après, Jean-Christophe Ruffin quittait Dakar…

Des entrées au « Canard »

Indépendamment des informations qu'il collecte et rapporte à l'Élysée, Robert Bourgi présente du monde à Nicolas Sarkozy : des hommes d'affaires, des diplomates, des journalistes… C'est le cas du directeur du *Canard enchaîné*, Claude Angeli, dont il est l'ami et le témoin de mariage.

« Mais comment t'es-tu débrouillé pour être témoin de mariage du patron du *Canard*? s'exclame Nicolas Sarkozy, à qui le patron de presse lui a été présenté.

— Je ne me suis pas débrouillé, je suis son ami.

— Toi qui as la réputation d'être un barbouze ? »

Le locataire de l'Élysée ne reprochera jamais à Robert Bourgi le tombereau d'articles acides publié sur lui par le palmipède au cours des cinq années de son mandat.

Le divorce

Il était aussi à l'Élysée quand le chef de l'État apprit la séparation avec Cécilia.

« C'était un jour de 2007 dans la matinée. Nous devions partir pour un sommet européen à Lisbonne. Entre Claude Guéant qui lui tend un petit bout de papier dans un silence de plomb. J'ai vu Nicolas se liquéfier. » Puis : « Tu vois, Robert, Cécilia vient d'officialiser notre divorce. »

Au fond des yeux, un voile de tristesse. Un voile d'inquiétude aussi face à la bourrasque qu'il devine : cette houle qui annonce les quarantièmes rugissants et l'« affaire Cécilia », bientôt à la une des médias.

« Je vois ce grand sentimental à la sensibilité aiguisée s'effondrer. Mais je lui dis :

“Dès lors que tu rentres dans ce bureau, tu ne t'appartiens plus. Depuis l'époque où de Gaulle y a siégé, cette maison est un temple. N'oublie jamais une chose : tu es le patron de soixante-six millions de Français. Alors, je t'en conjure, ne laisse rien transparaître de ta détresse.

— Tu as sans doute raison", me répond Nicolas d'une voix crépusculaire. »

Les visiteurs du soir sont aussi là pour panser des plaies, parfois.

Huitième partie

François Hollande et Emmanuel Macron : tant de différences

Tous les Présidents ne se ressemblent pas, comme on s'en doutait et comme on l'a vu au long des parties précédentes. Mais s'il en est qui, au sujet des visiteurs du soir, fonctionnent aux antipodes, ce sont bien François Hollande et Emmanuel Macron. Évidemment, des conseillers, des voix qui murmurent, tous deux en ont eu et en ont, mais par des procédés différents et une confiance accordée sans commune mesure. Enfin – et surtout –, une différence fondamentale existe entre eux : la présence d'une première dame impliquée.

L'ancien premier secrétaire du PS est arrivé à l'Élysée avec une compagne, en a changé au cours du mandat – casque de scooter et une de *Voici* en bandoulière – sans que les femmes partageant sa vie privée (il ne s'est pas marié) aient un véritable rôle d'influence auprès de lui. Pour autant, Valérie Trierweiler avait prouvé, avant l'élection et dans les premiers mois du mandat, qu'elle ne manquait ni de caractère ni d'engagements – et prises de position – politiques.

Son ministre de l'Économie devenu son successeur s'appuie, au contraire, depuis des années, sur une épouse qui l'a aidé, soutenu. Un vrai duo est arrivé au Palais, même si

Brigitte Macron prend garde de ne pas – ne plus ? – avoir de rôle politique.

Deux approches, deux tempéraments, deux registres. Et deux présidences où l'influence se fait et vit différemment. Les méthodes changent, mais le fond ?

30

L'habit ne fait pas le Hollande

François Hollande demeure un mystère encore aujourd'hui pour ceux qui l'ont entouré à l'Élysée.

« Il n'a jamais pris la mesure de la fonction. Président de la République, vous devez l'incarner. Or Hollande ne l'a pas compris. » Six ans ont passé et son ancien conseiller politique, Aquilino Morelle – qui conserve un souvenir cuisant de son passage à l'Élysée puisqu'il est évincé à l'été 2014 après que Mediapart eut révélé une affaire de conflits d'intérêts, qui le plombe – n'en revient toujours pas. Avec le recul, que comprend-il de François Hollande, que voit-il de l'Élysée sous sa présidence ? « Une maison ouverte à tous les vents ; des journalistes qui défilent dans son bureau, devenu hall de gare ; un rapport compulsif au téléphone portable… François Hollande, à la différence d'un Emmanuel Macron, est incapable de vivre seul. Et il déborde avec l'arrivée de Julie Gayet. Déjeuners, dîners, sorties… Je l'ai vu se mettre à fréquenter le Tout-Paris. Soit, mais il se livrait, sans filtre aucun, à la terre entière. Ubuesque. »

Le chef de l'État qui se relâche

Le jour de la prise de fonction de François Hollande, le 15 mai 2012, Aquilino Morelle, lui, prend possession de son bureau. Au moment de le quitter, le garde républicain qui l'a guidé dans les couloirs lui glisse pompeusement : «Vous savez, si Matignon est un hôtel, l'Élysée est un palais.»

«Dieu qu'il avait raison! Un palais avec toute sa charge historique que François Hollande a galvaudé», poursuit l'ancien conseiller, qui dit avoir vu «basculer» François Hollande à l'été 2012, avec sa première visite d'État à la Maison Blanche, où Valérie Trierweiler braque les projecteurs des médias, qui font leurs choux gras d'un vaudeville dont c'est le premier chapitre.

«Les mauvaises habitudes sont apparues à ce moment. Le téléphone portable qu'il ne cesse d'utiliser; la lecture frénétique des dépêches; ses contacts incessants avec les journalistes qu'il inonde de messages ou appelle à tout bout de champ. Et cet embonpoint qu'il avait perdu durant la campagne qu'il reprend. Celui qui avait fait de cet effort une exigence durant la campagne se relâche soudainement.»

Quand le Président parle trop aux journalistes qu'il reçoit

Les deux plumes du *Monde* Gérard Davet et Fabrice Lhomme n'ont pas besoin de raser les murs pour rejoindre le bureau du Président : ils y sont un peu comme chez eux. Un aboyeur les aurait annoncés comme à la cour du Roi-Soleil que cela n'aurait surpris personne.

« Je me souviens d'un verre pris avec eux au Café de Flore, au lendemain de l'élection présidentielle, raconte Aquilino Morelle. Ils m'avaient exposé leur idée de bouquin. Un projet qui, à l'époque, n'était pas un pavé sur le quinquennat, mais un récit sur les cent jours. Pourquoi pas, leur avais-je dit. J'ai été sidéré d'apprendre quelques semaines plus tard qu'ils voyaient Hollande à leur guise et des heures entières : des conversations toutes enregistrées et sans témoins. Hollande, qui se pensait plus intelligent que tout le monde, imaginait les manipuler. C'est l'inverse qui s'est produit. »

La présidence buissonnière

Si ces entretiens sont à l'agenda de François Hollande, un grand nombre de ses rendez-vous n'y figurent pas. Seul l'officier de sécurité et son médecin connaissent l'emploi du temps de ce chef de l'État à la présidence buissonnière.

À un bémol près, sa vie privée : une sphère qui échappe à l'ensemble de l'entourage – gardes du corps et médecin compris. « C'est comme cela que j'ai découvert un matin, comme l'ensemble de son cabinet, les fameuses photos de sa virée casquée en scooter chez Julie Gayet... se souvient le conseiller. Convaincu de sa supériorité intellectuelle, François Hollande est quelqu'un de très secret, ce qui est son devoir quand on occupe cette fonction. Mais là nous franchissions un cap. »

Une kyrielle de visiteurs

Quels sont les gens qu'il fréquente ? « Une foule disparate. Des politiques le lundi, des industriels, des économistes le mardi, des journalistes, beaucoup, des intellectuels, des artistes tout le long de la semaine. Plus le ballet des communicants qui font le pied de grue. François Hollande avait ses propres réseaux, un petit cercle d'affidés. Son propre logiciel aussi. Les vrais intellectuels lui importaient peu. Si bien que j'ai fini par me borner à lui raconter l'air de la ville : les cancans du Tout-Paris des médias, de la politique et des affaires. Il y avait enfin le cercle des intimes, comme Julien Dray, que Valérie Trierweiler ne voulait pas voir à l'Élysée, mais qui s'arrangeait pour le rencontrer en catimini. De même, Jacques Attali, auquel François Hollande rendait visite à son domicile. Je dirais qu'Attali a sans doute été le seul à avoir eu une réelle influence sur lui. Sans doute parce qu'il incarnait à ses yeux une même filiation : celle de François Mitterrand. »

Trop à l'aise avec les journalistes

Si les journalistes n'ont jamais autant foulé le gravier de la cour d'honneur du Palais, c'est sans doute parce que François Hollande aime cette profession. Il la côtoie de longue date : familier d'une multitude d'entre eux, il est déjà le conseiller éditorial de l'historien Max Gallo à la tête du *Matin de Paris*, à la fin des années 1980. Et informait, dit-on, en cancans et canards le quotidien satirique du mercredi.

« Avec lui, une idée solidement argumentée et âprement défendue dans son bureau à l'été pouvait déboucher sur un projet à l'automne » : l'ancien directeur du *Monde*, Jean-Marie Colombani, en fait l'expérience en juin 2016, quand il se voit confier une mission sur l'adoption, après qu'il eut sensibilisé le chef de l'État sur le sujet. « Si François Hollande a peut-être poussé l'exercice un peu loin, les journalistes ont toujours eu une place à part à l'Élysée sous la

Ve République », veut nuancer le même Colombani, qui parle d'échanges « de puissance à puissance[1] ».

En l'occurrence, la puissance s'est transformée en déflagration lorsque des journalistes dudit *Monde*, grâce à des entrées plus que facilitées par le Président, ont publié le fruit de leurs entretiens. Le séisme d'« *Un Président ne devrait pas dire ça*[2] »… a entraîné un tsunami de réactions médiatiques et politiques outrées et a accéléré sa chute, d'où son impossibilité de se représenter. Porté au pinacle par la presse avant 2012, étrillé et achevé par elle quatre ans plus tard, François Hollande s'était tiré une balle dans le pied. Pour avoir oublié ou pas compris que les journalistes ne sont pas des visiteurs du soir habituels ; eux, ils parlent, rapportent ou écrivent !

1. Le patron du *Monde* est une puissance que tous les présidents de la Ve République ont reçue régulièrement à leur table. Jean-Marie Colombani se souvient ainsi d'un repas avec Jacques Chirac, dont il sortit courbatu. « Votre journal est une merde ! Je voulais vous le dire haut et fort ! » hurle Chirac, luciférien, après qu'il eut découvert dans les colonnes du quotidien un édito au titre blasphématoire : « Le contentement de peu ».

2. *Op. cit.*

31

Jupiter aime les SMS

Emmanuel Macron à l'Élysée ? C'est l'anti-Mitterrand, l'anti-Sarkozy, l'anti-Hollande : des Présidents cernés d'une multitude de cercles accumulés au fil des années. Ceux d'Emmanuel Macron ont la légèreté d'une bulle. Chez lui, pas de premier cercle, ni même de second, mais un écosystème qui se résume à quelques amis rencontrés sur les bancs de l'ENA et à une poignée de familiers apparus sur le tard, avec l'élection présidentielle.

Examiné à mi-mandat, le trombinoscope de l'Élysée n'a plus rien à voir avec celui de la victoire, à l'été 2017. De la dizaine de trentenaires qui foulaient joyeusement le tapis rouge de l'Élysée le jour de la prise de fonction, il ne reste presque plus personne. Stéphane Séjourné, Ismaël Emelien, Sylvain Faure, Richard Ferrand, Julien Denormandie, Benjamin Griveaux… Cette bande que les commentateurs saluent alors comme « la jeune garde du Président » s'est dissoute.

L'Élysée, cet Everest : parvenue au sommet, cette jeunesse a volé en éclats. À l'image du carré de fidèles de Nicolas Sarkozy, sacrifié de la même manière au bout de huit mois de mandat. « L'Élysée n'est pas une partie de plaisir », assure le journaliste et écrivain Georges-Marc Benamou, que Nicolas Sarkozy a bombardé conseiller en

2007, avant que les corps de l'Inspection des finances et de l'ENA, qui tiennent les rênes du Palais, ne le broient. « L'Élysée, cela peut être l'enfer. Si vous n'avez pas la carte, vous explosez », ajoute-t-il.

« Tu n'es pas chez toi, ici, tu es venu habiter chez eux, Emmanuel », prévient Michèle Marchand, une communicante connue comme le loup blanc, qui met en scène l'image du couple Macron durant la campagne de 2017, jusqu'aux marches de l'Élysée.

« Chez eux » ? Ces cols blancs qui font tourner l'Élysée. Tel un syndic d'immeuble qui voit dans chaque nouvel arrivant un locataire de passage, cette légion de hauts fonctionnaires enjambe les quinquennats. Les Présidents passent, l'appareil reste. « Chez eux » : le 14 mai 2017, le chef du protocole, qui n'en est pas à son premier locataire, prend la pose sur le perron de l'Élysée aux côtés d'Emmanuel Macron et de Vladimir Poutine. Un Martien débarquant sur cette Terre se serait demandé qui de ces trois hommes est le maître des lieux.

Journées débordées

Chercher la vie sous les obligations. Le quotidien d'Emmanuel Macron ressemble à celui de ses prédécesseurs : des journées de stakhanoviste où s'enchaînent rendez-vous, réunions et déplacements. Seule différence : la solitude qu'il s'impose et un agenda qu'il écrème. Peu de visiteurs, sauf ceux que le protocole, l'urgence ou sa fonction lui imposent. Président technophile, Emmanuel Macron préfère le portable aux entretiens *de visu*, qu'il juge chronophages. Si bien que son iPhone est une salle d'attente : le flot de textos qu'il reçoit ou adresse forme une vague au roulis incessant.

De l'épisode François Hollande trébuchant à trop échanger avec les journalistes, son successeur a bénéficié et tiré la leçon. Moins leur faire confiance – au point d'avoir cadenassé la communication de l'Élysée –, toujours écouter les visiteurs du soir, conseillers, contacts en tout genre, mais en les gérant autrement. Au final, que reste-t-il des échanges d'Emmanuel Macron avec la multitude de personnalités qui font son siège, suspendues à leurs iPhone ? Des miettes. Car si la boîte mail de ce Président technophile déborde de messages, ceux-ci sont vite survolés et aussitôt expédiés vers la corbeille. Quant à son 06, il est un joyeux café du commerce qui le distrait plus qu'il ne l'aide.

Le Président arrose d'émoticônes une nébuleuse qu'il entretient à distance, tant le goût du secret est son mode de fonctionnement. « Trois personnes peuvent garder un secret, si deux d'entre elles sont mortes » : Emmanuel Macron a fait sienne cette maxime de Benjamin Franklin.

Ainsi, très peu dans son proche entourage, hormis son directeur de cabinet, Alexis Kohler, et Bruno Le Maire, ont vu arriver, à la fin octobre 2019, le nom de Thierry Breton proposé comme commissaire européen à Bruxelles. Bavarder avec les uns sans se dévoiler, échanger avec les autres sans se découvrir, voilà la méthode.

Atypique

Daniel Cohn-Bendit l'a vite compris, qui confirme l'atypisme d'un « Président jupitérien ». « On échange, on s'envoie des textos – notamment sur l'Europe et le Brexit à l'été et l'automne 2019 –, des messages auxquels il répond ou ne répond pas. Je lui dis ce que je pense sur mille sujets. Le contrat est clair : je n'attends rien de lui et lui n'attend rien de moi. Ce serait vaniteux de ma part d'affirmer que mes conseils ont un quelconque effet sur cet homme, dont il faut reconnaître le côté bluffant. Il est cent coudées au-dessus. »

La question de l'entrée au gouvernement de l'ancienne figure de Mai 68 s'est posée quand Nicolas Hulot a claqué la porte : « Je me souviens de lui avoir dit : "Je ne le sens pas. Il y a en politique des mécaniques gouvernementales qui ne me conviennent pas." Je l'avais prévenu : "Si ton ministre de l'Intérieur fait des conneries, je le dirai. Si ta politique économique ne me va pas, je le dirai aussi." C'eût été ingérable. On a refermé le sujet. »

Grangeon et Aghion

Emmanuel Macron a-t-il son Jérôme Monod ? L'ancre et la boussole de Jacques Chirac, depuis ses premiers pas à la mairie de Paris ? Son Maurice Ulrich ? Cet autre druide qui lui parlait en vieux sage. D'évidence : non. Seuls « seniors » identifiés au sein de la start-up Macron : Philippe Grangeon et Philippe Aghion, les boîtes à idées du Président.

Le premier, un ancien visiteur du soir et conseiller officieux de François Hollande, engagé aux côtés d'Emmanuel Macron depuis 2015, pratique depuis longtemps les arcanes du pouvoir. Le second, économiste réputé qui a théorisé le « en même temps » et nombre de théorèmes de la doxa macronienne, est également très écouté. Deux autres personnalités parlent également au Président en toute franchise : Jacques Attali et Alain Minc. Le premier, qui a roulé sa bosse, lui a amené Édouard Philippe. Le second a, depuis des lustres, l'expérience du conseil en politique, un domaine où il excelle.

Rarement chez les autres

Dès qu'ils le peuvent, Brigitte et Emmanuel Macron vont au théâtre ou au cinéma. Rares sont, en revanche, les dîners chez les uns ou les autres. Michel Boujenah, Bernard-Henri Lévy, Xavier Niel ou Philippe Besson figurent parmi les personnalités dont ils acceptent les invitations. Le journaliste et chroniqueur Bernard Montiel leur présente le chanteur Julien Doré, que le couple veut connaître. Ainsi que Florent Pagny, qu'Emmanuel Macron reçoit à l'Élysée un dimanche, après qu'il eut entendu le chanteur critiquer sa politique fiscale sur une antenne.

Si peu de journalistes

Très peu nombreux sont, on s'en doute, les journalistes qui ont su gagner la confiance de l'actuel président de la République. Exception faite de la figure footballistique de Radio France, Jacques Vendroux – l'un des petits-neveux par alliance du Général –, ou du directeur de la rédaction de *Match*, Olivier Royant, auquel il réserve une attention toute particulière. Ainsi, lors du dîner privé organisé en l'honneur de Donald Trump au restaurant Le Jules Verne de la tour Eiffel, le 14 juillet 2017, le directeur de l'hebdomadaire a été invité à rejoindre les deux chefs d'État au café.

Bien des confrères auraient aimé être là !

32

Brigitte, ou la solitude au pouvoir

Au palais de l'Élysée, Emmanuel et Brigitte Macron vivent reclus dans un huis clos volontaire. Comme sur une île ou dans une place fortifiée. L'Élysée : une insularité dans la République. Leurs relais synaptiques tiennent sur les doigts des deux mains. La Lanterne, cette résidence où Nicolas Sarkozy et François Hollande prenaient plaisir à passer le week-end, est le plus souvent déserte. Aux dîners mondains du Château, le couple préfère des tête-à-tête dans des restaurants de la capitale.

Pas de premier cercle à proprement parler et un nombre restreint d'amis proches, donc. Trois M qui avec la Première dame font quatre : Fabienne Moser, communicante zurichoise, Catherine Madar, vice-présidente de l'ONG Sauveteurs Sans Frontières, et Bernard Montiel. Un quatuor qui déjeune une fois par mois.

Une grande muette

Grande muette, Brigitte Macron ne dit rien de ses échanges, portes fermées, avec son mari. Si l'on prête peu de sens politique à l'épouse du chef de l'État – sans doute à tort –, tous ceux qui la côtoient lui reconnaissent du bon sens. Et du franc-parler. Allure et style éminemment modernes, elle incarne une nouvelle génération de Premières dames, dont la voie fut ouverte par Claude Pompidou. Celle de celles qui osent et disent.

Ainsi, c'est à elle qu'Emmanuel Macron soumet certains de ses arbitrages, comme lors du débat sur le port du voile à l'automne 2019. C'est auprès d'elle qu'il teste aussi ses « punchlines » – ces phrases chocs dont les médias se feront l'écho. Omniprésente et jamais très loin de lui, elle passe en outre l'agenda au tamis, filtre ses appels quand il est débordé, fait le tri dans certaines demandes de rendez-vous et les sollicitations. Face aux technos du Palais, elle ne se départit pas d'une immense méfiance.

Garder la flamme, évincer les bavards

Les journées de Brigitte Macron se scindent en deux. Le jour, cavalcade dans les coursives du Palais, slalom entre les tables de réunion, liberté au cœur de l'effervescence laborieuse. Et, le soir, dîners en tête à tête dans la quiétude de leurs appartements privés. Pour que la relation ne se fane jamais.

Le 5 décembre 2018, alors que la crise des Gilets jaunes est à son pic, que les Champs-Élysées sont mis à sac, Emmanuel et Brigitte Macron dînent dans un restaurant italien du 5e arrondissement. Pour souder et affronter ensemble. Quelques jours auparavant, les clients d'une brasserie proche du Trocadéro avaient été surpris d'apercevoir le couple en pleine conversation dans un recoin du même établissement. Car à qui d'autre confesser ses doutes, sinon à celle que les médias ont vite fait de baptiser « la vice-présidente » ? Surtout quand certains pérorent à tort et à travers.

Quand la rue s'est embrasée, à l'hiver 2018, Emmanuel Macron a envoyé une volée de SMS, comme autant de fusées de détresse, aux uns et aux autres. « Que dois-je faire ? » Alain Minc, Guillaume Durand, François Sureau ont figuré parmi les récipiendaires. « Qu'est-ce que tu en penses ? » écrivit-il aussi à Michèle Marchand. Celle qui a pour habitude de lui parler « cash » en toutes circonstances (affaire Benalla, scandale de Rugy, démission de Hulot...) dégoupilla : « Canadair, eau bouillante et mort aux rats ! » Traduction : éteindre l'incendie, rosser les émeutiers et sanctionner les Pieds Nickelés du gouvernement.

Mimi ne l'est pas toujours

Ouvrons une parenthèse sur cette femme au destin hors norme dont le mystère alimente la légende autant qu'elle-même l'attise. Dès son installation à l'Élysée, Emmanuel Macron a choisi de se tenir à distance d'une profession qu'il fréquente peu : les journalistes. Il s'en tient d'autant plus éloigné qu'il a pu en constater les effets toxiques sur son prédécesseur. Aux apartés à l'abri de son bureau, qu'il évite, il privilégie une communication millimétrée que met en musique « Mimi », Michèle Marchand.

Cette communicante, devenue une familière de Brigitte Macron, fait son apparition à l'hiver 2017. C'est Xavier Niel, le fondateur et dirigeant de Free, qui est à l'origine de leur rencontre : dès le début de la campagne, il conseille au couple de se rapprocher de celle qui tient bride serrée tout un pan de la presse magazine française, dont quelques porte-avions, comme *Match*, *Voici*, *Gala* ou *Closer*. Elle cornaque en sous-main les couvertures. Le courant passe. Comme elle sait installer un cordon entre les médias – qu'elle nourrit de reportages ripolinés, où l'obséquiosité du texte fait écho à une iconographie travaillée – et le couple, il s'en remet à cette professionnelle redoutée. À son avantage, puisque la prêtresse du *storytelling* n'a pas son pareil pour concocter des récits iconiques qui contribuent à l'édification du mythe.

En vérité, « Mimi » ne fait que reproduire ce qu'elle a réalisé par le passé pour Nicolas Sarkozy, dont elle a médiatiquement orchestré l'idylle avec Carla Bruni, avec les photos du couple prises en 2007 à Disneyland. « Le vrai pouvoir, ce n'est pas de publier, mais c'est de savoir retenir », a coutume de dire celle sans qui des magazines comme *Match* ou *Closer* n'auraient pas eu les mêmes audiences.

Papesse de la presse people, Michèle Marchand est une machine de guerre. Une rabatteuse hors concours également. On ne compte plus les personnalités qu'elle a amenées au couple Macron durant la campagne présidentielle. À portée de bulletins de l'Élysée, le candidat d'En marche ! fait un tabac dans les dîners qu'elle lui organise. On y voit le producteur de spectacles Jean-Claude Camus, l'homme d'affaires Marc Ladreit de Lacharrière, des journalistes et animateurs tels que Marc-Olivier Fogiel, Stéphane Bern ou Bernard Montiel, des artistes encore, comme Mika, Patrick Bruel, Johnny et Laetitia Hallyday…

Fin de la digression, instructive.

Sanctionner, c'est tancer les bavards et ceux qui se poussent du col

Mathieu Laine a pu expérimenter le traitement. Pour s'être vanté dans Paris de liens d'amitié avec Emmanuel Macron, ce communicant qui fait profession d'entremetteur a été sommé de se taire. « Débranche-le », aurait tranché Mimi d'un SMS ponctué d'un émoticône évocateur – un pouce pointé vers le bas. L'éminence grise a senti le vent du boulet.

Quand Gérard Collomb quitte le ministère de l'Intérieur, c'est vers elle que le chef de l'État se tourne : «Qui verrais-tu pour le remplacer ?» La dame a un nom en tête : l'ancienne patronne du quai des Orfèvres, Martine Monteil. «C'est qui ?» demande Emmanuel Macron. «Question de génération», pardonne Mimi, dont le carnet d'adresses rassemble un impressionnant Who's Who.

Elle, c'est lui

Et Brigitte, dans tout cela ? Elle tient. Protège. Joue son rôle en faisant le maximum pour ne pas déborder. Oriente parfois mais sans s'imposer. «Faut dire à ton mari...» Nombreux sont ceux à glisser cette phrase à l'oreille de la Première dame. Son obstination appliquée à revendiquer un statut au Palais lui vaut une masse de sollicitations. Elle, c'est lui, lui, c'est elle. Nombreux sont ceux aussi qui, conviés à dîner à l'Élysée, ont assisté à cette scène : Brigitte et Emmanuel Macron échangeant d'un bout à l'autre de la table de petits signes devenus dialogues. Clins d'œil et sourires doux.

Durant le repas, ils auront pu les observer. La première parle peu, sourit beaucoup, regarde intensément ses interlocuteurs. Dans son attitude, une fragilité de grande brûlée intouchable perdue dans ses pensées qu'équilibre une détermination sans failles. Le second occupe le devant de la scène, parle à flots de tout, virevolte d'un thème à l'autre, quand il ne décoche pas, au détour d'une phrase, une pique vacharde sur un député entendu plus tôt à l'Assemblée, qui fait se gondoler la table.

Dix ans que la première met en scène le second. Dix ans qu'elle prépare la conquête, ses pas dans les siens, au point que leurs traces se confondent. Dix ans qu'elle accompagne l'ascension de celui dont elle a fléché le parcours, avant de l'encourager à oser l'Élysée. Trop jeune, trop tôt ? « C'est maintenant ou jamais ! » a plaidé Brigitte Macron en 2013, qui poussa son époux à brûler les étapes lorsque, autour d'eux, un grand nombre estimait que la présidentielle de 2022 serait une échéance plus sage.

La peur du temps

Sa terreur ? Que les vingt-quatre années qui les séparent se muent en un handicap rédhibitoire. Dans dix ans, les rides du temps auront achevé leur travail et l'Élysée ne sera plus qu'un rêve parcheminé. Lui reviennent aux oreilles, à son endroit, les propos peu élégants d'un François Hollande – « la vieille ». Phrase qu'elle n'a ni oubliée ni pardonnée.

Alors qu'Emmanuel Macron occupe les fonctions de secrétaire général adjoint de l'Élysée, en 2013, Brigitte travaille déjà son image dans la coulisse. « Regarde Hollande » : comme beaucoup de Français, elle a pu observer la transformation du chef de l'État, ses changements capillaires et de silhouette, l'évolution de sa garde-robe et de son embonpoint, qui vont de pair. La qualité de ses interventions en public, aussi, fruit d'un long travail avec une cohorte de communicants. À bonne école, poussé par elle, Emmanuel Macron s'en inspire en 2017 quand il se lance dans la bataille de la présidentielle. Il approche l'ancien responsable de la communication de Nicolas Sarkozy à l'Élysée, Franck Louvrier, ainsi que celui qui officia auprès de François Mitterrand, le magicien Gérard Colé.

Et Brigitte créa Macron

« Et Brigitte créa Macron ». Tout est juste dans ce titre du *Parisien* de janvier 2019 qui met en avant une biographie de la Première dame retraçant son parcours comme son rôle. Car dans les réunions où se construit le récit du candidat, l'épouse a longtemps été à l'établi. Inutile de chercher le moindre interstice dans ce couple qui fait bloc. Leur union est semblable à ces cages de Faraday qui isolent et protègent des nuisances extérieures. « Elle, c'est lui, et lui, c'est elle », résument les médias qui ne trouvent pas un grain de sable chez ce couple qui marche d'un même pas. Dans les séances de travail où s'élaborent les scénarios – le *storytelling* de la campagne –, Brigitte est là, qui corrige et apporte sa touche.

Jamais loin de lui, un peu décalée sur la photo, où elle sourit peu, gardant sa tendresse pour l'intime. Elle l'accompagne dans ses déplacements, s'expose à ses côtés au premier rang des meetings politiques. Au quotidien, elle gère son agenda, surveille son alimentation, affine, peaufine une mise en scène façon Kennedy. « Elle lui apportait un supplément d'âme », commente Alain Minc. D'autres disent de manière triviale : « Elle portait la culotte... »

Première conseillère

Une fois son mari élu, si Brigitte est populaire, certains la jugent bien trop présente. « À ma place », se défend-elle. *Dress code*, interviews dans la presse, choix des photos... elle balise tout.

« Lui, je n'en veux pas. Trop léger, trop bavard ! » La première conseillère du Président a également un jugement sur les hommes. L'entourage est passé au tamis. Pas à pas, elle ordonne le jardin des ambitions de son époux, comme un Le Nôtre dessinant l'horizon de son suzerain. Alain Minc la résume : «Ce n'est pas Danielle – Tatie – Mitterrand, qui n'eut aucun poids. C'est peut-être Bernadette Chirac, qui exista par éclipses. Sans doute Cécilia Sarkozy, qui intervint par intermittence. Mais c'est la seule qui a le poids équivalent, sous la Ve République, à une Claude Pompidou, autre couple soudé.»

Vice-présidente ?

Curieux titre que celui de Première dame. À quoi correspond-il? À quoi oblige-t-il? Depuis l'été 2017, une charte dépourvue de valeur juridique encadre les obligations, les champs d'intervention et le rôle figuratif du conjoint du chef de l'État : une potiche tenue de répondre «aux sollicitations des Français». Et dont l'autre rôle, tout aussi ectoplasmique, consiste à représenter la France aux côtés du président de la République, quand celui-ci se déplace à l'étranger.

Brigitte Macron a fait des confettis de ce statut. Le signal en est donné quand elle prend ses quartiers à l'Élysée à l'été 2017, où elle réquisitionne une aile du Château, avec bureaux, secrétariat et cabinet. Première dame à la ville, vice-présidente dans les murs : celle dont le personnage s'est composé d'une silhouette discrète tout en féminité, dans le sillage de son mari durant toute la campagne, se construit au début du mandat un territoire et un gabarit.

Depuis, il est loin, le temps où Brigitte Macron ne pouvait pas faire trois pas sans être chaperonnée par la garde de trentenaires du candidat. À l'Élysée, les petits marquis ont dû en rabattre : le petit peuple a trouvé avec elle une épaule sur laquelle s'épancher quand les «mormons» du Palais le maltraitaient. Tout ce que le système rejette converge vers ce bureau des pleurs où l'épouse du chef de l'État a su se faire cajolante. C'est le cas à l'hiver 2019, avec le départ de l'équipe de campagne d'Emmanuel Macron, cette génération écartée qui ne l'appréciait guère et que j'ai évoquée plus haut.

L'épreuve des Gilets jaunes

Le couple vit une grave épreuve lors de la crise des Gilets jaunes. Dix-huit mois après son élection, Emmanuel Macron expérimente la solitude du pouvoir, ce sentiment de réclusion qu'ont connu tous ses prédécesseurs. Le cloisonnement, le rejet des corps intermédiaires, le choix de la verticalité et des circuits courts, ajouté à une prédilection pour le secret… tout concourt à l'isolement d'un Président que ce tsunami social ébranle. Menuisier lucide, Emmanuel Macron rabote le bois qui charge sa langue en public dès lors qu'il est en tête à tête avec son épouse, la seule personne à laquelle il confie son inquiétude.

« Que doit-il faire ? » implore Brigitte Macron auprès de familiers, alors que samedi après samedi la rue s'embrase. Au téléphone, elle s'emporte devant l'incapacité du gouvernement à faire face. Elle n'accepte pas qu'« Emmanuel en prenne plein la gueule », démolissant Christophe Castaner et Édouard Philippe qu'elle trouve « mous du genou ». Elle multiplie les SMS comme autant de bouteilles jetées à la mer. « Je ne veux pas qu'on lui porte préjudice », écrit-elle à Michèle Marchand, qui lui répond : « Il a vu Benj ? » (Benjamin Griveaux). Les deux femmes se déchaînent contre la communication « désastreuse » du porte-parole du gouvernement.

Survoltée, Brigitte Macron conchie BFMTV, cette chaîne qui accorde une place « démesurée » aux saccages parisiens. À ses amis qui viennent régulièrement aux nouvelles, comme on se précipite en haut des remparts d'une citadelle assiégée, elle ne cache pas la peur que lui inspirent les images qu'elle voit à la télé. Dans ses pires cauchemars, elle a craint, un moment, que l'Élysée ne soit envahi. Et elle a hésité à se rendre à Buenos Aires, le 1er décembre, où se tient un G20, inquiète à l'idée des photos qui seraient prises d'elle en robe de soirée, alors que les Gilets jaunes dépavent les grands boulevards parisiens.

Au plus fort de la crise, elle imagine des gadgets. Pour répondre à la colère des manifestants sur l'augmentation du prix du gasoil, elle suggère un cadeau de deux cent mille voitures neuves pour les plus défavorisés : « Poujadiste ! » réagit Emmanuel Macron, qui balaye l'idée d'un revers de main. C'est l'époque où elle a de vifs échanges avec son mari, à qui elle reproche la faiblesse et l'inexpérience de la bande de quadras qui le cerne.

En connexion permanente

Elle échange avec lui une dizaine de coups de fil par jour : il n'y a aucune limite à leurs appels. Plus encore en cas de crise. Ses collaborateurs sont habitués à leurs « mamours téléphoniques » et aux « T'en penses quoi ? » qu'ils échangent. « C'est tout sauf une histoire de pouvoir », confie un familier. Comprendre : une histoire d'amour et ses montagnes russes. Avec ses hauts et ses bas.

Ainsi de l'affaire Benalla, qui met le feu aux poudres : le premier choc sismique au sein du couple depuis l'élection présidentielle. L'information du *Canard enchaîné*, selon laquelle Brigitte Macron a eu une discussion volcanique à ce propos, à faire trembler la double porte du bureau présidentiel, n'a jamais vraiment trouvé de démenti. Si l'entourage, grande muette, ne lâche rien, l'écho de cette algarade a franchi les murs capitonnés du Palais. Et pas colporté par ces visiteurs nocturnes qui ne viennent plus…

33

Covid crisis

Ce 16 mars 2020, à 6 heures du matin, le réveil sonne. Emmanuel Macron, qui s'est couché tard dans la nuit, n'a pas trouvé le sommeil. Plusieurs semaines maintenant qu'il est confronté à une crise d'une ampleur titanesque, qu'aucun président de la République n'a eu à affronter.

Une bise à Brigitte, une gratouille à Nemo, le labrador à la robe noire. Un rituel immuable, en toutes circonstances, même les plus graves. Un coup d'œil à l'agenda, ensuite. Rendez-vous, déplacements, réunions, déjeuners, dîners, tout y est consigné. Avec la pandémie, l'emploi du temps se résume à une suite de réunions de crise. Pas de visiteurs, ou si peu, avec ce Président 2.0 qui n'a guère changé de mode de vie. Avec son élection, la grille du Coq est devenue un accès rarement emprunté : un portail figé dans ses gonds que la rouille menace. Les gendarmes en faction à l'entrée principale de l'édifice, rue du Faubourg-Saint-Honoré, ont vu leurs registres s'alléger depuis que le nouveau locataire expédie ses rendez-vous par texto. Avec Emmanuel Macron, la marche de l'État se traite en cent quarante signes. Et la crise du coronavirus n'a fait qu'accentuer ce penchant : FaceTime, Zoom et Houseparty, ces applications stars ont remplacé les audiences privées.

Pour un peu, l'hologramme d'Emmanuel Macron pourrait diriger la France.

Un Président confiné

« Que sait-on de cette saleté ? » pianote Emmanuel Macron à la fin décembre, s'adressant à la ministre de la Santé, Agnès Buzyn, alors que des premiers signaux inquiétants sont signalés en Chine. Début janvier, il interroge des sommités du monde médical qui lui dépeignent un virus inconnu à ce jour, dont l'avancée affole leurs sismographes. Le 26 janvier, trois premiers cas sont identifiés sur le territoire français, où le Covid-19 chemine. Emmanuel Macron installe un centre opérationnel de crise, après que l'OMS eut déclaré « une urgence de santé publique à l'échelon international ».

Assis à contre-jour devant la fenêtre de son bureau, ombre chinoise pour les membres de son cabinet, le Président semble inquiet. Retranché depuis plusieurs jours dans cette pièce chargée d'histoire qu'il a transformée en QG de campagne sanitaire, il multiplie les réunions. S'il est, ce matin du 16 mars, plus grave qu'à l'accoutumée, c'est parce qu'il va prononcer dans quelques heures à la télévision une allocution qu'il n'avait jamais imaginée, même dans ses scénarios les plus fous. Ce jeune Président, qui n'a pas encore trouvé son costume de légende, s'apprête à endosser le rôle de sa vie, avec l'annonce d'une période de confinement pour tous les Français, qu'aucun dirigeant de l'ère moderne – même sous les bombes de juin 1940 – n'a eu à décréter.

Qu'elle semble loin, cette crise des Gilets jaunes qui l'avait ébranlé : un jamborée scout comparé à cette épidémie qui ravage le pays. En préparant son discours,

Emmanuel Macron a probablement pris conscience, comme le dira Donald Trump quelques jours plus tard, que la décision qu'il a prise est «la plus importante de sa vie». Dans cette allocution, inédite sous la Ve République, le chef de l'État expliquera aux Français que leur vie va changer, que «rien ne sera plus comme avant». Sauf pour ce Président, qui a fait de l'Élysée depuis son élection une cité interdite, et de l'exercice du pouvoir une pratique solitaire. Sa gouvernance est un cas d'espèce.

Le chef de guerre plus que l'homme… À 7 heures, il joint son Premier ministre, Édouard Philippe. Puis, flanqué de son directeur de cabinet, Alexis Kohler, il démarre sa première réunion de la journée. Droit au but, il passe outre le conventionnel tour de table pour prendre longuement la parole. Il est question de «combat», de «mobilisation», de «première ligne»… Les témoins racontent un homme «habité par l'enjeu», dans le regard duquel se lit «une extrême tension». Ce Président, qui s'est construit à force d'audace – son élection le confirme –, paraît trouver dans cette crise une bataille à sa mesure.

Devant son cabinet réuni, il transmet les éléments de langage de la journée. Il répète à l'envi l'importance de donner aux Français l'image d'un exécutif mobilisé. Carré, il insiste pour qu'on ne laisse en aucun cas percer une quelconque fébrilité, sous prétexte que le sol se dérobe sous nos pas et que le pays côtoie le gouffre.

Jour après jour, il s'est informé des recherches scientifiques en cours. Il s'est entretenu avec les épidémiologistes les plus illustres de la place. Il a appris l'algèbre de ces traitements expérimentaux sur lesquels travaillent les labos du monde entier. Il a étudié la carte des pays et régions qu'emprunte le Codiv-19 depuis son apparition. Mémorisé la topographie des lignes de front : Italie, Espagne, Allemagne, Grand-Est, Île-de-France… Après la création d'un Conseil scientifique, il a installé un Comité analyse, recherche et expertise. Faut-il y voir un signe christique ? Le chef de l'État a fixé à douze le nombre de médecins et chercheurs qui le composent : les douze apôtres.

Martial et high-tech

Officiers en treillis, alignement de tentes kaki : le 25 mars, lors de sa visite à l'hôpital militaire de campagne de Mulhouse, le chef de l'État se campe en chef suprême. Seul face aux caméras, sans conseillers ni gardes du corps, il a souhaité une scénographie martiale. Sa manière à lui de montrer qu'il est en première ligne. Il le sait : les Présidents gagnent en popularité quand les Français les voient sur le front : Georges Pompidou en 1968, Nicolas Sarkozy lors de la crise de 2008, François Hollande au moment des attentats de 2015. Depuis Murat, on sait les maréchaux d'Empire difficiles à peindre, car ils bougent tout le temps : Emmanuel Macron n'est-il pas un peu de ceux-là ? Possédé par la vitesse, le portable en permanence vissé à l'oreille, il passe d'un bureau à l'autre à l'Élysée, où il donne ses directives : c'est Vigipirate à tous les étages.

Durant ces mois fous, ce Président a plus que jamais fait de son 06 un bureau. Les messages cryptés ont remplacé les pigeons voyageurs de la Première Guerre mondiale et les estafettes de la Seconde. Sa boîte vocale déborde de messages. Politiques, artistes, industriels, people… Tous l'assurent de leurs soutiens.

Brigitte Macron aux aguets

La vie a changé, sous les dorures du Palais. L'ordre ciré qui y règne en général, avec ces conseillers qui glissent silencieusement sur les parquets et se parlent à voix basse, a laissé place à l'agitation d'une caserne sur le branle-bas. Précautions sanitaires obligent, une partie du personnel a été mise en télétravail. Mais, même sous les ors, le confinement est un difficile exercice.

« L'épouse du Président vit ce retranchement avec difficulté », écrit à la fin mars le magazine *Elle*, qui s'appuie sur les confidences de proches : « Ça lui coûte. » Le journal cite quelques-uns des renoncements concédés par la Première dame. Elle n'accompagne plus son mari dans ses déplacements sur le terrain. « La plupart du temps, elle déjeune dans son bureau avec le conseiller présent », peut-on lire. Finis, les déjeuners entre amis, qui voyaient défiler une multitude jusqu'à la fin janvier. Le buffet, où chacun pioche dans les plats, a été remplacé par le service à l'assiette, plus conforme aux règles sanitaires.

À d'autres médias, Brigitte Macron confie son inquiétude pour les siens, en particulier pour sa fille aînée, Laurence Auzière-Jourdan, une cardiologue « dans l'œil du cyclone », dit-elle. Et si son autre fille, Tiphaine, n'est pas en contact direct avec des malades, il n'en est pas de même pour le mari de celle-ci, chirurgien gastro-entérologue. Pour se rassurer, elle a fait passer le test du coronavirus à son mari, à elle-même et à leurs gardes du corps.

Une Première dame en soutien

Un Président aux avant-postes, une Première dame en soutien. « Allô, c'est Brigitte Macron. » Ce vendredi 3 avril, l'épouse du chef de l'État téléphone à la vedette de téléréalité Nabilla Vergara. Elle veut la remercier de son don de dix mille euros pour la fondation qu'elle préside, Hôpitaux de Paris-Hôpitaux de France. Patrick Bruel, Calogero, Xavier Niel… celle qui a réorganisé tout son agenda multiplie les coups de fil de remerciements. Elle fait également le tour de ses amis, dont elle s'inquiète de la santé ou de l'isolement : le romancier Philippe Besson, le comédien Fabrice Luchini, l'animateur de télévision Bernard Montiel…

L'Élysée est un palais sous cloche, qui vit entre parenthèses. Brigitte Macron n'a plus d'obligations. Plus de réception de chef d'État à superviser. Pas de voyages officiels ou de sommets à honorer de sa présence. Tout se passe, comme pour son mari, par téléphone et visioconférence. Juste quelques rendez-vous que le protocole impose : le 3 avril, elle échange au téléphone avec Melania Trump. La First Lady l'assure de la solidarité de son pays à l'égard de la France. Elle a également échangé avec l'épouse du président de la Corée du Sud et, quelques jours plus tard, avec la Première dame ukrainienne, ainsi qu'avec Emine Erdoğan, l'épouse du Président turc. Un club de Premières dames qui parlent confinement, masques et traitements.

À chaque intervention télévisée de son époux, Brigitte Macron est là : avant, dans la cabine de maquillage, et après, dans les réunions de débriefing. Dans l'intervalle, elle le conseille et l'encourage.

Aiguillon

Quand, au pic de la pandémie, l'épidémiologiste marseillais Didier Raoult fait la une des médias, elle n'hésite pas à bousculer Emmanuel Macron afin qu'il se résigne à l'appeler : un professeur de médecine au-devant duquel le Président accepte de se rendre dans la cité phocéenne.

Sous le poids des événements, le chef de l'État écoute sa femme, qui lui enjoint de ne pas s'appuyer sur les technos qui l'entourent. Elle lui raconte ce professeur de médecine «génial» qu'elle a entendu sur une antenne. Cet autre ponte de la recherche dont les analyses lui sont apparues si brillantes et dont les éclairages pourraient être précieux. Elle enrage devant sa télé quand la porte-parole du gouvernement, Sibeth Ndiaye, divague sur la question des masques avant de devenir la risée des réseaux sociaux. Elle est révoltée par les médias dont elle dénonce le traitement anxiogène de la crise. Et quand le déconfinement arrive, quand la crise économique déploie ses ailes noires, quand l'échec des municipales est patent, quand les premiers pas du nouveau gouvernement de Jean Castex sont raillés, quand l'épidémie se redéploie, elle ne ploie pas, suggère et conseille toujours. Mais se demande pourquoi tout ça.

Pour la Première dame, les indescriptibles épreuves rencontrées depuis l'accession au pouvoir – de la crise des Gilets jaunes à celle du Covid-19 –, qu'aucun président de la République, exception faite du général de Gaulle en mai 1968, n'a eu à affronter, sont autant de façon d'éprouver la combativité de son mari. Et la solidité de leur couple. Les procès en inexpérience « injustes » lancés contre lui l'ont durement atteinte. Mais, à la fin des fins, elle en est sûre, l'évidence triomphera, son bilan sera reconnu. Et « Emmanuel » sera réélu.

House of Cards

Symbole facétieux : pour ses soixante-cinq ans, des amis lui ont offert l'intégrale de la série américaine *House of Cards*, cette saga politico-policière au cœur de la Maison Blanche qui narre les rapports passionnels d'un couple présidentiel prêt à tout pour conserver le pouvoir. Dans cette série mille fois primée, la Première dame, Claire Underwood, devient présidente des États-Unis. « Une très belle fiction », s'amuse Brigitte Macron en découvrant le cadeau. Quelques instants plus tôt, elle était en tête à tête avec son mari dans son bureau. Une pièce qui n'a rien d'ovale, mais où elle se sent chez elle. Et où, nouvelle ère inaugurée par son Président d'époux, les visiteurs du soir ont bien moins d'audience(s) qu'autrefois.

Épilogue

Il paraît qu'Emmanuel Macron est fatigué, sous le léger hâle des déjeuners pris sur la terrasse ensoleillée de l'Élysée et des week-ends passés à La Lanterne. Les crises des Gilets jaunes puis du Covid-19 ont indubitablement durci le cuir de ce jeune Président engagé très tôt sur la voie rapide qui l'a mené à l'Élysée. Avec lui, le Palais fonctionne dans la verticalité. Mais quel singulier désert autour de cet homme : les mois et les années passent, les ministres défilent – dix-sept ont été perdus en route depuis son accession au pouvoir –, et il donne à ses concitoyens le sentiment de penser et d'agir seul, en maître des horloges, comme il a aimé à se présenter.

C'est une vérité que tous les présidents de la Ve République ont intériorisée avant lui : les hauteurs isolent. Et l'Élysée, ce bunker, reste le symbole absolu de l'immense solitude du pouvoir. «Je me crois en prison», confiait Raymond Poincaré en s'installant à l'Élysée en 1913. «Quand le pouvoir se détache de la vie» est le titre que Valéry Giscard d'Estaing donne au dernier chapitre de ses mémoires, où il raconte le sentiment de claustration qui l'habite entre les quatre murs de son bureau. «Tu rentres dîner en famille? Quelle chance tu as. Si tu savais comme je t'envie… », lance un soir François Hollande à son conseiller politique, Aquilino Morelle, qui raconte un Président « triste et esseulé », face à son écran télé et à un plateau-repas préparé par les cuisines du Palais. Invité de LCI en pleine campagne des municipales, Gérard Collomb déclare, à propos de sa relation avec le chef de l'État actuel : « Ce n'est pas le Président qui s'isole, c'est le pouvoir qui le fait. »

Emmanuel Macron est un Président seul aux commandes. Une solitude qu'il subit autant qu'il l'organise. Un Président qui évite de multiplier les réunions et les réceptions. Qui a réduit le nombre de déjeuners ou de dîners privés, trop « chronophages ». Et qui, dans cette fonction où il est difficile d'éviter les courtisans, les phénomènes de Cour et les éminences de moins en moins grises, écarte d'une irritation chasse-mouches des visiteurs dont il a réduit le nombre à la portion congrue. Des emmerdeurs qui tirent sur la comète plus qu'ils ne l'éclairent sur les grandes questions qui agitent la planète. Une gestion de la rareté toute mitterrandienne. Les portes du bureau du président de la République sont un paravent glacé depuis son accession à la magistrature suprême. Et le visiteur du soir, sous sa mandature, une espèce en voie d'extinction qui se désespère.

Remerciements

L'auteur tient à remercier les différentes personnalités qui ont accepté de lui parler. Beaucoup de ces rencontres ont été faites entre décembre 2018 et février 2020, certains propos sont issus de mes notes avec des figures de la politique plus anciennes.

Ma gratitude va donc à :

Laure Adler, Georges-Marc Benamou, Pierre-Louis Blanc, Alain Boublil, Hervé Bourges, Robert Bourgi, Pierre Charon, Julien Clerc, Daniel Cohn-Bendit, Alain Duhamel, Olivier Duhamel, Roland Dumas, Jean-Pierre Elkabbach, Jean Glavany, Michèle Marchand, Alain Minc, Serge Moati, Jean Montaldo, Aquilino Morelle, Camille Pascal, Jean Peyrelevade, Christian Prouteau, Jean-François Probst (notes 2014), Maurice Ulrich (notes 2011), Hubert Védrine.

Ainsi qu'à ceux qui ont accepté de témoigner… mais n'ont pas tenu à apparaître officiellement.

Table

Quatrième partie

Mitterrandie, mitterrandophiles
et mitterrandolâtres

Cinquième partie

Les grands patrons

Sixième partie

Les visiteurs au long cours

Septième partie

Les inattendus

Huitième partie

François Hollande et Emmanuel Macron :
tant de différences

Pour en savoir plus
sur les Éditions Plon
(catalogue, auteurs, vidéos, actualités…),
vous pouvez consulter notre site Internet
www.plon.fr
www.lisez.com

lisez!

Editions Plon

@EditionsPlon

@editionsplon

FSC
www.fsc.org
MIXTE
Papier issu de
sources responsables
FSC® C003309

L'éditeur de cet ouvrage s'engage
pour la préservation de l'environnement
et utilise du papier issu de forêts gérées
de manière responsable.

CET OUVRAGE A ÉTÉ ACHEVÉ D'IMPRIMER SUR ROTO-PAGE
PAR L'IMPRIMERIE FLOCH À MAYENNE EN OCTOBRE 2020

N° d'impression : 97053
Imprimé en France